公立中高一貫校
入試シリーズ

# 公立中高一貫校 適性検査対策問題集 作文問題

## トレーニング 編

実戦力アップ!

文章を読んで書く作文
徹底演習!!



東京学参
gakusan.co.jp

# はじめに

１９９０年代なかばに国内で初めて公立の中高一貫校が設置されました。これは、私学での中高一貫教育が広がりを見せる中、小学校卒業後の心身ともに著しく成長する多感な時期に6年間、一貫した教育を受ける機会を生徒・保護者に提供する必要がある、という趣旨のもとで導入されたものでした。

公立の中高一貫校の設置校数が増えるとともに、そのメリットがメディアなどで紹介されるにしたがって、全国で人気が高くなってきました。特に、志望倍率の高いところでは、倍率が10倍を超える学校もあります。

しかし、これから中高一貫校への入学を目指す方の中には、どのような授業がされるのか、具体的なメリットは何かなど、知らない内容が多いのも現状でしょう。

その中でも、公立の中高一貫校の適性検査、とりわけ作文について、どのような学習、対策をすればよいかがなやみどころではないでしょうか。

本書では、そのような疑問にお答えすべく、全体を

・第1章　環境　　　・第2章　自然・科学　　　・第3章　芸術・言語
・第4章　社会　　　・第5章　人とのかかわり　・第6章　生き方

と、作文問題で出題されやすいトピックスに注目して章分けしました。

これによって、それぞれのトピックスを様々な角度から学習できるようになっております。

過去に出題された作品とオリジナルで選定した作品から出題しているので、作文問題への対策と合わせて出題の傾向を学ぶ上でも役立ちます。また、すべての作文問題には正答例を用意し、文章を読み取る際の注目点、作文を書く際の注意点を、学習の手助けになるように掲載しております。

本書で学習された皆様が、作文問題でよい成果を収められますよう願っております。

# この本の使い方

本書を正しく使い、確かな作文力を身につけられるように学習しよう。

◆問題

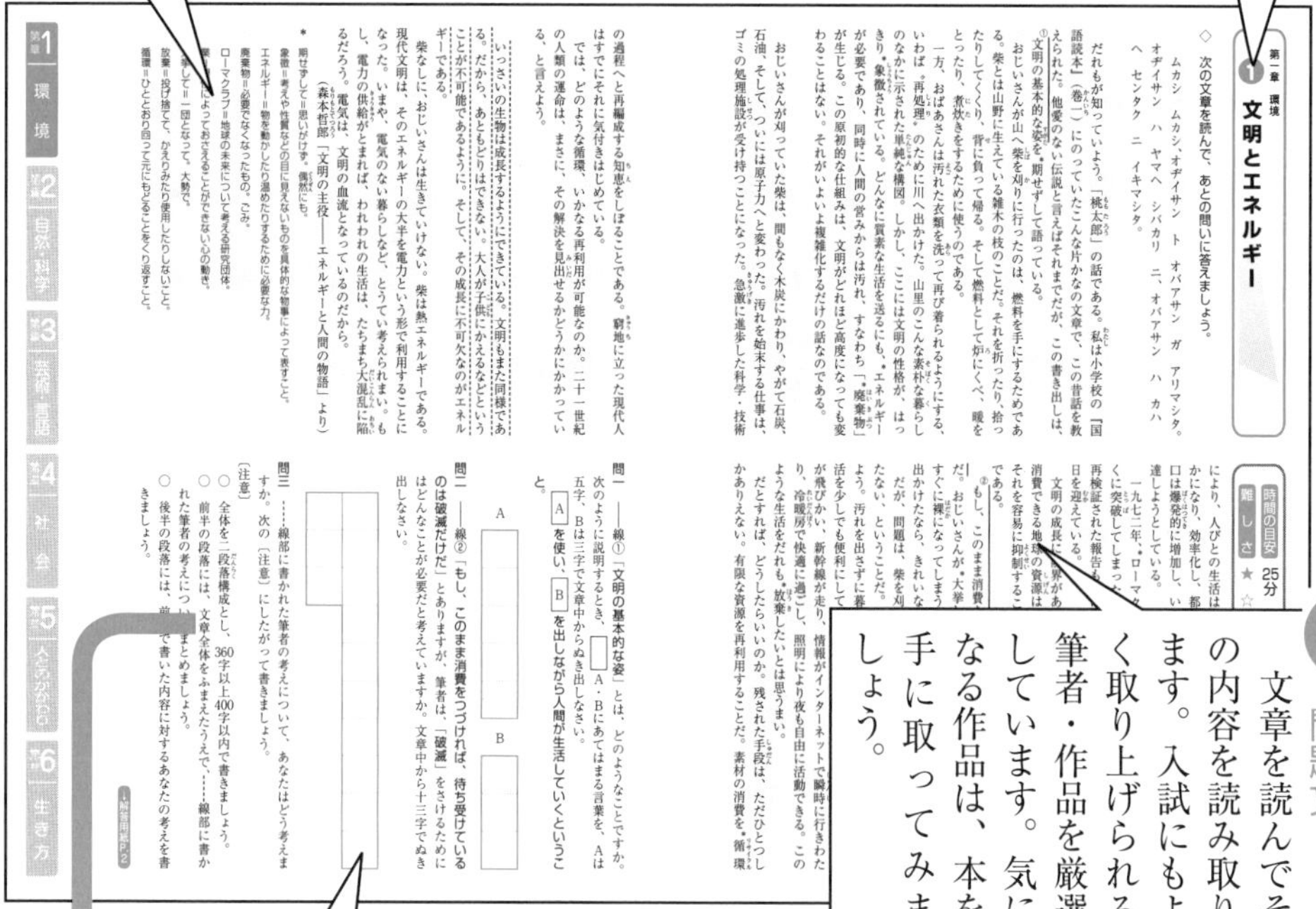

第一章 環境

① 文明とエネルギー

時間の目安 25分

難しさ ★

◇ 次の文章を読んで、あとの問いに答えましょう。

ムカシ　ムカシ、オヂイサン　ト　オバアサン　ガ　アリマシタ。
オヂイサン　ハ　ヤマヘ　シバカリ　ニ、オバアサン　ハ　カハ
ヘ　センタク　ニ　イキマシタ。

だれもが知っていよう。「桃太郎《ももたろう》」の話である。私《わたし》は小学校の『国語読本』（巻《かん》一《いち》）にのっていたこんな片かなの文章で、この昔話を教えられた。他愛のない伝説と言えばそれまでだが、この書き出しは、①文明の基本的な姿《すがた》を＊期せずして語っている。

おじいさんが山へ柴《しば》を刈《か》りに行ったのは、燃料を手にするためである。柴とは山野に生えている雑木の枝のことだ。それを折ったり、拾ったりしてくくり、背《せ》に負って帰る。そして燃料として炉《ろ》にくべ、暖をとったり、煮《に》炊《た》きをするために使うのである。

一方、おばあさんは汚《よご》れた衣類を洗《あら》って再び着られるようにする、いわば＊再処理《しょり》のために川へ出かけた。山里のこんな素朴《そぼく》な暮《く》らしのなかに示された単純《たんじゅん》な構図。しかし、ここには文明の性格が、はっきり＊象徴《しょうちょう》されている。どんなに質素な生活を送るにも、＊エネルギーが必要であり、同時に人間の営みからは汚れ、すなわち「＊廃棄物《はいきぶつ》」が生じる。この原初的な仕組みは、文明がどれほど高度になっても変わることはない。それがいよいよ複雑化するだけの話なのである。

おじいさんが刈っていた柴は、間もなく木炭にかわり、やがて石炭、石油、そして、ついには原子力へと変わった。汚れを始末する仕事は、ゴミの処理施設《しせつ》が受け持つことになった。急激《きゅうげき》に進歩した科学・技術

により、人びとの生活……
かになり、効率化し、……
口は爆発的《ばくはつてき》に増加し、……
達しようとしている。

一九七二年、＊ローマ……
くに突破《とっぱ》してしまっ……
再検証された報告も……
日を迎《むか》えている。

文明の成長に……界が……
消費できる地球の資源《しげん》……
それを容易に抑制《よくせい》する……
である。

②もし、このまま消費……
だ。おじいさんが＊大……
すぐに裸《はだか》になってしま……
出かけたなら、きれい……
だが、問題は、柴を刈……
たない、ということだ……
よう。汚れを出さずに暮……
活を少しでも便利にして……
が飛びかい、新幹線が走り、情報がインターネットで瞬時に行きわたり、冷暖房《れいだんぼう》で快適に過ごし、照明により夜も自由に活動できる。このような生活をだれも＊放棄《ほうき》したいとは思うまい。

だとすれば、どうしたらいいのか。残された手段《しゅだん》は、ただひとつしかありえない。有限な資源を再利用することだ。素材の消費を＊循環《リサイクル》の過程へと再編成する知恵《ちえ》をしぼることである。窮地《きゅうち》に立った現代人はすでにそれに気付きはじめている。

では、どのような循環、いかなる再利用が可能なのか。二十一世紀の人類の運命は、まさに、その解決を見出《みいだ》せるかどうかにかかっている、と言えよう。

いっさいの生物は成長するようにできている。文明もまた同様である。だから、あともどりはできない。大人が子供《こども》にかえるなどということが不可能であるように。そして、その成長に不可欠なのがエネルギーである。

柴なしに、おじいさんは生きていけない。柴は熱エネルギーである。現代文明は、そのエネルギーの大半を電力という形で利用することになった。いまや、電気のない暮らしなど、とうてい考えられまい。もし、電力の供給《きょうきゅう》がとまれば、われわれの生活は、たちまち大混乱《だいこんらん》に陥《おちい》るだろう。電気は、文明の血流となっているのだから。

（森本哲郎《もりもとてつろう》「文明の主役――エネルギーと人間の物語」より）

＊

期せずして＝思いがけず。偶然《ぐうぜん》にも。

象徴＝考えや性質などの目に見えないものを具体的な物事によって表すこと。

エネルギー＝物を動かしたり温めたりするために必要な力。

廃棄物＝必要でなくなったもの。ごみ。

ローマクラブ＝地球の未来について考える研究団体。

……によっておさえることができない心の動き。

……して＝一団となって。大勢で。

放棄＝投げ捨てて、かえりみたり使用したりしないこと。

循環＝ひとまわりして元にもどることをくり返すこと。

問一　――線①「文明の基本的な姿」とは、どのようなことですか。次のように説明するとき、□A・Bにあてはまる言葉を、Aは五字、Bは三字で文章中からぬき出しなさい。

［A］を使い、［B］を出しながら人間が生活していくということ。

A

B

問二　――線②「もし、このまま消費をつづければ、待ち受けているのは破滅だけだ」とありますが、筆者は、「破滅」をさけるためにはどんなことが必要だと考えていますか。文章中から十三字でぬき出しなさい。

問三　……線部に書かれた筆者の考えについて、あなたはどう考えますか。次の〔注意〕にしたがって書きましょう。

〔注意〕

○ 全体を二段落《だんらく》構成とし、360字以上400字以内で書きましょう。

○ 前半の段落には、文章全体をふまえたうえで、……線部に書かれた筆者の考えについて……まとめましょう。

○ 後半の段落には、前……で書いた内容に対するあなたの考えを書きましょう。

└解答用紙P.2

第1章 環境

第2章 自然・科学

第3章 芸術・言語

第4章 社会

第5章 人とのかかわり

第6章 生き方

1 タイトル

上部では、どの分野の問題に挑戦するか確認します。苦手な問題があったら、この分野を参考に本を探してみましょう。

問題に取り組むとき、下部の「時間の目安」を意識しましょう。「難しさ」は、文章の内容や作文の課題とを合わせて設定されています。

2 問題文

文章を読んでその内容を読み取ります。入試にもよく取り上げられる筆者・作品を厳選しています。気になる作品は、本を手に取ってみましょう。

3 語注

難しい言葉はここで確認しましょう。この他にわからない語句は、辞書で確認して、わからないままにはしないようにしましょう。

4 問題

文章を読んで、問題に答えましょう。最終問題の作文は、別冊の作文解答用紙に書きましょう。

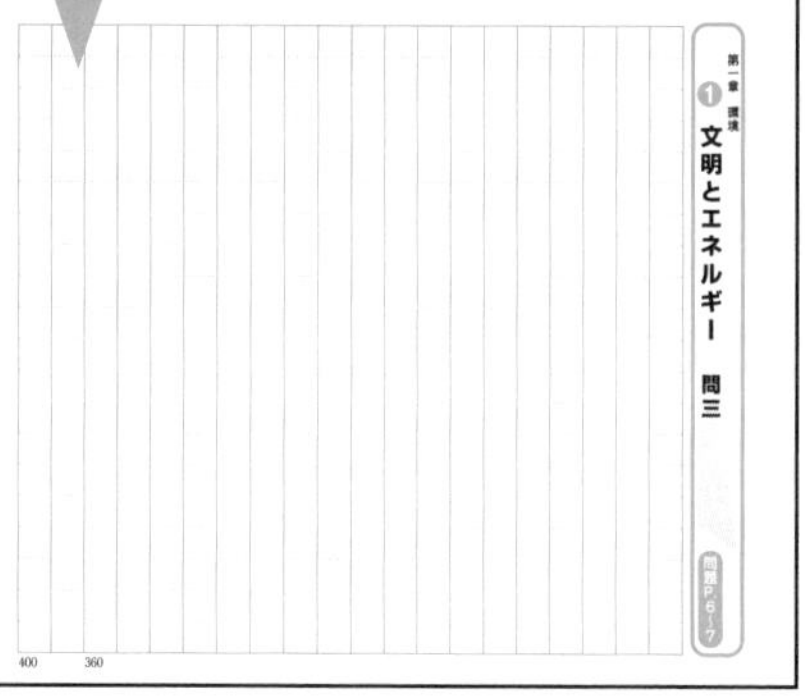

第一章 環境

① 文明とエネルギー　問三

400

360

◆解答・解説

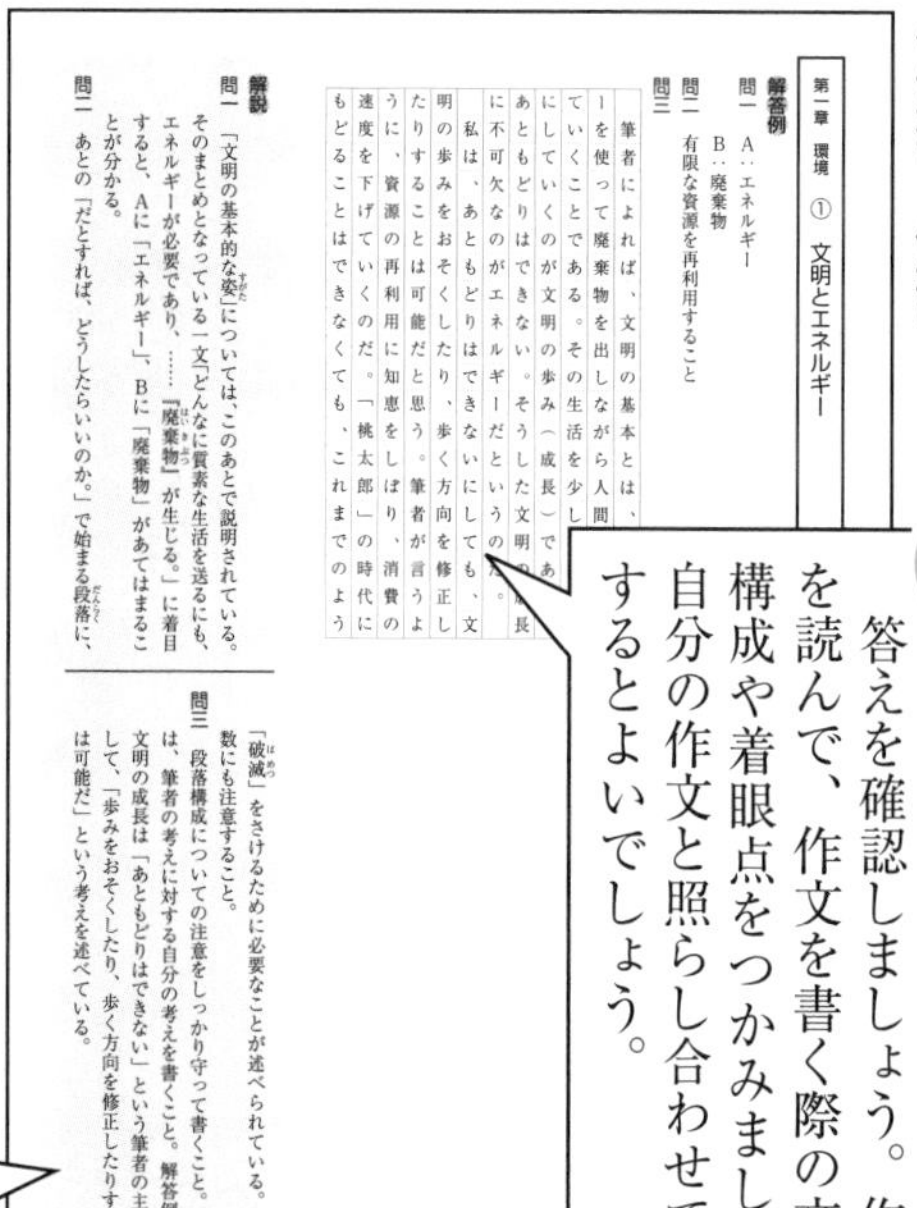

第一章 環境 ① 文明とエネルギー

解答例

問一　A：エネルギー

B：廃棄物

問二　有限な資源を再利用すること

問三

筆者によれば、文明の基本とは、人間……ーを使って廃棄物を出しながら人間……ていくことである。その生活を少し……にしていくのが文明の歩み（成長）であ……あともどりはできない。そうした文明の……に不可欠なのがエネルギーだというの……

私は、あともどりはできないにしても、文明の歩みをおそくしたり、歩く方向を修正したりすることは可能だと思う。筆者が言うように、資源の再利用に知恵をしぼり、消費の速度を下げていくのだ。「桃太郎」の時代にもどることはできなくても、これまでのよう

解説

問一　「文明の基本的な姿《すがた》」については、このあとで説明されている。そのまとめとなっている一文「どんなに質素な生活を送るにも、エネルギーが必要であり、……『廃棄物《はいきぶつ》』が生じる。」に着目すると、Aに「エネルギー」、Bに「廃棄物」があてはまることが分かる。

問二　あとの「だとすれば、どうしたらいいのか。」で始まる段落《だんらく》に、「破滅《はめつ》」をさけるために必要なことが述べられている。指定字数にも注意すること。

問三　段落構成についての注意をしっかり守って書くこと。後半には、筆者の考えに対する自分の考えを書くこと。解答例では、文明の成長は「あともどりはできない」という筆者の主張に対して、「歩みをおそくしたり、歩く方向を修正したりすることは可能だ」という考えを述べている。

5 解答

答えを確認しましょう。作文例を読んで、作文を書く際の文章の構成や着眼点をつかみましょう。自分の作文と照らし合わせて確認するとよいでしょう。

6 解説

まちがえた問題は、ここを読んで考え方を確認しましょう。文章の読み取りや作文の書き方の注意点も書かれているので、作文が書けた場合も一通り読むようにしましょう。

# もくじ

※検査問題は改題して掲載しております。

第一章　環境

# ① 文明とエネルギー

時間の目安　25分
難しさ　★☆☆
学習日　月　日
3問中　問正解

◇ 次の文章を読んで、あとの問いに答えましょう。

ムカシ　ムカシ、オヂイサン　ト　オバアサン　ガ　アリマシタ。
オヂイサン　ハ　ヤマヘ　シバカリ　ニ、オバアサン　ハ　カハ
ヘ　センタク　ニ　イキマシタ。

だれもが知っていよう。「桃太郎《ももたろう》」の話である。私《わたし》は小学校の『国語読本』（巻一《かんいち》）にのっていたこんな片かなの文章で、この昔話を教えられた。他愛のない伝説と言えばそれまでだが、この書き出しは、①文明の基本的な姿《すがた》を*期せずして語っている。

おじいさんが山へ柴《しば》を刈《か》りに行ったのは、燃料を手にするためである。柴とは山野に生えている雑木の枝のことだ。それを折ったり、拾ったりしてくくり、背《せ》に負って帰る。そして燃料として炉《ろ》にくべ、暖をとったり、煮炊《にた》きをするために使うのである。

一方、おばあさんは汚《よご》れた衣類を洗《あら》って再び着られるようにする、いわば〝再処理《しょり》〟のために川へ出かけた。山里のこんな素朴《そぼく》な暮らしのなかに示された単純《たんじゅん》な構図。しかし、ここには文明の性格が、はっきり*象徴《しょうちょう》されている。どんなに質素な生活を送るにも、*エネルギーが必要であり、同時に人間の営みからは汚れ、すなわち「*廃棄物《はいきぶつ》」が生じる。この原初的な仕組みは、文明がどれほど高度になっても変わることはない。それがいよいよ複雑化するだけの話なのである。

おじいさんが刈っていた柴は、間もなく木炭にかわり、やがて石炭、石油、そして、ついには原子力へと変わった。汚れを始末する仕事は、ゴミの処理施設《しせつ》が受け持つことになった。急激《きゅうげき》に進歩した科学・技術により、人びとの生活は昔とはくらべようもないほど便利になり、豊かになり、効率化し、都市化し、高度文明が出現した。と同時に、人口は爆発的《ばくはつてき》に増加し、いまや地球という小さな惑星《わくせい》での生存《せいぞん》は限界に達しようとしている。

一九七二年、*ローマクラブが警告《けいこく》した『成長の限界』を、世界はとっくに突破《とっぱ》してしまった。その二十年後、『限界を越《こ》えて』と題されて再検証された報告も、ほとんど省《かえり》みられることなく、二〇〇〇年の今日を迎《むか》えている。

文明の成長に限界があることは、だれでもわかっている。なぜなら、消費できる地球の資源《しげん》は有限だからだ。しかし、わかってはいながら、それを容易に抑制《よくせい》することができないのが、人間の〝宿命的な*業《ごう》〟である。

②もし、このまま消費をつづければ、待ち受けているのは破滅《はめつ》だけだ。おじいさんが*大挙して、毎日、山へ柴刈りに行ったなら、山はすぐに裸《はだか》になってしまう。もし、大勢のおばあさんたちが川へ洗濯《せんたく》に出かけたなら、きれいな小川はたちまち濁流《だくりゅう》になるだろう。

だが、問題は、柴を刈り、洗濯をしないかぎり人間の生活は成り立たない、ということだ。燃料なしに、どうして生きていくことができよう。汚れを出さずに暮らしていけるだろうか。しかも、そうした生活を少しでも便利にしていくのが文明の歩みなのである。ジェット機が飛びかい、新幹線が走り、情報がインターネットで瞬時《しゅんじ》に行きわたり、冷暖房《れいだんぼう》で快適に過ごし、照明により夜も自由に活動できる。このような生活をだれも*放棄《ほうき》したいとは思うまい。

だとすれば、どうしたらいいのか。残された手段《しゅだん》は、ただひとつしかありえない。有限な資源を再利用することだ。素材の消費を*循環《リサイクル》

の過程へと再編成する知恵《ちえ》をしぼることである。窮地《きゅうち》に立った現代人はすでにそれに気付きはじめている。

　では、どのような循環、いかなる再利用が可能なのか。二十一世紀の人類の運命は、まさに、その解決を見出《みいだ》せるかどうかにかかっている、と言えよう。

いっさいの生物は成長するようにできている。文明もまた同様である。だから、あともどりはできない。大人が子供《こども》にかえるなどということが不可能であるように。そして、その成長に不可欠なのがエネルギーである。

　柴なしに、おじいさんは生きていけない。柴は熱エネルギーである。現代文明は、そのエネルギーの大半を電力という形で利用することになった。いまや、電気のない暮らしなど、とうてい考えられまい。もし、電力の供給《きょうきゅう》がとまれば、われわれの生活は、たちまち大混乱《だいこんらん》に陥《おちい》るだろう。電気は、文明の血流となっているのだから。

（森本哲郎《もりもとてつろう》「文明の主役――エネルギーと人間の物語」より）

＊ 期せずして＝思いがけず。偶然《ぐうぜん》にも。
象徴＝考えや性質などの目に見えないものを具体的な物事によって表すこと。
エネルギー＝物を動かしたり温めたりするために必要な力。
廃棄物＝必要でなくなったもの。ごみ。
ローマクラブ＝地球の未来について考える研究団体。
業＝理性によっておさえることができない心の動き。
大挙して＝一団となって。大勢で。
放棄＝投げ捨てて、かえりみたり使用したりしないこと。
循環＝ひとまわり回って元にもどることをくり返すこと。

**問一** ――線①「文明の基本的な姿」とは、どのようなことですか。次のように説明するとき、□A・Bにあてはまる言葉を、Aは五字、Bは三字で文章中からぬき出しなさい。

**［A］を使い、［B］を出しながら人間が生活していくということ。**

A □□□□□

B □□□

**問二** ――線②「もし、このまま消費をつづければ、待ち受けているのは破滅だけだ」とありますが、筆者は、「破滅」をさけるためにはどんなことが必要だと考えていますか。文章中から十三字でぬき出しなさい。

□□□□□□□□□□□□□

**問三** ……線部に書かれた筆者の考えについて、あなたはどう考えますか。次の〔注意〕にしたがって書きましょう。

〔注意〕
○ 全体を二段落《だんらく》構成とし、360字以上400字以内で書きましょう。
○ 前半の段落には、文章全体をふまえたうえで、……線部に書かれた筆者の考えについてまとめましょう。
○ 後半の段落には、前半で書いた内容に対するあなたの考えを書きましょう。

→解答用紙P.2

第一章　環境

# ② 森と海

◇　次の文章を読んで、あとの問いに答えましょう。

「じつは、ですね、山に木を植えたいのですよ」

いろりばたで、話がはじまって間もなく、水口さんがそういったとき、森人《もりと》はびっくりしてしまった。それが、相談ごとなのか。

「はぁ？」

と、父もおどろいた。

「というのはですね、*カキは、川の恵《めぐ》みを受けているんです。わたしらのところは、気仙沼湾《けせんぬまわん》にそそぎこむ大川《おおかわ》の恵みをもらって、カキは育つんですよ。石巻《いしのまき》は、北上川《きたかみがわ》です。カキの産地は、広島《ひろしま》と松島《まつしま》が有名ですが、広島は、太田川《おおたがわ》の恵みですね。松島ガキというのは、松島だけでなく、石巻から、牡鹿《おじか》半島、そして気仙沼のものまでふくんでいます。

①フランスのカキもそうです。地中海ではローヌ川ですね。ワインで有名なボルドーのアルカッション湾という産地では、ジロンド川。それから、ブロンというフランスガキの、ふるさとのブルターニュでは、ロアール川。どこもみな、いい川をもっているんですよ」

「ははあ……」

父は、まだおどろいているようだった。森人も、フランスの地名がポンポン出てくるので、たまげてしまった。

「いきなりで、おどろいたと思いますけど、じつは、わたし、この春、フランスのカキ養殖《ようしょく》地を、半月ほど見てまわってきたんです。そうしましたらね、どこの産地も、いまいったように、すばらしい母なる川をもっている。ほんとにいい川なんですね。その河口に、カキの産地はあるんです。で、そこの海なんですがね、わたしが子どものころの、

| | |
|---|---|
| 時間の目安 | 25分 |
| 難しさ | ★☆☆ |
| 学習日 | 月　日 |
| 4問中 | 問正解 |

唐桑《からくわ》の海とおなじように、ちいさなエビとか、カニとか、ヤドカリなんかの小動物が、どっさりといたんです。ウジャウジャいたんです。ああ、これは、子どものころの、唐桑や気仙沼の海とおなじだ、ああ、そうだったんだ、と思いました。ぐらぐらっと、そう思ったんです」

「うん、うん、ということは……」

父が身を乗りだした。

「そうなんです。いまの気仙沼湾の海では、もう見られない光景なんです。わたしは、帰ってきて、あらためて、近くの海を見まわしてみて、なんというか、いても立ってもいられなくなってしまったんです。このままでは、海が死ぬと」

「②水質が悪くなっているんですか」

父が、真剣《しんけん》な顔で質問した。

「川や海のよごれの*指標である、*BOD《ビーオーディー》やCOD《シーオーディー》の検査というか、監視《かんし》は、やられていないのですよ。だから、水質が昔とくらべて、どのように悪くなったか、ということは、科学的には明らかにされていないんです。しかしですね、その海に生きている生物を見て、くらべることはできます。わたしら漁師は、そうします」

「うん、わたしらも、そうです。この大川も、*カジカやイワナ、ヤマメがいなくなりました。とくに、カジカは全滅《ぜんめつ》です。そのことひとつ見ても、③川がだめになったことがわかります。ということは、山が、森が、だめになったということなんです」

こんどは、水口さんが大きくうなずいた。

「まったく、ねえ。わたしらの海では、ウナギですね。それから、*メバル。メバルなんて、カキの養殖《ようしょく》いかだのところに、ものすごくいたんです。いかだにもカキにも、*藻《も》や、いろんな微生物《びせいぶつ》がくっつ

きますから、それをエサにして、うようよいたんです。のぞくと、真っ黒に見えるほどいたんです。それがどうなったのか、さっぱりいなくなってしまったんですよ。いっせいに姿《すがた》を消してしまったんですよ」

「ふーん、何が原因ですか」

「農薬や合成洗剤《せんざい》だと思います。海草や＊藻葉《もは》がすくなくなったことも、原因だと思います」

父は、大きくうなずいて、ため息をついた。

（及川和男《おいかわかずお》「森は呼《よ》んでいる」より）

＊カキ＝食用の二枚貝《にまいがい》。
指標＝物事を考えたり、判断したりするための目印となるもの。
BODやCOD＝水質のよごれの程度を示す目安となる数値《すうち》。
カジカやイワナ、ヤマメ＝川魚の種類。　メバル＝海水魚の一種。
藻／藻葉＝ともに、水中や湿地《しっち》などに生育する原始的な植物のこと。

**問一** ――線①「**フランスのカキもそうです**」とありますが、どういうことですか。次のように答えるとき、□にあてはまる言葉を文章中から八字でぬき出しなさい。

**フランスのカキも、□育っている。**

**問二** ――線②「**水質が悪くなっているんですか**」とありますが、この質問に対して、水口さんはどのような考えを持っていますか。「**科学的**」「**生物**」という言葉を使って書きなさい。ただし、二つの言葉はどんな順番で使ってもかまいません。

**問三** ――線③「**川がだめになったことがわかります。ということは、山が、森が、だめになったということなんです**」とありますが、どういうことを表していますか。「**悪化**」「**関係**」という言葉を使って書きなさい。ただし、二つの言葉はどんな順番で使ってもかまいません。

**問四** ‥‥線部「**山に木を植えたいのですよ**」とありますが、カキの養殖に取り組む水口さんが、このように言ったのはなぜだと考えられますか。次の〔注意〕にしたがって書きましょう。

〔注意〕
○ 全体を二段落《だんらく》構成とし、400字以上500字以内で書きましょう。
○ 前半の段落では、‥‥線部で水口さんが「**山に木を植えたい**」と言った理由について、あなたが考えたことを書きましょう。
○ 後半の段落では、前半に書いた内容をふまえて、あなたが考えたことを書きましょう。

→解答用紙P.2

第一章 環境

## 3 エネルギー

| 時間の目安 | 25分 |
| --- | --- |
| 難しさ | ★★☆ |

学習日　月　日

3問中　問正解

◇ 次の文章を読んで、あとの問いに答えましょう。

おもしろいことに、*原生動物が遣《つか》う*代謝エネルギーを一とすると、*変温動物が遣う代謝エネルギーはその一〇倍であり、*恒温《こうおん》動物はさらにその一〇倍の一〇〇であることが知られている。このように、動物は、進化の梯子《はしご》を一段昇《いちだんのぼ》るたびごとに、一〇倍ずつエネルギーを多く遣うようになったのだ。この事実は、私《わたし》たち人類が今どのような進化段階にあるかについて、面白《おもしろ》い*洞察《どうさつ》を与《あた》えてくれる。

原生動物は水中で流れに身を任せて移動するだけだから、そう大してエネルギーを遣わない。変温動物になると、能動的に獲物《えもの》を探《さが》して動き、その狩猟《しゅりょう》にもエネルギーを遣うから、原生動物の一〇倍ものエネルギー消費を行うようになった。とはいえ、変温動物は、お腹《なか》が一《いっ》杯《ぱい》になると休んで周囲と同じ温度まで体温が下がる。あるいは、寒くなると冬眠《とうみん》してエネルギー節約に努める。いわば、自然の変動に合わせた生き方をしているのだ。ところが、いったん体温が下がると次の始動のために時間がかかるという欠点がある。冬空の下の冷え切ったクルマのエンジンのようなもので、獲物が目の前をノコノコ歩いていても、体温が下がっていればすぐに動き出すことができず、獲物を取り逃《に》がしてしまうからだ。逆にいったん動き出すと体温がどんどん上《じょう》昇《しょう》するので、すぐに息が上がってしまう。獲物を見つけると素早《すばや》く捕《と》らえねば、*ラジエーターが沸騰《ふっとう》してしまうのだ。一般《いっぱん》に爬虫類《はちゅうるい》が獰《どう》猛《もう》な姿《すがた》をしているのは、それに面と向かい合ったときに獲物が立ちすくんで逃げられなくなるような種のみが生き残ったためではないだろうか。体温調節機能がないから不自由なようだが、生きるに必要な獲物しかとらず、欲望《よくぼう》にまかせて狩《か》りをするわけではないことを付け加えておくべきだろう。

この欠点を克服《こくふく》して、いつでもすぐに動き出せるように進化したのが恒温動物である。エンジン掛《か》けっぱなしのクルマになったのだ。体温は外気温より高いから、熱エネルギーが常に流れ出している。たとえ動かなくてもエネルギーを遣うから、年がら年中寝《ね》ていてもお腹が空《す》いてしまう。そのため、変温動物の一〇倍もの代謝エネルギーを遣わねば生きてゆけなくなった。自然から独立した*自律系となったのだが、①エネルギー補給《ほきゅう》をいかに行うかが一生の悩《なや》みとなる宿命を背《せ》負《お》ってしまったのだ。草食動物は、植物のエネルギー価が低いから、ひたすら食べ続けねばならない。これに対し、肉食動物は、獲物さえいれば比較《ひかく》的楽な生活が営めるから、強い者ほど怠《なま》け者になってしまう。百獣《ひゃくじゅう》の王ライオンが寝てばかりいるのはそのためである。時には、自分の強さを誇示《こじ》したいという欲望のために狩りをする場合もある。とはいえ、野生の生活は厳《きび》しいから、通常は生きる分以上の乱獲《らんかく》は行わない。肉食動物といえども、まだ欲望に左右されてはいないのだ。

ところが、恒温動物の中でヒトだけは異《こと》なっていた。*猿人《えんじん》や*原人であった間は、まだ生きていくためにエネルギーを取り入れる（つまり、食べる）のに精一杯であったが、*新人（ホモサピエンス）になってから野生生物に別れを告げるようになった。飢《う》えに備えて食物を貯蔵《ちょぞう》し、穀物《こくもつ》を栽培《さいばい》するようになっただけでなく、住居環境《かんきょう》を整えるようになったのだ。洞窟《どうくつ》を掘《ほ》ったり、木を組み合わせて住みかを作ったり、寒い冬は一晩ずっと焚《た》き火をしたり、暑い夏にはエアコンと呼《よ》ぶ空気還流《かんりゅう》を工夫《くふう》したり、というふうに生活環境を整えるためのエネルギーをどんどん遣うようになった。さらに、皮膚《ひふ》の延長《えんちょう》としての着物、手の延長としてのさまざまな道具、足の延長としてのクルマや飛行機、そして頭の延長としてのコンピューターまで作ってしまった。このように、人体の延長を周辺に作り出すことによって自己《じこ》を拡《かく》大《だい》してきただけでなく、変動する自然とは切り離《はな》された*恒常《こうじょう》的な環境を拡《ひろ》げ、安全で便利で快適な生活空間を創《つく》り上げてきたのだ。このような環境を整えるために遣っているエネルギーを人間の体重当たりに換算《かんさん》すると、通常の恒温動物が遣うエネルギーの一〇倍以上にもなっている。つまり、ヒトは、生物として生き伸《の》びるためのエネルギー消費の一〇倍以上ものエネルギーを、*恒環境とするために遣うようになったのだ。②ヒトは「恒環境動物」へと進化しつつあると言う*所以《ゆえん》である。

もっとも、このような恒環境動物になっているのは、エネルギーをやたらに遣いまくっている、いわゆる先進国の人間であり、*第三世界では恒温動物の数倍にしかならない。また、日本人が恒環境動物に仲間入りしたのは、せいぜい三〇年ほど前であり、そう古いことではない。たった三〇年ばかりの間に、エネルギーを遣いまくって果たしたこの「進化」を、私たちはどう考えるべきなのだろうか。私には、なんだか無理し過ぎているとしか思えないのである。

（池内了《いけうちさとる》「私のエネルギー論」より）

＊
原生動物＝体が一つの細胞《さいぼう》からできている下等な動物。
代謝＝生物の体の中で物質が変化して入れかわること。
変温動物＝外界の温度に応じて体温が変化する動物。
恒温動物＝外界の温度に関わりなくほぼ一定の体温を保つことのできる動物。
洞察＝物事を観察して本質や奥《おく》にあるものを見ぬくこと。
ラジエーター＝熱をにがす仕組み。放熱器。
自律系＝ここでは、外界の影響《えいきょう》を受けず独自に行動できる存在《そんざい》という意味。
猿人／原人＝現在の人類とは別の古い時代の人類。　新人＝現在の人類。
恒常的／恒環境＝「恒」には、一定で変わらないとの意味がある。
所以＝理由。　第三世界＝資本主義や社会主義に属さない発展途上国《とじょうこく》のこと。

**問一**　――線①「エネルギー補給をいかに行うかが一生の悩みとなる宿命を背負ってしまった」とありますが、その理由を、変温動物とのちがいが明らかになるようにして書きなさい。

**問二**　――線②「ヒトは『恒環境動物』へと進化しつつある」とは筆者の考えですが、ここでの「恒環境動物」について次のように説明するとき、□にあてはまる語句を文章中から二十字でぬき出しなさい。

**通常の恒温動物の一〇倍以上ものエネルギーをつかって、□を拡大し、自分たちにとって住みやすい生活環境を整える動物。**

**問三**　この文章を読んで、あなたは「エネルギーの使い方」についてどんなことを考えましたか。あなたの考えを、次の〔注意〕にしたがって書きましょう。

〔注意〕
○　全体を二段落《だんらく》構成とし、400字以上500字以内で書きましょう。
○　前半の段落には、人間は今後どのような生活をするべきか、あなたの考えと、その理由を書きましょう。
○　後半の段落には、前半に書いたことを実現するために、どのようなことが大切か、あなたの考えを書きましょう。

→解答用紙P.3

第一章　環境

# 4 エネルギーと自然

時間の目安　25分
難しさ　★★☆

学習日　　月　　日
3問中　　問正解

◇ 次の文章を読んで、あとの問いに答えましょう。

この六月のある日、電力消費量が新記録をつくったと思ったら、七月にはその記録を大幅《おおはば》に上廻《うわまわ》る日があらわれた。家庭でのクーラーの使用が増えたのだ。家でも会社でも、通勤途上《つうきんとじょう》でも、旅行するときの乗りものでも泊《と》まるホテルでも、私《わたし》たちはほぼ春夏秋冬、外気に触《ふ》れることの少ない暮《く》らしをしはじめた。

お天気の挨拶《あいさつ》が少なくなってゆくのは自然の勢いである。

「よいおしめりで」という挨拶などは、ほとんど聞かなくなった。先日*伊豆《いず》の湯ケ島《ゆがしま》に泊まったとき、散歩に出ようとしたら降《ふ》ってきて、傘《かさ》を借りるついでに宿のおかみさんに訊《き》いてみたのだが、あのあたりでも以前は「よいおしめりでございます」といった挨拶をよく聞いたものだが近頃《ちかごろ》はまったく聞かないということだった。六十代後半かと思えるおかみさんの、子供《こども》のころや娘《むすめ》時代には、雨の日には「おしめり休み」の申し送りが家から家へとあったものだという話も聞いた。農村地帯なので、今日はおしめりだから休みましょうと伝えるならわしがあったということだ。

農業の人びとが少なくなったことも、「よいおしめり」をはじめとするお天気にかかわる挨拶を減らしているのだろう。作物には太陽の光も必要だが雨も大切である。この国の人口の過半数が田畑で働いていた時代には当然お天気のことが挨拶のことばになっていた。都会に住む人たちも多くは農村から出てきていて、お天気への関心がつよかったのだが、ここ二、三十年でそれらすべてが大きく変わってしまった。農村へ行ってみても、いまはいろいろな作物が*ハウス栽培《さいばい》になっているので、そういうところでの関心はお天気よりもむしろビニールハウスに使う石油や電気といったエネルギーのほうに移ってゆく。

都会生活では雨はだいたい好まれていない。雨を嫌《きら》う理由は、傘を持つのが面倒《めんどう》だとか、裾《すそ》の濡《ぬ》れるのがいやだとか、たいした理由ではないのだが、雨をよろこぶ人はどんどん少なくなって、「よいおしめりで」という挨拶がほとんど消えてしまった。この夏のように雨が少なすぎてダムの貯水量が減り、水道の*給水制限がはじまったりすると、ようやく雨のありがたさに気づくのだが、もう挨拶としての「よいおしめりで」は記憶《きおく》から失われているので、ほかの言葉で言うしかない。「これでダムの水が増えるかしら」なんて言っても、挨拶語に特有なやわらかいひびきは生まれない。挨拶語というのはみんなが共有するものとして繰《く》り返されていなかったら、生活のリズムにはならないものである。

生活そのものがはじめに書いたように大きく変わってしまったのだから、仕方のないことではある。しかし、元にもどって考えれば、①そういう生活がほんとうにいいのかどうか疑問《ぎもん》だろう。私が窓《まど》の開かないビルに通っていたときには、女性たちが冷房《れいぼう》で冷えすぎるのから身を守るために、ひそかに足もとで電熱器をつけて暖《あたた》めていた。それは奇怪《きかい》な光景だったが、冷え性《しょう》の女の人にとっては必要な自衛策《じえいさく》である。タクシーの運転手の人たちも冷房で体の具合がわるいとぼやいている。知り合いの医師は、このごろの患者《かんじゃ》さんには冷房病がすごく多いと言っていた。

私は冷房が苦手のほうで、この夏も書斎《しょさい》のエアコンはまだ一度も運転せず、窓を全開して風を入れているのだが、汗《あせ》をかきながらも、会社づとめで冷房のビルにいたときよりも体調と気分がいい。*自由業のありがたさである。

なぜ私たちの暮らしから外気を*遮断《しゃだん》してしまうのだろうか。そのほうが快適だからというのだろうか、その*弊害《へいがい》は明らかにあるし、世の中のどこもかしこも*ドーム球場のようになってしまったら、私たちの生のリズムをつくってきた季節感が失われてしまう。野菜や魚の季節感はとっくに薄《うす》れているのだが、肌《はだ》で感じる季節感まで*喪失《そうしつ》したなら、私たちはほんとうにヒトという生物として生きていけるのだろうか。

「よいおしめりで」をはじめとして、挨拶のことばから、自然が脱落《だつらく》してゆく。そうなれば*いきおい、②挨拶ことばは単純《たんじゅん》になってゆくばかりだ。変化に富む自然――春夏秋冬の季節の移りとかその日その日のお天気とか――をからだで直《じか》に感じることが少なくなったら、挨拶ことばも数が少なくなるのはあたりまえのことだろう。

（高田宏《たかだひろし》「森《もり》が消《き》えるとき」より）

＊伊豆の湯ヶ島＝静岡《しずおか》県伊豆市にある温泉《おんせん》地。
ハウス栽培＝骨組《ほねぐ》みをビニールでおおった小屋（ビニールハウス）の中で作物を育てる農業のやり方。燃料を使って加温する場合もある。
給水制限＝水道から出る水の量や、水の出る時間を制限すること。
自由業＝会社などに勤《つと》めるのではなく、独立して営む職業。
遮断＝さえぎること。　弊害＝ほかのものに与《あた》える悪い影響《えいきょう》。
ドーム球場＝半球形の屋根がついた野球場のこと。　喪失＝うしなうこと。
いきおい＝ここでは、当然そうなる様子を表している。

**問一** ――線①「そういう生活」とありますが、これについて説明した次の文の□にあてはまる言葉を、文章中からAは八字、Bは五字でぬき出しなさい。

**年間を通じて［A］が少なく、電気などの［B］を使って空間の快適《かいてき》さをつくり出そうとする生活。**

A

B

**問二** ――線②「**挨拶ことばは単純になってゆく**」とありますが、「**挨拶ことば**」とは本来どのようなものだと筆者は考えていますか。「**からだ**」「**共有**」「**ひびき**」という三つの言葉を使って六十字程度で書きなさい。

**問三** この文章を読んであなたが考えたことを、次の〔注意〕にしたがって書きましょう。

〔注意〕
○ 全体を二段落《だんらく》構成とし、400字以上500字以内で書きましょう。
○ 前半の段落には、この文章から読み取れる、現代の私たちの暮らしについての筆者の考えを、「**快適さ**」「**季節感**」という言葉を使ってまとめましょう。
○ 後半の段落には、前半でまとめた筆者の考えに対する、あなたの考えを書きましょう。

→解答用紙P.3

第一章　環境

# 5 地球と火星



◇ 次の文章を読んで、あとの問いに答えましょう。

このまま、人口増加や環境汚染《かんきょうおせん》が進めば、人はやがて地球に住めなくなるのではないかといわれている。人の数に対して、地球の大きさが対応しきれなくなるのだ。現代は人が爆発的《ばくはつてき》に増えていて、急激《きゅうげき》に増えつづけた人は、やがて二〇五〇年ごろには九〇億人を突破《とっぱ》するとみられている。増えすぎて全員が地球に住みつづけることができなくなったら、新しく住むことのできる場所を探《さが》さなければならない。

そんなとき、人が住むのにもっとも現実的だといわれているのが、地球のとなりにある火星だ。実際、民間のある企業《きぎょう》では、二〇一七年から二〇二七年のあいだに、希望者を募《つの》って火星への本格移住を支援《しえん》する計画を立てている。片道切符《かたみちきっぷ》で火星に行き、火星で永住するというこの＊無謀《むぼう》な計画に、なんと全世界から多数の応募《おうぼ》があったそうだ。

この計画では片道切符だが、これで終わらず、今後大量に人が移動できる交通手段《こうつうしゅだん》として、わたしたちでも利用できる安価《あんか》な宇宙船の研究や、宇宙エレベーターなどの研究も進んでいる。

しかし①なぜ、火星なのか？　それは、地球からの近さも魅力《みりょく》ではあるが、どの惑星《わくせい》にもない地球との共通点が数多く見つかっていることもある。そのため、地球と火星の環境《かんきょう》を似せて、火星を第二の地球とすることができるのではないか、と考えられているのだ。

ただし、現段階《げんだんかい》ではまだ地球の生命が生息できない環境であるため、地球の生命が住みやすいように火星の環境をつくり変える、テラフォーミングをおこなわなくてはならない。この計画、＊フィクションのようだが、真面目に考えられている。火星の低すぎる温度を上げ、氷を溶《と》かし、地球に似た環境につくり変えるのだ。

テラフォーミングをした前も後も、火星に行くのは「住む」ことが大きな目的となっている。そのため、どのような形であれ、火星は住《じゅう》宅街《たくがい》としての役割《やくわり》を期待されている。

いずれは、家だけでなく学校や仕事も火星で、火星で生まれ火星で死んでいくという、一度も地球に行ったことのない人が出てくるかもしれない。

夢みたいな話だが、しかしこれは、すぐそこにある未来の話なのだ。

火星は地球の近くにあるからか、②地球の生命体が住むのに適していると思われる条件が、いくつもある。

まず火星の一日は、地球の一日とほとんど同じで、一日がほぼ二十四時間だ。火星に住んでも、明るくなったら起きて活動し、暗くなったら眠《ねむ》るという生活リズムをくずさずにすみそう。

地球より遠くを回っているので、火星の一年は、六八七日。地球でいうと、おおよそ二年となる。季節の流れがゆっくり感じられるだろう。

そして何より重要なのが、火星には大気があることだ。大気があるので、ほかの惑星ほど強烈《きょうれつ》な気温にはならない。平均気温はマイナス四三度。マイナスとはいえ、二桁《けた》の数字なので、気温を上げる工夫の余地がある。大気の主成分は二酸化炭素で、酸素はほとんどない。

大きさは地球が直径《ちょっけい》一万二七四二キロメートルであるのに対して、火星は直径六七七九キロメートルと、地球とくらべて半分ほどの大きさだ。半分ほどの大きさのため、重力は地球の三分の一くらい。三分の一は地球よりは小さいものの、三〇キログラムが一〇キログラムになるということは、「ちょっと軽いかな？」と感じるくらいで、物を持つときも、自分の体重も、すこし軽さを感じるくらいではないだろうか。住宅環境などは工夫することでつくり変えることができるが、重力だけは絶対に変えることができない。そのため、宇宙ステーションや月にくらべて地球の重力に近いことも、火星の大きな魅力である。

このように地球と似た点が多く、地球生命が生息できる可能性が高いので、火星は移住先の最有力候補《さいゆうりょくこうほ》となったのだ。

（竹内薫「住んでみたい宇宙の話」より　文章中に一部省略やふりがなをつけるなどの変更があります。）

＊　無謀＝結果に対する深い考えのないこと。
　　フィクション＝想像によって作り上げられた事柄ことがら。

**問一**　太郎くんは、——部①「なぜ、火星なのか？」の部分に省略されている語句を考えました。次の空らん［A］にあうように書きなさい。ただし、「地球」、「現実的」という語句を必ず入れて十五字以上二十五字以内で書きなさい。

なぜ［　A　］火星なのか？

**問二**　太郎くんは読みとったことについて情報カードを作成し、テーマごとに本文の流れにあうように並《なら》べてみました。次の情報カードの空らん［B］、［C］にあてはまる内容を本文中からさがして［B］は五字、［C］は八字で書きぬきなさい。

テーマ1　火星が移住先の最有力候補であることについて

地球との共通点が多い
↓
火星を地球の環境に似せる
↓
火星を［B］とすることができる

テーマ2　火星に住むために必要なことについて

今の火星は地球生命体が生息できない
↓
［C］をおこなう
↓
地球生命体が生息できる

B

C

**問三**　太郎くんは、——部②「地球の生命体が住むのに適していると思われる条件」について、次の情報カードを作成しました。次の情報カードの空らん［D］、［E］、［F］にあてはまる内容を、［D］は十五字以内、［E］、［F］は十字以内で書きなさい。

テーマ3　地球の生命体が火星に住むのに適していると思われる条件について

［D］こと

火星の１年は地球の約２年であること

［E］こと

［F］こと

D

E

F

**問四**　この文章には、地球に住みつづけることができなくなったとき火星は移住先の最有力候補であることがかかれています。あなたは火星に住むことについてどのように考えますか。次の〔注意〕にしたがって書きましょう。

〔注意〕
○　作文は350字以上400字以内で書きましょう。
○　あなたが火星に住むことについて賛成か反対かを明らかにして理由も含めて書きましょう。

→解答用紙P.4

第一章　環境

# 6 科学と環境

◇　次の文章を読んで、あとの問いに答えましょう。

一〇月三〇日。調査隊がついに*キャンチェンの山小屋を引き上げる日がきた。

僕《ぼく》たちは、その前日から必死になって、たまったゴミを小屋の裏《うら》につくったゴミ焼き場で燃やしていた。たくさんのゴミがある。気温が低いので生ゴミもなかなか分解しない。だが、いちばんやっかいなのは、気温や水温や、いろいろなものを計るために僕たちが使った電池である。電池は燃やそうと思っても燃えない。なるべくもって帰ることにしたが、それでも限界があった。ほかにもプラスチックや金属など、燃えにくいゴミがいろいろとある。

これらのゴミもまた、僕たちが完全に外からこの*ランタン谷にもちこんだものだった。①僕たちが来てこんな調査をしなければ、こんなゴミは出なかったのである。

科学の研究とはなんだろうか？　僕たちはまだ知らないことを明らかにしようとして、科学の研究をする。地球の自然や環境《かんきょう》を知ろうとして、はるばる*ヒマラヤまでやってくる。だが、その研究をするために、僕たちは逆にヒマラヤの自然や環境を多少なりとも壊《こわ》してしまったのだ。

まだ誰《だれ》も知らないことを初めて見つけるのは楽しい。でもそれは、自分が知りたいから、そうするのである。そのために、まわりはどうなってもいいのだろうか？　言いかえると、科学の研究のためには、何をしても許されるのだろうか？

美しいランタン谷に、ぼくたちの燃やすゴミの黒い煙《けむり》が、風にのって激しい勢いで広がっていく。こんなふうに、せいいっぱい燃やしてゴミを残さないようにしているんだ、という気持ちと、それでも僕たちが来たことで、ランタン谷の環境は少しだけ壊れたのだという思いが、僕たちの中で*交錯《こうさく》していた。

原子爆弾《ばくだん》をつくるような科学はいけないけれど、自然の秘密《ひみつ》をさぐる科学、まだ人類が知らないことを明らかにしようとする科学はすべていいものだ、と思いこんでいた僕が、初めてそのことに疑《うたが》いをもったのは、村人たちから直接タキギを買い付けていたのが僕自身だったためかもしれない。目の前に積まれていくタキギの多さ、それを運んでいく子供たち。それを目《ま》の当たりにしなかったら、そんなことを考えなかったかもしれない、と思う。

そういう意味では、キャンチェンの山小屋で食料と物資補給《ほきゅう》の管理を引き受けたとき、僕はそれまでとはちがう道に知らないうちに踏《ふ》み出していたのかもしれない。そして、偶然《ぐうぜん》、貞兼《さだかね》さんと出会って、ランタン谷に生きる人たちの本当の姿《すがた》を知ったことが、僕を少しずつ変えていったような気がする。それまでの僕は、*ランタン村の人たちを、やはりどこかで自分たちより低く見ていたのだ。

だが、そうではなかった。確かに村には電気もなく、テレビもオーディオもない。映画《えいが》館もなければデパートもゲームセンターもない。だが、ランタン村の人たちは、僕たちよりはるかにすぐれた生き方をしていたのだ。それは、限られた自然を上手に利用し、環境に悪いことをしない、自分たちの環境を壊さない、という生き方である。そのために、ランタン村の人たちは、あんなにも複雑な「*ダイアグラム」までつくって、*ヤクや羊をコントロールしていたのだ。

僕は、それまでランタン村の人たちを、自分たちよりなにか低いものとして見ていたことを反省した。②学ばなければいけないのは、む

時間の目安　25分
難しさ　★★☆
学習日　月　日
3問中　問正解

しろ僕たちのほうではないか。そして、僕たちには、たとえ科学の研究のためだからといって、ランタンの自然や環境を壊す権利《けんり》などないのだ。

　もちろん、氷河調査隊にはネパールの研究者も入っていたし、途中《とちゅう》からは中国の研究者も参加した。そうやって、研究を通じていろいろな国の人たちが友達になれるのは科学のいい点である。また、お金がなくて研究ができずにいるネパールの研究者を、そうやって僕たちが助け、一緒《いっしょ》に研究できたことも、この調査隊の成果だったと思う。でも、いちばん世話になったランタンの村の人たちに、僕たちは何をしたのだろう？　ただ彼《かれ》らの環境を壊し、*汚染《おせん》しただけではないのだろうか？

　科学は誰のためにあるのだろう？　いままで誰も知らなかったことを発見したり、見つけたりすること。たとえそれが、いつか人類に役立つことかもしれなくても、自分の好奇心《こうきしん》や、ときには名誉欲《めいよよく》を満足させるためだけに科学が研究されるのだとしたら、それは果たしていいことなのだろうか？

（小野有五《おのゆうご》「ヒマラヤで考えたこと」より）

＊キャンチェン＝ヒマラヤの高地の地名。
ランタン谷＝谷の名前。
ヒマラヤ＝インドとチベットとの境を東西に連なる世界最大の山脈。
交錯＝二つ以上のものが入りまじること。
ランタン村＝ランタン谷にある村。
ダイアグラム＝ここではランタン村の人々が放牧などの行動の順序や組み合わせを図式的に表したもののこと。
ヤク＝ウシ科の哺乳類《ほにゅうるい》。
汚染＝よごすこと。

**問一**　――線①「**僕たちが来てこんな調査をしなければ、こんなゴミは出なかったのである**」とありますが、この部分には、筆者のどんな気持ちがこめられていますか。次のように答えるとき、□にあてはまる言葉を文章中から十九字で探《さが》し、その初めと終わりの五字をぬき出しなさい。

**自分たちの調査が、ランタン村の□という反省の気持ち。**

□□□□□ ～ □□□□□

**問二**　――線②「**学ばなければいけないのは、むしろ僕たちのほうではないか**」とありますが、筆者はランタン村の人たちから何を「**学ばなければいけない**」と考えていますか。「**すぐれた**」「**環境**」という二つの言葉を使って書きなさい。

**問三**　この文章の内容をふまえて、「**科学と環境**」という題で作文を書きなさい。作文は、次の〔注意〕にしたがって書きましょう。

〔注意〕
○題名、名前は書かずに一行目から書きましょう。
○二段落《だんらく》で書きましょう。
○前半の段落には、これまでの科学と環境の関係について、あなたが考えたことを書きましょう。
○後半の段落には、今後の科学はどうあるべきか、という点について、あなたが考えたことを書きましょう。
○400字以上500字以内で書きましょう。

→解答用紙P.4

第一章　環境

## 7 共生

◇ 次の文章を読んで、あとの問いに答えましょう。

そういえば、アメリカの環境《かんきょう》保護庁が一九九八年から開始した、国内で生産されたか、あるいは輸入された*化学物質二八〇〇種の毒性検査を行なうという*プロジェクトが、いま大きな問題になっている。このプロジェクトは、*カフェインや*四塩化炭素などのさまざまな化学物質について、*経済協力開発機構（OECD《オーイーシーディー》）が定めた項《こう》目《もく》すべてについてデータを得ようというもので、六年間に七〇〇億円もかけて毒性検査をする予定である。この検査のために、少なくとも一〇〇万匹《ぴき》の*ラットが実験に使われ、毒を飲まされたり殺されたりすることに対し、動物保護団体から猛烈《もうれつ》な抗議《こうぎ》が殺到《さっとう》しているというのだ（『Nature《ネイチャー》』九九年八月一二日号）。

環境保護庁のいい分は、子どもや大人が有害な物質に曝《さら》されないよう十分なデータを得ることが最低目的であり、このような公衆の健康と環境保護のためには、動物を犠牲《ぎせい》にするのもやむをえない、というものである。そして、得られたデータはインターネットによって公開することになっており、これによって無駄《むだ》な追加検査が不要になるから、結果的には動物の犠牲も少なくなる、とも考えているようだ。

ところが、ボランティアで参加している化学薬品会社は、環境保護庁の姿勢《しせい》に疑問《ぎもん》をもっている。というのも、それらの会社から、環境保護庁は、実験動物の数を減らすための科学的な方策《ほうさく》を十分考えているとはいえず、近年の*趨勢《すうせい》に対して「①時計を逆回しにしている」ように受け取れるとか、動物に可能なだけ最大量を服用させて毒性があるかどうか知ろうとしている、という声が挙がっているからだ。むろん、化学薬品会社の責任転嫁《てんか》の発言かもしれないが、環境保護庁が

時間の目安　25分
難しさ　★★☆
学習日　月　日
3問中　問正解

実験動物のことについて何の配慮《はいりょ》もしていないことは事実のようである。

私《わたし》は、この記事で一〇〇万匹のラットを実験に使うと知って、私たちの生活は何と大量の実験動物の犠牲の上に成り立っているのだろうか、と深く感じるものがあった。現在、世界中で登録されている合成化学物質は一二〇〇万種、日常生活で使われているものは一〇万種もある。さて、それらの検査のために、どれくらいの動物が実験に使われてきたのだろうか。

*デカルト以来、西洋では、人間以外の動物には魂《たましい》は存在《そんざい》せず、精神や感情をもたない機械のようなもの、と考える傾向《けいこう》が強かった。そのため、人間のためになるのだからと、動物実験はむしろ正当な行為《こうい》と考えられてきたのだ。日本では、かつて万物《ばんぶつ》に霊《れい》は宿ると考えられてきたが、いつの間にか西洋の尺度《しゃくど》が身に付いてしまった。

しかし、生態学や動物行動学の*知見から、*生きとし生ける物すべてが共通の祖先から進化し、多様な生物がさまざまな相互《そうご》関係を築きながら生きていることがわかってきた。人間だけが特別な存在であると考えるのは*傲慢《ごうまん》であり、すべての生物が生きる権利《けんり》をもっていると考えるべきなのである。他の生物との「共生」へと時計の針《はり》は回ってきたのだ。

とはいえ、飢餓《きが》から脱出《だっしゅつ》したいから始まり、健康で暮《く》らしたい、病を克服《こくふく》したい、安全な環境にしたい、長生きしたい、などと人間の生《せい》存《ぞん》への欲望《よくぼう》は広がり、それは必ず他の生物へ死を強制することが伴《ともな》っている。化学物質だけでなく、人間の行為は、見えないところで他の生物の膨大《ぼうだい》な死を伴わざるをえず、そのような犠牲がなければ私たちは生きていけない、という厳然《げんぜん》たる事実も認《みと》めなければならない。他

の生物との「完全な共生」はありえないのである。

②この*矛盾《むじゅん》は人間が生きている限り付きまとわざるをえない。とすると、他の生物の死を最小限に抑《おさ》える工夫《くふう》をすること、余計な死を強制しないこと、多様な生物との共生の場を可能な限り保存すること、などのような*倫理《りんり》を前面に出した生き方が求められているのではないだろうか。自動車の安全テストに、かつてサルが使われたこともあったが、現在では人形で代用するようになったのは、そのような考えが広まったためかもしれない。

ところが逆に、効率主義や儲《もう》け主義が*蔓延《まんえん》するにつれ、他の生物との共生の矛盾をいっそう強めてもいる。問題は化学物質だけではないのである。そのことは、*干潟《ひがた》の埋《う》め立てや*河口堰《かこうぜき》によって、どれほどの生物が死を強制されているかを想像してみればわかる。そのような死を少なくし、さらに豊かな*生態系《せいたいけい》を保全するための知恵《ちえ》をだすことが求められている。そのような方策こそが、むしろ災害を少なくし、健《すこ》やかな環境を未来の世代に手渡《てわた》すことにつながるのである。

（池内了《いけうちさとる》「科学《かがく》は今《いま》どうなっているの？」より）

＊ 化学物質＝化学的な方法で人工的に合成された物質。化学で研究される物質。
プロジェクト＝計画事業。研究課題。
カフェイン／四塩化炭素＝どちらも化学物質の一種。
経済協力開発機構＝日本をふくむ34か国から成る国際的な機関。
ラット＝動物実験に用いられるネズミ。
趨勢＝社会などの流れ。一定の方向に向かう勢い。
デカルト＝一六〇〇年代にヨーロッパで活躍《かつやく》した哲学者《てつがくしゃ》、数学者。
知見＝実際に見たり聞いたりして得た知識。
生きとし生ける物すべて＝この世に生きているものすべて。
傲慢＝おごりたかぶって他を見下す様子。
矛盾＝二つの物事が食いちがっていて両立しないこと。
倫理＝善悪《ぜんあく》の判断の基準となるもの。人として守り行うべき道。
蔓延＝好ましくないものが勢力を得て広がること。
干潟＝潮《しお》が引いたときに現れる、海岸の砂《すな》やどろでできた場所。
河口堰＝河口付近に作られる、水をせき止めるための施設《しせつ》。
生態系＝生き物とそのまわりの環境をひとまとめにした考え方。

**問一** ――線①「時計を逆回しにしている」とありますが、どういうことですか。次のように説明するとき、□にあてはまる語句を文章中から五字でぬき出しなさい。

**アメリカの環境保護庁のプロジェクトの、一〇〇万匹ものラットを実験に使うというやり方は、できるだけ他の生物の□も尊《そん》重《ちょう》しようとする近年の流れとは反対の方向を向いているということ。**

**問二** ――線②「この矛盾」とは、どういうことですか。「共生」という言葉を使って書きなさい。

**問三** この文章を読んで、あなたは、他の生物との「共生」を進めるためにはどんなことが必要だと考えましたか。次の〔注意〕にしたがって書きましょう。

〔注意〕
○ 全体の段落《だんらく》数は三つ以内とし、400字以上500字以内で書きましょう。
○ できるだけ具体的な事例をまじえて書きましょう。事例は、本やテレビなどを通じて知ったことでもかまいません。

→解答用紙P.5

第一章　環境

# 8 動物との共生 ①

時間の目安 25分
難しさ ★★★

学習日 [ ]月[ ]日
3問中 [ ]問正解

◇ 次の文章を読んで、あとの問いに答えましょう。

動物は、私たちの想像力をかきたてるようなおもしろいものをそれぞれに持っているはずです。そういう動物たちが人間社会の内側に入ってきて自由にふるまうのを許容するような社会のあり方を、僕《ぼく》はぜひ実現したいと思うのです。

たとえばムササビは、ふだんはリスみたいな姿《すがた》をしているわけですが、いざとなるとパッと手足を広げて*ハンググライダーに変身する。もし、この世界にムササビがいなかったら、いくら人間の想像力がすぐれていても、そんなことはちょっと思いつきにくいでしょう。また、ゾウという動物がもしいなかったら、鼻を使ってものを操作《そうさ》するなんて、とうてい考えられませんね。それぞれの動物の持ち味は、こうして私たちの発想と精神世界を、広げてくれるところがあります。

だから、そうした動物たちと、それぞれの個性のまま、こちらがちょっと工夫《くふう》すれば共存《きょうぞん》できるのだったら、どんどんいろいろな動物との共存の道を広げたいものだと思うのです。

僕の住んでいる*都留《つる》市では、家のそばにムササビが住んでいると田舎《いなか》だといって笑う人がいます。しかし、都会か田舎かを問題にするのではなく、自分自身がどのような自然や文化と接しながらくらしてきたかをすなおに受け入れて考えるとき、はじめてムササビの価値《かち》が見えてくるのですね。

ケヤキの樹皮をかじるというので退治の動きのでた石船《いわふね》神社のムササビについて、僕は、人家にとりかこまれた神社の森に棲《す》んでいるからこそ、価値があるのだと考えました。近所の人は散歩や仕事の帰りに何気なく、*滑空《かっくう》するムササビの姿に接することができます。子どもたちは、世界でもっとも夢のある動物の一つであるムササビの棲む環境《かんきょう》のなかで、成長することができます。

もし、ムササビのような大型滑空動物のいないヨーロッパやアメリカの子どもたちと交流する機会を持ったとしたら、都留の子どもたちの話すムササビのくらしぶりを、彼《かれ》らがどれほど知りたがり、うらやましがるか、想像してみたらおもしろいですね。東南アジアにはムササビに近い大型滑空動物がたくさん棲んでいます。東南アジアの子どもたちとはまた別の親しみのある交流を、ムササビを通じて、することもできるでしょう。

ムササビについては、「気味の悪い動物だ」といった古い*イメージを持った人がたくさんいます。こうした古いイメージと僕らのつかんだムササビについての魅力《みりょく》あるイメージの*ギャップが大きければ大きいほど「ムササビ観察会」などを通じて、本当の姿を人々に見てもらう意義が大きくなります。

ムササビについての説明をし、一目ムササビの姿を森の中で見た瞬《しゅん》間《かん》、古いイメージがうそのように消えていきます。幼児《ようじ》からおじいさん、おばあさんまで、地元や東京、名古屋そして遠く九州から、石船神社で開いたムササビ観察会には、これまでにのべ二千人をこえる参加者がありました。

①ムササビを見てわかってくるのは、ムササビの価値だけではありません。ムササビの生活をささえる大木や*雑木林、一本のカキの木の価値も見えてきます。ホタルを見ていれば、幼虫の育つきれいな水の流れの価値がわかってくるし、*オオムラサキを見ていれば、幼虫の*食樹である*エノキや、幼虫が木をおりて冬ごしのためにもぐりこむ落葉の価値もわかってきます。

こうして、さまざまな動物を見ることから、背後《はいご》の自然の価値を具体的に、また身につまされる思いで、知っていくことができるわけですね。

人間社会とちょっと離《はな》れたところに国立公園などの自然保護区をつくるのは、それはそれでよいと思います。しかしそれだけでは結局、私たちと自然との関係を*遮断《しゃだん》してしまうということになりかねませんね。また、公園さえあれば、自分たちの身のまわりの自然や動物をどのようにしてしまってもいいということにはならないでしょう。日本みたいなところでは、むしろ②人間と自然とが入りまじり*モザイク的に混在していくほうがいいのではないか。お互《たが》いを大して意識せずに、なんとはなしに野生動物がそのへんを歩いているというのが一番いい関係ではないかと思うのです。

（今泉吉晴《いまいずみよしはる》「空中《くうちゅう》モグラあらわる」より）

＊ ハンググライダー＝人がぶら下がって飛ぶ、動力のない航空機。
都留市＝山梨《やまなし》県東部にある市。　滑空＝空中をすべるように飛ぶこと。

イメージ＝全体的な印象。　ギャップ＝ずれ。食いちがい。

雑木林＝多くの種類の木が入りまじって生えている林。

オオムラサキ＝チョウの一種。　食樹＝食料とする樹木。

エノキ＝落葉樹木の一種。

遮断＝さえぎること。流れをとめること。

モザイク的＝石やガラス、タイルなどの小さなかけらを寄せ合わせてつくる絵（モザイク）のように、複数のものがとなり合って存在する様子。

**問一** ——線①「**ムササビを見てわかってくるのは、ムササビの価値だけではありません**」とありますが、ほかにどんなことがわかるのですか。「**ムササビ**」「**自然**」という二つの言葉を使って、五十字以内で書きなさい。

**問二** ——線②「**人間と自然とが入りまじりモザイク的に混在していくほうがいいのではないか。お互いを大して意識せずに、なんとはなしに野生動物がそのへんを歩いているというのが一番いい関係ではないか**」とありますが、筆者はどのような社会を理想としているのですか。文章中から三十六字で探《さが》し、初めと終わりの四字をぬき出しなさい。

□□□□ 〜 □□□□

**問三** ……線部「**動物たちと、それぞれの個性のまま、こちらがちょっと工夫すれば共存できるのだったら、どんどんいろいろな動物との共存の道を広げたいものだ**」とありますが、この筆者の意見について、あなたはどう思いますか。次の〔注意〕にしたがって書きましょう。

〔注意〕
○ 全体を二段落《だんらく》構成とし、500字以上600字以内で書きましょう。
○ 前半の段落には、筆者の意見について、あなたがどう思うかを書きましょう。
○ 後半の段落には、前半で書いた内容をふまえて、人間が野生動物とかかわるにあたってあなたが大切だと思うことを書きましょう。

→解答用紙P.6

# 9 動物との共生 ②

◇ 次の文章を読んで、あとの問いに答えましょう。

北海道庁《ほっかいどうちょう》の人といっしょに車で国道を走っていた筆者は、道路わきに野生の*キタキツネが現れたのを見つける。

車が止まり、私《わたし》たちがぞろぞろと降《お》りてきても、キツネは車道のガードレールのところで、じっと私たちを見ている。

私は身をかがめるようにしながらキツネに近づく。

キツネは、そんな私を何かを期待するような表情で見つづけている。そっと手をのばすと、その指先に視線《しせん》がうごく。*換毛《かんもう》期なのだろうか、*脱毛《だつもう》が体のあちこちに付着し、一段《いちだん》とやせて見える。アゴの下の白色がひときわ鮮《あざ》やかだ。

「えさが欲《ほ》しいんですよ、このところ夏休みで観光客が多いものですから、車が来るとこうして出てくるんです……」

困《こま》ったことだ、というニュアンスを言外に漂《ただよ》わせながら道庁の人がいう。

日本の野生動物で、こんなに無警戒《むけいかい》な動物を久しく見たことがない。私はしゃがんで、じっと眼《め》をそそぐ。

①この現象が喜ぶべきことなのかどうか俄《にわ》かには判断しかねたからである。

野生動物に対する日本人のマナーがよくなり、動物たちにもそれが分《わか》って現れるようになったとすれば嬉《うれ》しいことだけれど、どうやらそう単純《たんじゅん》なことではないような気がする。

特にキツネのような警戒心の強い動物が観光客にえさをねだるなんて、ひと昔前まではとても考えられないことだ。

| | |
|---|---|
| 時間の目安 | 25分 |
| 難しさ | ★★☆ |
| 学習日 | 月　日 |
| 3問中 | 問正解 |

*多摩《たま》動物公園の周辺にもキツネが住み、時々ひと目にふれることはあったけれど、決してえさをねだりに出てくるようなことはなかった。

あちこちで、人里に現れ、人の手からえさをもらっている光景は、殆《ほとん》どタヌキなのである。

「これだけの深い山でもえさが不足しているのかしら？」

私は車に乗り込《こ》みながら、さきほどから頭の片《かた》すみに浮《う》かんでいたことを思わず口に出して呟《つぶや》いた。

えさが豊富にあるのなら、キツネたちは好んで国道にまで出てくるとは思えなかったからである。事実、この国道でも、出てきたキツネが交通事故で犠牲《ぎせい》になることが決して少なくない、という。

それほどの危険《きけん》をおかしても、ここに出てくるには、えさの不足しか考えにくい。

「確かに、キツネたちのえさは減っていると思いますよ……」

道庁の人が、助手席からうしろを振《ふ》り返っていう。

山の中に、昆虫《こんちゅう》やネズミやカエルなど、キツネの好物である小動物が、このところ著《いちじる》しく減っているというのだ。

「農薬の影響《えいきょう》もあるかも知れませんね」

北海道のような大規模農業では、農薬の使用はどうしてもさけられない。

しかも効率よく実施《じっし》するには、ヘリコプターなどを使っての空中散布が主力にならざるを得ないようだ。

勿論《もちろん》、これらの農薬は、人間には影響のない範囲《はんい》におさえられているのであろうけれど、小動物にとってはその基準はあてはまらないであろう。

山は緑、畠地《はたち》は美しい緑のジュウタン模様《もよう》を画《えが》き、見た目には確かに豊かな自然の中にいるように思う。

でも、この地でもホタルがとばなくなって久しいというし、小鳥の鳴き声もめっきり少なくなっているという。

一見豊かな緑の北海道も、その内容は*生態学的には確実に貧しくなっているようである。

車がスタートし、エンジンの音がひびくと、キタキツネはチラッとこちらを見上げ、スタスタと林の中に消えて行った。

映画『キタキツネ物語』で一躍《いちやく》有名になり、半ばアイドル化した動物だけれど、どうやら、その前途《ぜんと》は決して明るくないようである。

車窓《しゃそう》から入り込むさわやかな緑風にもかかわらず、②私の心は重い。この愛らしいキツネたちに、豊かな未来を約束するにはどうすればよいのか。

（中川志郎《なかがわしろう》「共に生きる地球の仲間たち　スージーの贈《おく》りもの」より）

＊ キタキツネ＝北海道など、北の地方にすむキツネ。
換毛期＝動物の体の毛が生えかわる時期。
脱毛＝ぬけ落ちた毛。
多摩動物公園＝東京《とうきょう》都にある動物園。
生態学＝生物とまわりの環境《かんきょう》との関係などを研究する学問。

**問一** ――線①「この現象が喜ぶべきことなのかどうか俄かには判断しかねた」とありますが、このあと筆者はどんなことを考えましたか。次のように説明するとき、［　］Ａ・Ｂにあてはまる語句を、それぞれ文章中から五字以上十字以内でぬき出しなさい。

**キタキツネが国道まで出てきて人間にえさをねだる本当の理由は、野生動物に対する［Ａ］の向上にあるのではなく、キツネの［Ｂ］ことにあるのではないかと考えた。**

Ａ

Ｂ

**問二** ――線②「私の心は重い」とありますが、なぜですか。その理由を「生態学」「未来」という二つの言葉を使って書きなさい。

**問三** この文章を読んで、あなたはどんなことを感じたり考えたりしましたか。次の〔注意〕にしたがって書きましょう。

〔注意〕
○ 全体の段落《だんらく》数は二つ以内とし、360字以上400字以内で書きましょう。

→解答用紙P.7

第一章 環境

# ⑩ 木

時間の目安 25分
難しさ ★★☆
学習日 □月□日
3問中 □問正解

◇次の文章を読んで、あとの問いに答えましょう。

筆者は、植物から感じられる「気配」や「発信」を、「命ある仲間たちとの会話」だと感じている。

気配の背後《はいご》には、生きる意思が流れている。植物にも動物にも、おそらくは地球そのものにも流れている生きる意思。それがどこかで接点をもったとき、気配とか発信のような波となって、そこにいる者の間で交換《こうかん》されるのかもしれない。私《わたし》はその意思を、人間の言葉に訳して伝えてくれた一人の人物に出会った。

あるとき、*ブナの原生林を地元の山の人に案内していただいたことがある。ブナの森の雰囲気《ふんいき》はもちろんだが、私は彼《かれ》のブナへの思いに強く打たれた。*樹幹に水を*湛《たた》えながら世代を超《こ》え、*端然《たんぜん》として数千年の時を過ごすブナ。彼らは黙《だま》って大地に根を張りながらも、木の葉を通して風と会話し、根を通して地底に起こる春の息吹《いぶき》や冬の到《とう》来《らい》をじっと聞いている。

山の人は、そのブナの声が聞こえているかのような話をたくさん聞かせてくれた。

「ブナの切り出しをやっていたころ、一本の木に鉈《なた》を打ち込《こ》むと、山がザワザワッとするんです。音がするわけじゃないけれど、何かそんな感じがするんですね。仲間の誰《だれ》かがやられるって、木が言い合っているのかもしれませんね。」

そういえば、一本の木が虫に食われて*危険《きけん》物質を出すと、その山の木すべてが虫よけの毒素を放出するという話を、どこかで読んだことがある。植物は動いているばかりではなく、会話までしているのだろうか。

①木の仲間だけではない。私は大きな木の枝の下にスッポリ包まれたとき、その木が「よく来たね」とか、「ぼくはちょっと疲《つか》れているんだよ」と語りかけたような錯覚《さっかく》に襲《おそ》われることがある。ここから先は私の願望でもあるのだが、ときにはその木が、「君は何か悩《なや》んでいるようだから、その気持ちを少し吸《す》い取ってあげようか」とさえ言ってくれたような気がすることまである。

ときどき、「お父さんの木」などと呼《よ》ばれている木が村はずれにあったりするけれど、それも人々が感じる木の優《やさ》しさからついた名前なのではないだろうか。*瑣末《さまつ》な人間界の悩《なや》みが何かは知らないとしても、木はそれに苦しむ私たちの気を読みとって、同じ自然界に生かされている仲間として、何とか力になってくれようとしているのかもしれない。そう思わせるくらい、木が優しく感じられることがあるのである。

こんなことを考えながらブナの山を歩いていると、案内の方が話してくれた。

「ブナの葉はね、雨が降《ふ》ると葉の両端を反らせてお皿のように上を向くんです。そうやって雨をたくさん受けて、茎《くき》を伝って幹、それから根へと水を送ってね、根から栄養分として水を吸い上げるんです」

この葉が上を向く⁉ しかも、雨が上がってしばらくすれば、また元のようにやんわりとしだれるって！！？？ そうなのだ。私たち動物が体を動かして深呼吸《しんこきゅう》したり、流れる水に身を委《ゆだ》ねて自然に抱《いだ》かれる感覚を味わうのと同じように、ブナの葉もまた、空からの贈《おく》り物を存分《ぞんぶん》に受け取るために、黙って動いていた。それはほかならぬ、生きる意思ではなかろうか。このようにはっきりした意思を持つ木々が、足下《あしもと》にやってきた人間に何かを話しかけたとしても、おかしくはないのかもしれない。

　さて、ブナの森に一週間ほど滞在《たいざい》した後に家に帰ると、私は部屋の点検もそこそこにベランダの植物たちの様子を見にいった。特に、すでに花を終わらせて小さな実をつけはじめている鉢植《はちう》えのレモンが心配だった。

「ごめんね。どうしてた？」

　みな元気で、それぞれに枝葉を少しずつ伸《の》ばしたりしている。私はしおれる寸前《すんぜん》で「早いとこお水を頼《たの》みます」とつぶやいていそうなレモンの木に、まずたっぷりと水を含《ふく》ませた。鉢の底から、土にろ過されて冷たくなった水が溢《あふ》れてきても、まだしばらく水を与《あた》え続けた。しおれそうな葉には、真上から雨を真似《まね》て水飛沫《みずしぶき》を降らせてみた。他の植物にも、同じようにして水を含ませ、一週間の留守番を感謝した。

　ひととおり水やりを終えて再びレモンの葉に触《ふ》れたとき、私は息をのんだ。少し前まで下を向いてしおれそうになっていた葉が、一枚《いちまい》一枚両端《りょうはし》を空に向けて反り返らせ、葉全体を皿のようにして大きな水のしずくを湛えているのである。

「雨を葉で受けて根に送り、そこから水を吸い上げるんです」

　ブナと同じように、レモンも水を受けようと葉を動かしたのだ。
②ブナの森の＊甘美《かんび》な風が、一瞬頬《いっしゅんほお》をなでたような気がした。
（三宮《さんのみや》麻《ま》由《ゆ》子《こ》「いのちの音が聞こえる」より）

＊ブナの原生林＝ブナ（落葉樹の一種）から成る、人の手が加えられていない林。
樹幹＝木のみき。

湛えながら＝満たしながら。

端然＝乱《みだ》れることなく、きちんと整っている様子。

危険物質＝ここでは、危険があったときに木から出る物質のこと。

瑣末な＝重要でない。小さな。

甘美な＝うっとりした気持ちにさせるような。

問一　――線①「木の仲間だけではない」とありますが、この表現について次のように説明するとき、［　］にあてはまる語句を文章中から十五字でぬき出しなさい。
　筆者は、木が木の仲間どうしで会話するだけではなく、自分たち人間とも、［　］として会話することがあるのではないかと考えている。

問二　――線②「ブナの森の甘美な風が、一瞬頬をなでたような気がした」とありますが、筆者はなぜそのように感じたと考えられますか。その理由を、「ブナ」「生きる意思」という二つの言葉を使って書きなさい。

問三　あなたは、この文章を読んでどんなことを感じたり考えたりしましたか。次の〔注意〕にしたがって書きましょう。
〔注意〕
○　全体を二段落《だんらく》構成にし、400字以上500字以内で書きましょう。
○　前半の段落には、この文章を読んであなたが感じたことを、植物に関するあなたの見聞や体験をまじえて書きましょう。
○　後半の段落には、前半に書いた内容について、あなたが考えたことを書きましょう。

→解答用紙P.8

第二章　自然・科学

# ① こん虫

時間の目安　25分
難しさ　★★☆
学習日　　月　　日
3問中　　問正解

◇ 次の文章を読んで、あとの問いに答えましょう。

翌《よく》八月四日には、*ランビルに近いニア国立公園に出かけた。ここも自然のままの熱帯林で、その奥《おく》の山にあるニア洞穴《どうけつ》の入口まで、三キロメートルの木の桟道《さんどう》がしつらえている。

　桟道を歩いていくと、あたりの木々の梢《こずえ》でときたまセミの声が聞こえてくる。一匹《いっぴき》のセミがチーッと鳴きだし、しばらくその声がつづく。そのうちに森のはるか奥で、べつの声が始まる。けれど何匹《なんびき》もの合唱になるということはない。

　かつて同じく*ボルネオ北部のサバで聞いたのは、夕方のセミであった。日が落ちて暗くなりかけた*セピロクの*原生林の中から、ケー、ケケケケというヒグラシ型の声が突然《とつぜん》に聞こえてくる。ほんの二、三秒もすると、その声は少し離《はな》れた場所に移る。同じセミが飛んで移動していくにちがいない。

　やがてまたちがった場所でべつの声がし、それがまたせわしなく移動していく。メスのいそうな場所を探《さが》してか、敵に居場所を知られないためかわからないが、①このオスを追いかけていくメスもたいへんだろう。とにかく昔から知っていることだったが、熱帯林のセミの数の少なさは驚《おどろ》くほどだった。

　八月六日、日本に帰り、京都の自宅《じたく》のまわりのセミの大合唱に、あらためて日本はセミの国だと実感した。アブラゼミ、ミンミンゼミ、ニイニイゼミ。夕方になればヒグラシたち。ぼくの家は少し北にあるので、当時クマゼミはいなかったが、京都の町へ入れば、昼前のクマゼミの声のやかましさは、まさにすさまじいものだった。暑さはさほど変わらないのに、熱帯林とはあまりにもちがう。

　その二日後、ふたたびあわただしく日本を発《た》って、*ギリシアに着いた。八月九日に訪《おとず》れた*アテネのアクロポリスは、すさまじいセミの声におおわれていた。

　強烈《きょうれつ》な日射《ひざ》しに照りつけられるこんな岩山に、よくぞこれほどの神殿《しんでん》を建てたものだと、ギリシア文明に今さらのように思いを馳《は》せながら登っていく道は、山すそに植えられたたくさんのオリーブの木々から聞こえてくるセミたちの声で満たされていた。それは日本の*セミ時雨《しぐれ》そっくりであった。

　セミたちはオリーブの木のそこここにとまって鳴いている。ヒグラシを小さくしたようなセミで、すぐつかまえることができる。けれどその声はジ、ジ、ジ、ジ、というような音で、日本のセミのようなメロディーも「歌詞《かし》」もない。かつて聞いたフランスのセミの単調な声ともまたちがっていた。

　翌一〇日、ぼくは*クレタ島イラクリオンのクノッソス宮殿跡《あと》を歩いていた。照りつける日光の強さ、そして暑さ。うしろは一面の禿山《はげやま》で、大きな石ばかりが目立つ。あの石を切り出してきて宮殿を築いたのだろう、などと思いながら登ったり降《お》りたりしていたが、あたりのセミの声はアクロポリスをしのぐものだった。

　セミの種類はよくわからないが、道に落ちていたのを見るかぎりでは、アテネのセミとよく似ていた。けれど彼《かれ》らが鳴いていたのはオリーブではなかった。大きな松ぼっくりをたわわにつけたマツの木と、一見、針葉樹《しんようじゅ》のようにみえる木とであった。

　これらの木々は丈《たけ》が高く、セミたちがどこにいるか、下からは見えなかった。けれど幹の根元のあたり、地上から一メートルほどのところには何十というセミのぬけがらが、びっしりと樹皮についている。

この丘《おか》ぜんたいで、いったい何万匹のセミがいることか！　その数の多さには、またまた驚くほかなかった。

やはりセミたちがやかましく鳴く南フランスでは、かつて*ファーブルが祭り用の大砲《たいほう》をぶっ放し、その轟音《ごうおん》にもセミたちが鳴き止《や》まなかったので、セミたちは音が聞こえないと結論した。そして、セミたちはメスを呼《よ》ぶために鳴くのではなく、暑くて楽しいから歌うのだ、と『昆虫記《こんちゅうき》』に記している。もちろんこれはまちがった推論《すいろん》だった。大砲の音はセミに聞こえる音の範囲《はんい》から外れすぎていたのである。

日本ではセミの声は昔からよく知られている。「*閑《しず》かさや岩にしみ入る……」と芭蕉《ばしょう》は歌ったけれど、一般《いっぱん》にはセミの声はほとんど無意味なものと思われてきたらしい。

にもかかわらず、セミたちは鳴きつづけてきた。そうやってメスを呼びつづけてきた。けれどその②鳴きかたが場所によってこんなにちがうことを、今はじめて意識したような気がする。

（日高敏隆《ひだかとしたか》「人間はどこまで動物か」より）

＊ランビル＝東南アジアの国・マレーシアにある国立公園の名。
ボルネオ＝東南アジアにある島。　セピロク＝マレーシアの一地域《ちいき》。
原生林＝人の手が加えられていない林。　ギリシア＝ヨーロッパの国。
アテネのアクロポリス＝ギリシアの首都・アテネにある古代の神殿。
セミ時雨＝セミがいっせいに鳴く声を、雨の降《ふ》る音にたとえた表現。
クレタ島イラクリオン＝ギリシアにある島の都市。
ファーブル＝フランスの生物学者。『昆虫記』は、ファーブルの代表作。
閑かさや岩にしみ入る……＝江戸《えど》時代の俳人《はいじん》・松尾《まつお》芭蕉の「閑かさや岩にしみ入る蟬《せみ》の声」という俳句の一部。

**問一**　――線①「このオスを追いかけていくメスもたいへんだろう」とありますが、筆者は移動するセミの声を聞いて、なぜこのように思ったのですか。次のように説明するとき、□にあてはまる語句を文章中から七字でぬき出しなさい。

**セミのオスが鳴くのは□だと知っているうえで、あちこち移動しながら鳴くオスを追いかけなければならないメスの苦労を思いうかべたから。**

**問二**　――線②「鳴きかたが場所によってこんなにちがう」とありますが、筆者は日本のセミの鳴き声や鳴き方にはどのような特色があると述べていますか。文章中の言葉を使って説明しなさい。

**問三**　この文章では、国によってセミの鳴き声や鳴き方にちがいがあることが述べられています。このように、自然のすがたは地域によって異《こと》なりますが、あなたは、「日本の自然」にはどのような特色があると考えますか。次の注意にしたがって書きましょう。

〔注意〕
○　作文は、360字以上400字以内で書きましょう。
○　「日本の自然」が持つ特色を、一つ以上、具体的に書きましょう。また、「日本の自然」についての、あなたの考えも書きましょう。

→解答用紙P.9

## ②　植物

時間の目安　25分
難しさ　★★☆

学習日　月　日
2問中　問正解

◇次の文章を読んで、あとの問いに答えましょう。

T大学で植物学の研究をしている本村紗英《もとむらさえ》は、研究室の仲間や出入りの洋食店店員である藤丸陽太《ふじまるようた》とともに、構内の植《う》え込《こ》みの一角に植えられているサツマイモの収穫《しゅうかく》を手伝うことになった。自分もこれまで何度となく目にしていた植え込みにサツマイモが植えられているとは思いもしなかったことに気づき、本村はもっと植物というものに敏感《びんかん》にならなければ、と考える。

反省した本村《もとむら》は、しゃがみこんで植《う》え込《こ》みのサツマイモの葉を眺《なが》めた。地表に近い場所で、大小の葉が一生懸命《いっしょうけんめい》に太陽へ顔を向けている。ひしめきあいながらも、互《たが》いの邪魔《じゃま》にならぬようにということなのか、*葉柄《ようへい》の長さはさまざまだ。長い葉柄を持ち、周囲の葉から飛びだしたもの。葉柄は短いけれど、ほかの葉のあいだからうまく顔を覗《のぞ》かせているもの。

けなげだ、とつい*擬人化《ぎじんか》して感情移入してしまう。頭がいいなあ、と感心もする。植物に脳《のう》はないから、頭もお尻《しり》もないわけだが、それでもうまく調和して、生存《せいぞん》のための工夫《くふう》をこらす。人間よりもよっぽど頭がいいなと思うことしきりだ。

だが、植物と人間のあいだの断絶も感じる。本村は人間だから、なんとなく人間の理屈《りくつ》や感情に引きつけて、植物を解釈《かいしゃく》しようとする癖《くせ》が抜《ぬ》けない。けれど、脳も感情もない植物は、本村のそんな思惑《おもわく》とはまったく*隔絶《かくぜつ》したところで、ただ淡々《たんたん》と葉を繁《しげ》らせ、葉柄の長さを互いに調節し、地中深くへと根をのばす。より多く光と水と養分を取りこみ、次代に命をつなぐために。言葉も表情も身振《みぶ》りも使わずに、人間には推《お》し量《はか》りきれない複雑な機構を稼働《かどう》させて。

そう考えると、どれだけ望んでも本村には永遠に理解できない、気味悪く得体《えたい》の知れぬ生き物のように、植物が思われてくるのだった。サツマイモの葉っぱのほうは、本村が「ちょっとこわいな」と思っていることなど、もちろんまるで感知していないだろう。これからイモを掘《ほ》られるとは*微塵《みじん》も予想せず、この瞬間《しゅんかん》も元気に光合成を行っている様子だ。

本村とは少し距離《きょり》を置き、㋐藤丸《ふじまる》もしゃがんでサツマイモの葉を眺めていた。「うお」と藤丸が小さく声を上げたので、本村は顔をそちらに向けた。

「葉っぱの筋《すじ》がサツマイモの皮の色してる。すげえ」

藤丸は独り言のようにつぶやき、よりいっそう葉に顔を近づけて、何枚《なんまい》かを熱心に見比べている。

本村は手もとの葉を改めて眺めた。言われてみれば、たしかに。ハート型の葉に張りめぐらされた*葉脈は、ほのかな臙脂色《えんじいろ》だった。「こういう色のイモが、土のなかで育ってますよ」と予告するみたいに。

血管のような葉脈を見ていたら、*最前感じた気味の悪さは薄《うす》らいだ。たしかに植物は、ひととはまったくちがう仕組みを持っている。人間の「常識」が通じない世界を生きている。けれど、同じ地球上で進化してきた生き物だから、当然ながら共通する点も多々《たた》あるのだ。

自分の理解が及《およ》ばないもの、自分とは異《こと》なる部分があるものを、すぐに「気味が悪い」「なんだかこわい」と締《し》めだし遠ざけようとしてしまうのは、私《わたし》の悪いところだ。ううん、人類全般《ぜんぱん》に通じる、悪いところかもしれない。本村はまたも反省した。人間に感情と思考があるからこそ生じる悪癖《あくへき》だと言えるが、「気味が悪い」「なんだかこわい」

という気持ちを乗《の》り越《こ》えて、相手を真に理解するために必要なのもまた、感情と思考だろう。どうして「私」と「あなた」はちがうのか、分析《ぶんせき》し受け入れるためには理性と知性が要求される。ちがいを認《みと》めあうためには、相手を思いやる感情が不可欠だ。

植物みたいに、脳も愛もない生き物になれれば、一番面倒《めんどう》がなくて気楽なんだけど。本村はため息をつく。思考も感情もないはずの植物が、人間よりも他者を受容し、*飄々《ひょうひょう》と生きているように見えるのはなんとも皮肉だ。

それにしても、藤丸さんはすごい。と本村は思った。私がうだうだ考えているそばで、藤丸さんはサツマイモの葉っぱをあるがまま受け止め、イモの皮の色がそこに映《うつ》しだされていることを発見した。なんてのびやかで、でも鋭《するど》い観察眼なんだろう。きっと㋑藤丸さんは、だれかを、なにかを、「気味悪い」なんて思わないはずだ。一瞬《いっしゅん》そう感じることがあったとしても、「いやいや、待てよ」と熱心に観察し、いろいろ考えて、最終的には相手をそのまま受け止めるのだろう。おおらかで優《やさ》しいひとだから。

*感嘆《かんたん》をこめて藤丸を見ていると、視線《しせん》に気づいた藤丸が顔を上げ、照れたように笑った。

（三浦《みうら》しをん「愛なき世界」より）

* 葉柄《ようへい》＝葉の一部。柄《え》のように細くなったところ。
擬人化《ぎじんか》して＝人間以外のものを人間と同じに見立てて。
隔絶《かくぜつ》した＝かけはなれた。
微塵《みじん》も＝すこしも。
葉脈＝葉の根もとからこまかく分かれ出て、水分や養分の通路となっている筋《すじ》。
最前＝さきほど。さっき。
飄々《ひょうひょう》と＝こだわりをもたず、自分のペースで。
感嘆《かんたん》をこめて＝感心し、ほめたたえたいような気持ちになって。

問一　㋐藤丸《ふじまる》、㋑藤丸さん　というように、同一の人物について、書き分けがされていますが、その理由について、四十五字程度で分かりやすくまとめなさい。

問二　次に示すのは、この文章についての、ひかるさんとかおるさんのやりとりです。このやりとりを読んだ上で、あなたの考えを400字以上440字以内で書きなさい。ただし、次の〔注意〕にしたがって書きましょう。

ひかる――文章を読んで、「ちがい」ということについて、いろいろと考えさせられました。わたしも、みんなはそれぞれちがっていると感じるときがあります。
かおる――学校生活のなかでも、「ちがい」を生かしていった方がよい場面がありそうですね。

〔注意〕次の三段落構成《さんだんらくこうせい》にまとめて書くこと。
○ 第一段落では、この文章の「ちがい」に対する向き合い方について、まとめましょう。
○ 第二段落では、「ちがい」がなく、みなが全く同じになってしまった場合、どのような問題が起こると思うか、考えを書きましょう。
○ 第三段落には、①と②の内容に関連づけて、これからの学校生活のなかで「ちがい」を生かして活動していくとしたら、あなたはどのような場面で、どのような言動をとるか、考えを書きましょう。

→解答用紙P.10

第二章　自然・科学

# ❸ 人間

時間の目安　25分
難しさ　★★☆
学習日　　月　　日
4問中　　問正解

◇次の文章を読んで、あとの問いに答えましょう。

「いじめ」はその*前兆として、動物としての生来の攻撃性《こうげきせい》が火種になっていることが多い。ことの*発端《ほったん》は、二者間で発生した何らかの*トラブルがもとになっている。いじめる側は「あいつが悪い」と理由付けをして攻撃を加える。

攻撃に至《いた》った内容は何でもいい。学校の行事や宿題をめぐってかもしれない。金銭的な貸し借りかもしれない。昨日いっしょに楽しんだゲームのことかもしれない。もしかしたら発端は加害者になった側の言い分のほうが正しかったのかもしれない。どちらが悪いわけでもなく、双方《そうほう》の誤解が重なっただけで意図していない事態へと押《お》し流されたのかもしれない。いずれにせよ、きっかけはごく些細《ささい》な、まったく*偶発的《ぐうはつてき》なトラブルにすぎないことが多いのだ。

さて二者間のいさかいは、親しい間柄《あいだがら》ほど起こりやすい。人間関係にはトラブルは付きものだが、そもそも何のかかわりもない人や*疎《そ》遠《えん》な相手に対してはトラブルの機会そのものがないわけだから、いじめの対象になりにくい。『ドラえもん』の*ストーリーにしてもそうだろう。唐突《とうとつ》に、のび太を攻撃してくる登場人物など設定されていない。①いじめ関係になるのは、遊び仲間が多い。納得《なっとく》のいく話である。

二者間というのは一対一に限らず、一対複数かもしれないが、不平や*葛藤《かっとう》の対象はあくまで相手である。それを解決したいがために優《ゆう》位《い》に立った側が力を悪用して、攻撃する。不当なことを言い立てて、「お前が悪いからだ」と嫌《いや》がらせをしたりするのも、いじめるという行為《こうい》はしているが、目的はあくまで自分の利益になるように仕向けることだ。攻撃する側の目線は、あくまで「悪い」相手にのみ向けられている。

これが「いじめ」の前兆にあたる第一段階《だんかい》だ。②「いじめる・いじめられる」といったいわゆる「いじめ関係」には、まだ至っていない。

ところが相手を攻撃することが、自分の思いどおりにさせるためではなくなって、第三者に自分はこんなに強いんだとか、自分が攻撃したのはこういう理由があるから当然なのだと正当性を*アピールする状況《じょうきょう》になったときから、次の*1ステージに入る。これが、第二段階となるヒト固有の「いじめ」である。その状況を周囲に見せつけるために敢《あ》えていじめの関係を固定化して、特定の人物を攻撃し続ける。

たとえば、A《エー》がしょっちゅうB《ビー》にお金をせびっていても、まったく二者間のみのやりとりですんでいるうちは、恐喝《きょうかつ》ではあるが、いじめではない。Aが「Bからお金をせしめた」と仲間に奢《おご》ったりして、その事実を第三者に見せつける状況になったとき、いじめになるのだ。

また仮に二者間で、「オレはいじめていない」「自分はいじめられている」と言い分に食い違《ちが》いがあっても、「あれは、いじめだ」と第三者が認識《にんしき》していなければ、いじめの段階には至っていないと考えたほうがよい。

ちなみにサルの世界には、第三者にアピールすることを目的にした攻撃はない。あくまで、当事者間のトラブルに踏《ふ》みとどまる。第三者の存在《そんざい》を意識して行動するまで進化していないからである。*傍観《ぼうかん》にしても、一見、そう映《うつ》る行動も人間同士のいじめの現場のように「やめさせたいが、やめさせにくい」と葛藤《かっとう》する心が動いたり、どう行動すべきか気を揉《も》むわけでもない。ただ、そこに居合わせたから見ているだけのことで、まったく形態が異《こと》なる。

つまり、人間の場合、いじめが定着して*パターン化するのは、その現場を見せつけたい傍観者がいるからなのだ。傍観者は加担《かたん》もしないが、*仲裁《ちゅうさい》に入るわけでもなく、状況を*黙認《もくにん》している。むしろ面白《おもしろ》がる*ケースもありうる。ならば、その層《そう》をなくしてしまえば、[A]にとってみれば、それほどいじめる意味を持たなくなる。やり甲斐《がい》が失《う》せるというものだ。客席が満席だからこそ、闘争心《とうそうしん》に燃えて*[2]ステージに立った人間の心理に似ている。客席＝[B]がゼロであったら、自己《じこ》満足もはなはだしい猿芝居《さるしばい》にすぎなくなる。だから、問題を解決する*キーワードは傍観者だといえる。

（正高信男《まさたかのぶお》「ヒトはなぜヒトをいじめるのか」より）

＊
前兆＝物事が起こる前のしるし。　発端＝始まり。糸口。
トラブル＝もめごと。いざこざ。　偶発的＝たまたま起こる様子。
疎遠＝関係がうすい様子。　ストーリー＝物語などの筋《すじ》。
葛藤＝心の中で対立する欲求《よっきゅう》や感情があり、どれをとるか迷うこと。
アピール＝周囲に訴《うった》えかけること。
[1]ステージ／[2]ステージ＝「ステージ」は、「①舞台《ぶたい》。②段階《だんかい》」。「[1]ステージ」は②、「[2]ステージ」は①の意味。
傍観＝手を出さずに見ていること。　パターン化＝決まった型になること。
仲裁＝間に入って仲直りさせること。　黙認＝そのまま見過ごすこと。
ケース＝事例。場合。　キーワード＝手がかりとなる語。

**問一**　――線①「いじめ関係になるのは、遊び仲間が多い」とありますが、筆者は、なぜそう考えているのですか。次のように答えるとき、[　]にあてはまる言葉を文章中から十三字でぬき出しなさい。

いじめのきっかけとなる二者間のトラブルは、[　]から。

**問二**　――線②「『いじめる・いじめられる』といったいわゆる『いじめ関係』には、まだ至っていない」とありますが、筆者は、どんなときに「いじめ関係」が始まると考えていますか。次のように答えるとき、[　]にあてはまる言葉を、「強さ」「正当性」という言葉を使って二十字以内で書きなさい。ただし、二つの言葉はどんな順番で使ってもかまいません。

攻撃する側が、[　]ために相手を攻撃するようになったとき。

**問三**　文章中の[　]A・Bにあてはまる言葉を、文章中からそれぞれ漢字三字でぬき出しなさい。

A
B

**問四**　この文章の内容をふまえて、「ヒト固有のいじめ」という題で作文を書きなさい。ただし、次の〔注意〕にしたがうこと。

〔注意〕
○　題名、氏名は書かずに一行目から書きましょう。
○　全体を二段落とし、400字以上500字以内で書きましょう。
○　前半の段落には、この文章の内容をまとめて書きましょう。
○　後半の段落には、前半でまとめた内容に対してあなたが考えたことを、見聞や体験をまじえて書きましょう。

→解答用紙P.11

第二章　自然・科学

# 4 小さな生き物

時間の目安　25分
難しさ　★★☆
学習日　月　日
3問中　問正解

◇次の文章を読んで、あとの問いに答えましょう。

主人公の「ぼく」は、五歳《さい》の長男・ミライ、二歳の長女・アスカといっしょに、池のほとりに出かけた。

日曜日の平和な朝、ストッキングで作った*プランクトンネットを、池で曳《ひ》いてくる。

ぼくたちはもう水の中のいのちの賑《にぎ》わいをよく知っている。ならば、それをもっと深めてやろう。賑わいは目に見えないところから始まって、無限に広がっているのだから。

家に戻《もど》ると、昨晩遅《さくばんおそ》くいったん自宅《じたく》に帰った*たーちゃんがちょうどやってきたところだった。

テーブルの上に、古めかしい直方体の木箱がでんと置いてあった。

「やっぱり、あったわよ。」と誇《ほこ》らしげに言う。

たーちゃんは本当に物持ちがよくて、ぼくが子どもの頃《ころ》使っていたものはたいていどこかにしまいこんである。

木箱は一面が*スライドするようになっており、そこを開けるとつんと懐《なつ》かしい匂《にお》いがした。

黒々とした甲虫《こうちゅう》を思わせる*ボディと、まあるい反射鏡《はんしゃきょう》。そして、銀色の筒《つつ》に納《おさ》められた接眼レンズ。乾燥剤《かんそうざい》とカビ防止剤をしっかり入れておいてくれたので、レンズの状態も完璧《かんぺき》だ。「顕微鏡《けんびきょう》ならあんたのを取ってあるから、買わなくてもいいわよ。」と言った彼女《かのじょ》はたしかに正しいのだった。

いのちの賑わいをぼくたちが感じるとして、それを底支えするのは、目に見えないけれど、確固として存在《そんざい》している小さな生き物たちではないか。たとえば森の腐葉土《ふようど》の一掬《ひとすく》いの中には何億もの微生物《びせいぶつ》が息づいていて、森全体の*生態系《せいたいけい》の要《かなめ》となっている。

水の中も同じことだ。肉眼では見えない小さな生き物こそ、豊かな世界の主役なのだと実感できれば、ぼくたちはもっと楽しくなれる。

そのための技術というのは、つまり、①居ながらにして*ミクロの世界を想像できる能力のことであり、ぼく自身、小学校高学年の頃、理科クラブでさんざんトレーニングを受けた。昨晩眠《ねむ》る時、その頃の記憶《きおく》が際限なく沸《わ》き上がってきて、ぼくはそういう「実感」を伝えたくてうずうずしていた。

要は、顕微鏡を使って、この世には目に見えない世界があることを知ることだ。頭で理解するのではなく、現実として確認《かくにん》すること。いったんそれをしてしまえば、ぼくたちは目に見えない世界を常に感じていられるようになるんじゃないか。

低倍率にセットして、植物プランクトンを見る。さっそくミカヅキモを大量に発見。こいつは形も特徴的《とくちょうてき》だし、すごくわかりやすい。ミライも「ほんとにミカヅキだぁ。」と喜ぶ。ミライは接眼レンズを覗《のぞ》くのははじめてだ。

倍率を上げていくと、名前も知らない藍藻類《らんそうるい》やら、勲章《くんしょう》のような*幾何学模様《きかがくもよう》の緑藻類やらが次々に発見できた。

「な、水の中にも見えない草がいっぱいあるって言っただろ。」

一方、アスカは、「どれ？ どれ？」と言いながら、なかなか理解できないらしい。変な模様、くらいにしか思わないのだろう。そもそも、レンズで拡大《かくだい》して見ているのだということも理解していないのかもしれない。

「すごいぞぉ。ちいさいけど、いきてるのか、うぉっ、こいつうごいてるしっ。」ミライが興奮《こうふん》して言った。

ぼくも接眼レンズを覗き込《こ》んだら、*鞭毛《べんもう》を振《ふ》って泳ぐミドリムシが、視野《しや》の中央を横切るところだった。

「すごいのを見つけたな。こいつは動物なのか植物なのかわかんないんだ。つまり、動物と草とか木の中間みたいなやつ。」

ミクロの世界では、物事の分類もなんとなくおおざっぱで、いろんなものの「中間」がある。ぼくはそんなふうに感じている。

ミライが動くものを探《さが》し始めて、ゾウリムシを見つけたあたりで、ぼくは探索《たんさく》対象を動物プランクトンに切り替《か》えることにした。池の水が入ったペットボトルを透《す》かすと、小さいやつらが動いているのが見えるから、それらを*ピペットで吸《す》い込んでスライドグラスに置いてやる。

「うぉー、かっこいいぞぉ。」とミライが言うのももっともだ。ミジンコの*ノープリウス幼生はどこかの*SF《エスエフ》で見た宇宙船《うちゅうせん》にそっくりなのだ。風船のようなワムシの仲間もかなりいて、透き通った体の中で臓器《ぞうき》を蠢《うごめ》かせている。

ぼくたちと同じ世界を共有しながら、ここは別世界だ。②ぼくたちが直接知覚する以上のものが、この世界に確固として存在している。

（川端裕人《かわばたひろと》「てのひらの中の宇宙」より）

＊ プランクトンネット＝水中の小さな生物・プランクトンをとらえるための網《あみ》。
たーちゃん＝「ぼく」の母親。　スライド＝すべらせること。
ボディ＝本体の部分。　生態系＝生き物とまわりの環境《かんきょう》を一体にした考え方。
ミクロの世界＝ごく小さいものの世界。
幾何学模様＝円や多角形でできた模様。
鞭毛＝生物の体表面にある糸状の器官。
ピペット＝液体や気体を加えたり取り出したりするのに使う実験器具。
ノープリウス幼生＝ミジンコの子どものころの状態。親とは姿《すがた》が異《こと》なる。
SF＝科学的な考え方にもとづいた空想上の話。

**問一** ――線①「居ながらにしてミクロの世界を想像できる能力」とありますが、「ぼく」は、この能力を身につけるためにどんなことが役立つと考えていますか。「顕微鏡」「確認」という言葉を使って書きなさい。ただし、二つの言葉はどんな順番で使ってもかまいません。

（　　　　）

**問二** ――線②「ぼくたちが直接知覚する以上のものが、この世界に確固として存在している」とありますが、どういうことですか。次のように答えるとき、□にあてはまる言葉を、Aは六字、Bは五字で文章中からぬき出しなさい。

**肉眼では見えない A たちが確かに息づいており、B となって、いのちのにぎわいを支えているということ。**

A □□□□□□

B □□□□□

**問三** この文章の内容をふまえて、「目に見えないミクロの世界」という題で作文を書きなさい。ただし、次の〔注意〕にしたがいましょう。

〔注意〕
○ 題名、氏名は書かずに、一行目から書きましょう。
○ 全体を二段落《だんらく》構成とし、400字以上500字以内で書きましょう。
○ 前半の段落には、この文章からあなたが読み取ったことをまとめましょう。
○ 後半の段落には、前半でまとめたことを土台にして、あなたの考えを書きましょう。

↓解答用紙P.11

第二章　自然・科学

# 5 絶滅

◇次の文章を読んで、あとの問いに答えましょう。

かつて*水俣《みなまた》で腰《こし》がふらつく猫《ねこ》が見られた。その姿《すがた》を見て心ある者は不気味に思ったというが、やがて*奇病《きびょう》が人を襲《おそ》った。

いま日本の全土で、ごく普通《ふつう》に見かけていた生きものが次から次へと姿を消し始めている。これを不気味だと感じないでいいものだろうか。

つい先日も岡山《おかやま》から電話があり、天然記念物のアユモドキの姿がめっきりすくなくなり、人工的に繁殖《はんしょく》させるか、どこか健康な川に移すか、真剣《しんけん》に検討《けんとう》すべき時がきたという報《しら》せがあった。アユモドキは、名前にアユとはつくものの、可愛《かわい》いひげを持つドジョウ科の魚であり、体側の黄色が美しく、初めて見た時には感動したものであった。

昔はたくさんいた。*琵琶湖水系《びわこすいけい》にもいて、琵琶湖では漁師が獲《と》り食用に供《きょう》していた。が現在では、数年に一尾《いちび》か二尾*魞《えり》に入り、若《わか》い漁師をびっくりさせるようになった。自然に手を加えていくので、水に魚も住めなくなってきている。

大阪《おおさか》で頑張《がんば》っている日本淡水魚《たんすいぎょ》センターで話を聞くと、一年に二種か三種の割《わり》で、日本の魚の数は絶滅《ぜつめつ》へ追いこまれているという。

川だけではなく、海の変化も不気味である。めっきり魚が獲れなくなり、子供《こども》の代には他の職業に就《つ》かせると嘆《なげ》く漁師が多くなった。

それでも日本人の食卓《しょくたく》はにぎわっている。カニやエビがふんだんに手に入る。だから自然の保護を訴《うった》えると、

①〝一種や二種の動物が何だ。人びとの幸福の方が大切だ〟

という、相も変《かわ》らぬ乱暴《らんぼう》な本音がとびだしてくる。いま、日本人の食卓から、輸入された海産物を取り除《のぞ》いたら、一体、どれだけのものが残るだろうか。輸入が好調だからこそ苦しまないで済《す》んでいるが、いつまでも続くものと思わない方がいい。日本への輸出が多過ぎて資《し》源《げん》が荒《あ》れ、制限を設けようとしている所も多いからだ。

自然の保護は、明日を豊かに生きるためにどうしても必要なことなのである。

二次大戦を経験した人類は、二つのことを学んだ。一つは、二度と世界大戦を起こしてはならぬということであり、もう一つは、動植物の種を絶滅させてはならぬということであった。直接、人の役には立っていないように見える動物でも、絶滅させれば自然はひどい変形に苦しみ、人類の存亡《そんぼう》にもかかわってくることが分《わか》ったからである。

先般《せんぱん》、*知床《しれとこ》の*原生林伐採《ばっさい》が問題になった。

その際、世界最大級のフクロウ、シマフクロウの*営巣地《えいそうち》であるから、巨木《きょぼく》を残してくれという訴《うった》えが多かった。私《わたし》も伐採には反対するものの一人であり、伐採の責任者に会い、種の保存《ほぞん》に対してどう考えるのか質問した。

彼《かれ》らは、北海道や知床に、シマフクロウが何羽いるのか知らなかった。

個体数が減少すると、当然近親結婚《けっこん》が多くなり、産卵《さんらん》しても*孵化《ふか》率《りつ》が悪化してくる。一体、どのくらい生存していれば種が保てますかと訊《き》いたら、

「知りません。教えて下さいよ」

という答《こたえ》が返ってきた。

信頼《しんらい》すべき研究者によれば、北海道にいるシマフクロウの数は、せいぜい三十から四十羽だという。しかし巨木を伐《き》っていくので営巣ができず、繁殖しているのは、せいぜい五*つがいぐらいだそうだ。

時間の目安　25分
難しさ　★★☆

学習日　月　日
3問中　問正解

たった五つがいである。アメリカで、ハクトウワシが絶滅寸前《すんぜん》だと騒《さわ》がれた時には、千つがい以上が繁殖していた。

②シマフクロウは、まさに風前の灯《ともしび》、＊鬼籍《きせき》に入ったも同然だと言える。

（中略）

シマフクロウに限らず、私が北海道へ越《こ》してきた十七年前には、初冬、十数羽の群舞《ぐんぶ》が見られたエゾフクロウが危《あやう》いという。＊根室《ねむろ》の森に住みついてフクロウの生活を追っている知人は、森に一羽もいなくなりましたと嘆《なげ》いている。

動物の種が健全に生き残っているかどうかは、人類がこの地上に生き残れるかどうかの＊指標でもある。私たちは身のまわりから生きものの姿が消えていくのを不気味だと感じねばならないし、③すこしでも多く、自然を残しておかないと人類という種が絶滅するだろう。

（畑正憲《はたまさのり》「加速された絶滅への道」より。文章中に一部省略があります。）

＊ 水俣／奇病＝ここでは、熊本《くまもと》県水俣市で発生した公害病である水俣病のこと。
琵琶湖水系＝滋賀《しが》県にある琵琶湖を中心とした水の流れのまとまり。
魞＝魚をつかまえる道具の一種。
知床＝北海道東部の地名。
原生林伐採＝自然のままの森林から、木を切り出すこと。
営巣地＝巣を作るための場所。
孵化率＝卵がかえる割合。
つがい＝オスとメスの一組。
鬼籍に入った＝死んだ。
根室＝北海道東部の地名。
指標＝何かを判断する目印となるもの。

**問一** ——線①「〝一種や二種の動物が何だ。人々の幸福の方が大切だ〟」とありますが、自然保護に対するこのような意見に対して、筆者はどう考えていますか。次のように答えるとき、［　］にあてはまる言葉を文章中から五字でぬき出しなさい。

**人々に関係なく思える動物でも、絶滅させれば自然の［　］を引き起こし、人々が生き残れるかどうかにもかかわってくるので、動物が健全に生き残れる自然の保護は不可欠である。**

**問二** ——線②「**シマフクロウは、まさに風前の灯、鬼籍に入ったも同然だ**」とありますが、筆者は、どんな事実にもとづいてこう言っているのですか。「ハクトウワシ」「シマフクロウ」という言葉を使って書きなさい。ただし、二つの言葉はどんな順番で使ってもかまいません。

**問三** ——線③「**すこしでも多く、自然を残しておかないと人類という種が絶滅するだろう**」とありますが、この筆者の考えに対して、あなたは、どう考えますか。次の〔注意〕にしたがって書きましょう。

〔注意〕
○ 適切に段落《だんらく》分けをして、400字以上500字以内で書きましょう。
○ 筆者の考えに対するあなたの考えを、なぜそう考えたかという理由もふくめて書きましょう。

→解答用紙P.12

第二章　自然・科学

# 6　数

◇次の文章を読んで、あとの問いに答えましょう。

> 「私《わたし》」は、交通事故のせいで記憶《きおく》が八十分しかもたなくなった数学者の男性「博士《はかせ》」の家に、家政婦として派遣《はけん》されている。

ドリルの宿題の続きに、*ルートの鉛筆《えんぴつ》で、博士は数字を書き連ねていった。

「100までの*素数を書き並《なら》べてみよう」

2、3、5、7、11、13、17、19、23、29、31、37、41、43、
47、53、59、61、67、71、73、79、83、89、97

いつどんなケースでも、博士の指から*そらですらすら数字が出てくるのは、私にとって驚異《きょうい》だった。電子レンジのスイッチさえ押《お》せない、頼《たよ》りなく震《ふる》えがちな老いた指が、なぜ無数の種類の数字たちを、こうも整然と統率《とうそつ》し行進させることができるのか、不思議でならなかった。

同時に私は4B《ビー》の鉛筆で彼《かれ》が書く数字の形が好きだった。4は丸みを帯びすぎてリボンの結び目のようだし、5は前のめりになって今にも躓《つまず》きそうで、どれも整っているとは言い難《がた》かったが、どことなく味があった。生まれて初めて数字と出会って以来博士が育《はぐく》んできた友好の情が、それぞれの形に反映《はんえい》していた。

「さあ、どう思う？」

まず*抽象的《ちゅうしょうてき》な質問からスタートするのが博士の*スタイルだった。

「みんなばらばらだ」

時間の目安　25分
難しさ　★★☆
学習日　月　日
3問中　問正解

たいていルートの方が先に答えた。

「それに、2だけが偶数《ぐうすう》だよ」

なぜかルートはのけ者の数を見つけるのが得意だった。

「まさにその通り。素数の中で偶数は2、一個だけだ。素数番号①の一番打者、*リードオフマンは、たった一人で無限にある素数の先頭に立ち、皆《みな》を引っ張っているわけだ」

「淋《さび》しくないのかな」

「いやいや、心配には及《およ》ばないさ。淋しくなったら、素数の世界をちょっと離《はな》れて偶数の世界に行けば、仲間はたくさんいるからね。大丈夫《だいじょうぶ》」

「例えば、17、19とか、29、31とか、続きの奇数《きすう》が二つとも素数のところがありますね」

私もルートに対抗《たいこう》して頑張《がんば》った。

「うん、なかなかいい指摘《してき》だね。双子《ふたご》素数だよ」

普段《ふだん》使っている言葉が、数学に登場した途端《とたん》、*ロマンティックな響《ひび》きを持つのはなぜだろう、と私は思った。*友愛数でも双子素数でも、的確さと同時に、詩の一節から抜《ぬ》け出してきたような恥《は》じらいが感じられる。イメージが鮮《あざ》やかに沸《わ》き上がり、その中で数字が*抱擁《ほうよう》を交わしていたり、お揃《そろ》いの洋服を着て手をつないで立っていたりする。

「数が大きくなるにつれて、素数の問題も空いてくるから、双子素数を見つけるのもだんだん難《むずか》しくなる。素数が無限にあるのと同じように、双子素数も無限にあるのかどうかは、①まだ分《わ》からないんだ」

双子素数を円で囲みながら博士は言った。博士の授業でもう一つ不思議なのは、彼が分からないという言葉を惜《お》し気もなく使うことだった。分からないのは恥《はじ》ではなく、新たな真理への*道標だった。彼に

とって、手付かずの予想がそこにある事実を教えるのは、既《すで》に証明された定理を教えるのと同じくらい重要だった。

「数が無限にあるんだから、双子だっていくらでも生まれるはずだよ」

「そうだね。ルートの予想は健全だ。でも、100をすぎて一万、百万、千万、と大きくなると、素数が全然出てこない砂漠《さばく》地帯に迷い込《こ》んでしまうこともあるんだよ」

「砂漠？」

「ああ。行けども行けども素数の姿は見えてこない。見渡《みわた》すかぎり砂《すな》の海なんだ。太陽は容赦《ようしゃ》なく照りつけ、喉《のど》はカラカラ、目はかすんで＊朦朧《もうろう》としている。あっ、素数だ、と思って駆《か》け寄ってみると、ただの＊蜃気楼《しんきろう》。手をのばしても、つかめるのは熱風だけだ。それでもあきらめずに一歩一歩進んでゆく。地平線の向こうに、澄《す》んだ水をたたえた、素数という名の＊オアシスが見えてくるまで、あきらめずにね」

西日が私たちの足元に長くのびていた。ルートは双子素数を囲む円を、鉛筆でなぞった。台所から炊飯器《すいはんき》の湯気が漂《ただよ》ってきた。②砂漠を見通そうとするかのように博士は窓《まど》の向こうに目をやったが、そこにはただ、誰《だれ》からも見捨《みす》てられ、打ち捨てられた小さな庭があるだけだった。

（小川洋子《おがわようこ》「博士の愛した数式」より）

＊　素数＝「1」と、その数自身でしか割《わ》り切れない数。
ルート＝十歳《じっさい》になる「私」の息子《むすこ》に「博士」がつけた呼《よ》び名。
そらで＝何も見ずに記憶だけで。　抽象的＝具体的ではない様子。
スタイル＝やり方。手法。　リードオフマン＝一番打者。
ロマンティック＝うっとりするような感情を引き起こす様子。
友愛数＝数学用語の一つ。　抱擁＝抱《だ》きしめること。
道標＝道しるべ。　朦朧＝ぼんやりとかすんでいる様子。
蜃気楼＝見えないはずの物体が見える現象。
オアシス＝砂漠の中にある、水がわいて樹木《じゅもく》が生えている場所。

**問一**　――線①「**まだ分からないんだ**」とありますが、「**私**」は、「**博士**」が「**分からない**」と表現することにどんな意味があると考えているのですか。次のように答えるとき、□にあてはまる言葉を、文章中から十五字以上二十字以内でぬき出しなさい。

**聞く者に新たな真理への道標を示し、□という重要な意味。**

**問二**　――線②「**砂漠を見通そうとするかのように**」とありますが、これは、「**博士**」がどんな問題に思いをはせる様子を表していますか。「**双子素数**」という言葉を使って書きなさい。

**問三**　あなたは、〜〜線部「**素数番号①の一番打者**」「**素数が全然出てこない砂漠地帯**」という表現について、どのように感じましたか。この文章の内容をふまえ、次の〔注意〕にしたがって書きましょう。

〔注意〕
○　適切に段落《だんらく》分けをして、400字以上500字以内で書きましょう。
○　〜〜線部の表現に対する感想のほか、この文章を読んであなたが感じたこと、考えたことを書きましょう。

→解答用紙P.12

# 7 季節

◇ 次の文章を読んで、あとの問いに答えましょう。

中学を終えるころ、戦争も終わった。町にはどっと、さまざまな雑《ざっ》誌《し》があふれて出てきた。

妹たちが読んでいたある雑誌の中で、ぼくはこんな詩に心をひかれた。「二月になると、林の中で、リスの子たちがゆらゆら眠《ねむ》る。」林の中のどこだかも書いてなかったし、そもそもこんな時間にリスの子どもがいるかどうかもわからなかったが、リスの子たちがゆらゆら眠るということばが、妙《みょう》にぼくの心をくすぐった。郊外《こうがい》の雑木林の中では、どこかでリスの子たちがゆらゆら眠っているような気がしてきたのである。

*旧制高校へ進んで一年目だったろうか、とある二月の一日、ぼくは珍《めずら》しくおだやかな日ざしに誘《さそ》われて、野山を歩いてみた。かつて戦争中に住まわせてもらっていた、①学校の寮《りょう》の近くにある釣鐘池《つりがねいけ》へいってみようと思ったのである。

釣鐘池は*成城《せいじょう》の町と祖師谷《そしがや》との間を流れている川の源《みなもと》の一つで、湧《わ》き水によってできた小さな沼《ぬま》であった。池のまわりはずっと湿地《しっち》になっており、湿地帯特有の*ハンノキがたくさん生えていた。

そんなところにはだれも来ないから、池のまわりはそれこそ*幽邃《ゆうすい》な場所であった。ハンノキの葉も冬には落ちる。葉の落ちたハンノキの林にいってみたら、リスの子たちがどこかでゆらゆら眠っているかもしれない。そんな*幻想的《げんそうてき》な思いにかられて、ぼくはそこを訪《おとず》れてみようとしたのである。

冬の釣鐘池はほんとうに幻想的であった。風もない静かな二月の午後、そこはしんと静まりかえっていた。詩人ではないぼくには何のことばも浮《う》かんではこなかったけれど、そのまさに幽邃なたたずまいには感動した。

ゆらゆら眠るリスたちの気配もなく、木の小枝を吹《ふ》く風の音もなかったが、ふと見上げたハンノキの枝に、ぼくはまぎれもない春の息吹《いぶき》を見た。それはハンノキの花であった。

ハンノキの実は知っている人も多かろう。夏から秋になると、長径一センチぐらいの楕円形《だえんけい》の実が、七つ八つまとまって小枝についている。そのままブローチにして胸元《むなもと》にとめてみたいようなかわいらしい実である。

けれど今、早春というにはあまりに早いこの二月、いうなれば冬のさなかに、ハンノキの枝先に無数に垂《た》れ下がっていたのは、長さ数センチほどの棍棒状《こんぼうじょう》の*雄花《おばな》であった。

夏に実になる雌花《めばな》は、数個の雌花がまとまって下がっている枝先の根元についており、丸っこい。

ハンノキは木の中でもいわゆる原始的な仲間に属する。花も*風媒《ふうばい》花《か》であるから、虫を誘《さそ》う美しい花びらも香《かお》りもない。一見、とても花とは思えないが、ぼくは生まれてはじめて見たこのハンノキの花を、これは花だと直感した。手を伸《の》ばして低い枝先の雄花をとり、じっとみつめると、たくさんの小さな花の集まりであることがわかった。そして手のひらの上でたたいてみたら、花粉がこぼれ落ちた。

これはまさに花であった。花粉の落ち方からみて、まさに今満開なのであった。

だれも来ない、チョウもハチもいない、冬の林。しかも木に葉の一枚《いちまい》もない真冬。②この二月がハンノキが花開く春なのである。春の*兆《きざ》しを求めていたぼくは、思いもかけぬ春にめぐりあったのであっ

時間の目安 25分
難しさ ★★☆

学習日 □月□日
3問中 □問正解

た。

このときの驚《おどろ》きは、今も忘《わす》れられずにいる。秋のハイキングで野山へでかけ、ふとハンノキやミヤマハンノキのかわいらしい実をみつけたとき、ぼくはそれが花であった冬の光景を思いだす。

それ以来、冬に対するぼくの気持ちはまったく変わってしまったような気がする。

けれど、植物たちはちゃんと季節を知っている。春になると一面に茂《しげ》って、小さなかわいい花をつけるマメ科の草、スズメノエンドウも、一月にはもうちゃんと芽を出して、人知れず地面に広がっている。初夏の果物であるビワが花をつけるのは十二月の初めである。そろそろ初雪もこようかというとき、高いビワの木のてっぺんで花が満開だとはだれも思うまい。

植物たちは、暖《あたた》かい寒いなどという表面的なことではなく、*概念《がいねん》時計と呼《よ》ばれている生物時計によって、ちゃんと季節を計っているのだ。

（日高敏隆《ひだかとしたか》「春の数えかた」より）

* 旧制高校＝戦後すぐまで存在《そんざい》した高等教育機関。
成城＝東京都内の地名。あとの「祖師谷」も同様。
ハンノキ＝落葉性の樹木《じゅもく》の一種。「ミヤマハンノキ」も同様。
幽邃＝奥深《おくぶか》く静かな様子。
幻想的＝現実からはなれて、夢や幻《まぼろし》を見ているような様子。
雄花＝植物の中には、おしべしか持たない「雄花」と、めしべしか持たない「雌花」に分かれて花のさくものがある。
風媒花＝花粉が風によって運ばれる花。
兆し＝物事が起こりそうな気配。
概念時計＝ここでは、生物が体内に持っている時間や季節を知るための仕組みのこと。あとの「生物時計」も同じ意味。

問一　――線①「学校の寮の近くにある釣鐘池へいってみようと思った」とありますが、その理由を文章中の言葉を使って書きなさい。

問二　――線②「この二月がハンノキが花開く春なのである」とありますが、二月にハンノキの花を見つけるという体験をして以来、筆者はどんなことを知るようになりましたか。「季節」「冬」という言葉を使って書きなさい。ただし、二つの言葉はどんな順番で使ってもかまいません。

問三　この文章の筆者のように、自然の中にあるものから季節を感じとったあなたの体験について、次の〔注意〕にしたがって書きましょう。

→解答用紙P.13

〔注意〕
○ 全体を三段落《だんらく》構成とし、400字以上500字以内で書きましょう。
○ 三つの段落では、「初め」「中」「終わり」を意識して書きましょう。

第二章 自然・科学

# 8 動植物と人間

時間の目安 25分
難しさ ★★☆

学習日 月 日
2問中 問正解

◇ 次の文章を読んで、あとの問いに答えましょう。

これからまたしばらくのあいだ、私《わたくし》どもの周囲にはいろいろな花が咲《さ》いたり、飛《と》び交《か》う蝶《ちょう》の姿《すがた》が見られるようになります。私が、多少普《ふ》通《つう》の人よりもそういうものに関心を持っていることを知って、近所の子供《こども》たちが、時々虫などをつかまえて来て私にその名をたずねるのです。こんな大きな蛾《が》がいたよ、おじさんこれなんていうの？ 彼《かれ》は少し手に負えないいたずらっ子で、うちの*生垣《いけがき》の竹の棒《ぼう》を抜《ぬ》いて、野球のバットにしていたこともありますし、木のぼりをして枝を折ることも専門家《せんもんか》です。その子が水色の、大きな蛾を一匹《いっぴき》つかまえて来まして、その一枚《いちまい》の翅《はね》をつまんで私に名前をたずねるのです。「そんな風につまんでいるとばたばたあばれて翅の粉をみんな落としてしまう、蛾でも蝶でも、こういう風に持たなくちゃあ」そういって私はまず持ち方を教え、それからその蛾はオオミズアオ、あるいはユウガオビョウタンという名であることを教えます。どうも忘《わす》れそうなので、紙にその名を書いて渡《わた》します。この蛾の幼虫《ようちゅう》がどんな形をして、どんな植物の葉を食べるか、幸いにして私はそれを知ってはいましたけれども、彼はまだ小学校の三年生、ただ名前を知ればよいのです。というより、彼が知りたいと思ったのはその名前だけなのです。

「知識の獲得《かくとく》には、ある不思議な快さと喜びがある」という古い言葉がありますが、この*平素はいたずらの専門家である彼も、確かに満足の*色を顔に浮《う》かべて帰って行きます。私は、こういう風にして幼《おさな》いものから何かをたずねられた時、たとえ自分が手を離《はな》したくない仕事をしている時でも、*少なくもいやな顔は見せないようにして、そうしてその名を知らない時、あいまいな時には、その子供と一緒《いっしょ》に本をしらべるようにしています。

詩人の尾崎《おざき》喜八《きはち》さんが、昔、あの植物学者の牧野富太郎《まきのとみたろう》氏をかこむ植物同好会の人々と採集に行かれた時の文章に次のような箇所《かしょ》があります。それは、先生、これは何ですか、これは何と申しますかと、次々にたずねられる時牧野博士はそれを*たちどころに説明されるのですが、それに続いて、次のような文章があります。「先生が日本の植物に対して百の名称《めいしょう》を*断ぜられるとしても、僕《ぼく》はただ先生の記憶《きおく》の強大さ、知識の広さに驚《おどろ》くだけである。植物学者としての先生の大いなる*カルテから見れば、それは当然の事のように思われる。しかし一人の*可憐《かれん》な小学生が――腰《こし》に小さい風呂敷《ふろしき》包みの弁当を下げ、肩《かた》から小さい*胴乱《どうらん》をつるした子供が、何か小指の先ほどの植物を探《さが》して来て、『先生これ何ですか』ときいた時、『これは松』といいながら、その子の頭へ片手《かたて》を載《の》せられた時の、あの*温顔《おんがん》の美しさを僕は忘れない」

私はこの一節が非常に好きなのです。がそこには、知るということ、そのための人間どうしに通うあたたかいものが感じられます。ただ人間としてこれだけのものは知っておかなければならない。そういう気持ちで本を読んだり、学校へ通って勉強をする。それも確かに必要なことなのですが、そこで、もし一方は教える他方はそれを教わるという関係だけならば、それは全く機械的なものになって、ついには試験のために勉強をするという、*今ではあたり前のことになってしまった現象も生まれて、知ることによって快さや喜びが伴《とも》なって来るような、ごく*素朴《そぼく》な姿があまり見られなくなってしまいました。私自身にしましてもそういう傾向《けいこう》は確かにあるのですが、自分の知らないことでも、もう誰《だれ》かは必ず知っている、もっと手っ取り早いいい方をすれば、たいがいのことは本に書いてあると思ってしまって、特に知ろうとしないのです。さまざまの事典と名のつく本が出ることは、それに誤《あやま》りがない限り実にありがたいことなのですが、これだけ手もとに持っていれば必要な時にその知識をそこから引き出せるという考え、これは案外恐《おそ》ろしいことではないかと思います。昔の人は私たちより知識の持ち方は少なかったと思います。また、その知識も誤っていたことが多いかも知れません。＊コロンブス以前の、大多数の人々は別の大陸があるかも知れないということは恐《おそ》らく考えなかったでしょうし、このようにして人間の発見や発明が一般《いっぱん》の人たちにも知識をふやしていったことも事実であります。しかし、㋐知ることと、知らされることの違《ちが》いを考えてみていただきたいのです。

（串田孫一《くしだまごいち》「考えることについて」より）

＊生垣《いけがき》＝あまり高くない木を植えならべて作ったかきね。
平素＝ふだん。いつも。　色＝表情。

少なくも＝少なくとも。せめて。　たちどころに＝ただちに。すぐに。

断ぜられる＝きっぱりと判断なさる。

カルテ＝本来は医師が用いる記録のカードのこと。ここでは、経験といった意味をふくむ。

可憐《かれん》な＝かわいらしい。　胴乱《どうらん》＝植物採集などに用いる入れ物。

温顔《おんがん》＝おだやかであたたかみのある顔。

今＝この文章が書かれた、一九五四（昭和二十九）年当時。

素朴《そぼく》＝ありのままでかざり気が無く自然なこと。

コロンブス＝イタリアの航海士《こうかいし》。ヨーロッパで初めて現在のアメリカ大陸にたどり着いたとされる。

問一　㋐知ることと、知らされること　について、次の問いに答えなさい。

(1)「知らされること」とちがって、「知ること」の出発点にはどのような気持ちがありますか。本文の中の言葉を使って書きなさい。

(2)「知ること」ができたら、どのような気持ちが生まれますか。本文の中の言葉を使って書きなさい。

問二　あなたは本文を読んで、これから学校生活や日常生活の中で、何を大事にし、どのように行動していこうと思いますか。本文の内容に関連づけて、次の〔注意〕にしたがって書きましょう。

〔注意〕
○ 第一段落で、本文の内容にふれましょう。
○ 第二段落には、本文をふまえ、大事にしたいことを書きましょう。
○ 第三段落には、本文をふまえ、行動を具体的に書きましょう。
○ 400字以上440字以内で書きましょう。

→解答用紙P.13

## 9 脳

◇次の文章を読んで、あとの問いに答えましょう。

下の図を見てください。これはミュラー・リエル錯視《さくし》とよばれます。二本の横棒《よこぼう》の長さは同じなのに、上の*線分のほうが短く感じられます。どちらの線分も同じなのですが、棒の左右端《はし》についた矢羽の差が錯覚《さっかく》を生んでいます。

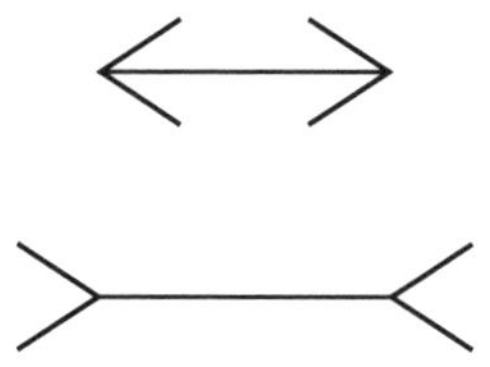
図　ミュラー・リエル錯視

もしあなたが「本当は同じ長さ」であることを知らなかったとしたら、どうしてその事実に気づくことができるでしょう。あなたの脳《のう》が勝手に「①違《ちが》う長さ」に感じてしまうわけで、事実を知らされなかったら、「同じ長さかもしれない」とは思いもよらないわけです。そうだとしたら、あなた個人にとってはこの二本の線分は永遠に「違う長さ」であって、それこそがあなたにとっての「真実」となるのです。「物理的な事実」がどうであるかは「個人的な真実」とは無関係です。

これをもっと推《お》し進めてみましょう。みなさんが「同じ長さ」であることを確認《かくにん》する唯一《ゆいいつ》の手段《しゅだん》は、ものさし等で直接測定してみることです。こうして同じ長さであることをはじめて知ることができます。「違う長さ」とばかり信じていたみなさんは驚《おどろ》くべき事実としてこれを受け入れることでしょう。*ヒッチコックの絵の濃淡《のうたん》がまさにそうでした。

| 時間の目安 | 25分 |
|---|---|
| 難しさ | ★★★ |
| 学習日 | 月　日 |
| 3問中 | 問正解 |

しかし重要なのはここからです。同じ長さであることを知ったところで、みなさんの脳に何か変化が生じたでしょうか。同じ長さであることを知っても、みなさんの目の前の線分は*依然《いぜん》として違うままの長さに見えています。「同じ長さだ」と強く念じてみても、意識ではどうにもなりません。みなさんの脳は頑固《がんこ》で、しかも、みなさんはその脳の誤解釈《ごかいしゃく》から逃《のが》れることはできないのです。

しかし、おもしろい事実があります。こうして「違う長さ」に見える棒を、いざつまんでみようと指を広げてみると、なんと、指はどちらの線分についても正確に同じ幅《はば》だけ広げてつまもうとすることがわかります。これは、スロービデオで指の細かな動きを撮影《さつえい》する実験からわかった結果です。頭の中では違う長さだと判断していても、それをつまもうとのばされた指は「本当は同じだ」ということを知っているのです。体と心の*分離《ぶんり》。意識上では疑《うたが》いようもなく「違う長さ」として解釈されていても、体のほうは正確に働いています。つまり外部世界の解釈が、意識と無意識では食い違っているのです。

そんな事実から次のことがわかります。それは「脳が光の情報を処理《しょり》する経路は一つではない」ということです。

実際、目から入った光情報は脳に送られますが、その情報は二つの脳回路に分けられます。一方では光情報は歪《ゆが》められ「異《こと》なる*線分長」として意識の上に現れます。これが私たちの感じている「個人的な真実」です。これまでにも見てきたように、その世界は現実の世界と一致《いっち》しているとは限りません。ところが、もう一方は情報がより正確に処理され「同じ線分長」と解釈されます。ただし、これは決して私たちの意識の上に現れることはありません。ですから、私たちは意識の上では「本当は同じ長さ」であることを知ることはできません。一方、体を動かすための指令は、この無意識の情報にもとづいて実行されますから、指は意識に反した行動をとるのです。

こうして異なった回路処理が、脳の別々の場所で独立して同時に行われています。これは「並行《へいこう》処理」という独特の方式で、脳とコンピュータが決定的に異なる点でもあります。

脳には複数の回路が存在《そんざい》していて、それらが同時にさまざまな処理を行っています。ある回路では「同じ長さの線分」に、また別の回路では「異なる線分」に、いわば②脳は「*多重人格」なのです。そして並行処理によって編み出された結果のうち、意識に上る部分はほんのわずかにすぎません。私たちの脳の大部分は無意識に働いていて、意識された世界は氷山の一角なのです。それなのに、私たちは見えているものがすべてで、それがいつでも正しいと思いこみがちです。③そんな私たちの*性癖《せいへき》が単なる思い上がりにすぎないことは錯視の例が見事に教えてくれます。

（池谷裕二《いけがやゆうじ》「いま、この研究がおもしろい」より）

＊ 線分＝二つの点を結ぶ直線の部分。
ヒッチコックの絵＝筆者が文章の前の部分で紹介《しょうかい》している「錯視」に関する図。
依然として＝前と変わらず。元のまま。
分離＝分かれ、はなれること。
線分長＝線分の長さ。
多重人格＝一人の人間の中に複数の別々の人格が存在するように見える状態。
性癖＝行動や考えにあらわれるかたより。くせ。

**問一** ――線①「違う長さ」とありますが、これはどんなことの例ですか。次のようにまとめるとき、□A・Bにあてはまる言葉を、それぞれ文章中から三字以内でぬき出しなさい。

［A］の上に現れた、現実世界とは一致《いっち》しない［B］な真実。

A ［　　　］ B ［　　　］

**問二** ――線②「脳は『多重人格』なのです」とありますが、どういうことですか。「外部世界」「回路」「解釈」という言葉を使って説明しなさい。ただし、三つの言葉はどんな順番で使ってもかまいません。

**問三** ――線③「そんな私たちの性癖が単なる思い上がりにすぎない」とありますが、あなたはこの部分を読んでどんな考えを持ちましたか。次の〔注意〕にしたがって書きましょう。

〔注意〕
○ 全体を二段落《だんらく》構成とし、500字以上600字以内で書きましょう。
○ 前半の段落には、――線③などから読み取れる筆者の考えを、筆者がそう考える理由とともに書きましょう。
○ 後半の段落には、前半で書いた内容をふまえて、あなたが考えたことを書きましょう。

→解答用紙P.14

第三章　芸術・言語

# ❶ 音楽

時間の目安　25分

難しさ　★☆☆

学習日　□月□日

4問中□問正解

◇ 次の文章を読んで、あとの問いに答えましょう。

　*厨子《ずし》の中などに納《おさ》められ、普段《ふだん》は見ることができない仏像を、秘《ひ》仏《ぶつ》という。仏教圏《けん》においても、日本特有のものらしい。その寺の僧侶《そうりょ》でさえ見たことがない「絶対秘仏」もあるという。

　二〇〇六年の秋のこと。滋賀《しが》県は琵琶《びわ》湖の東、湖東三山西明寺《ことうさんざんさいみょうじ》の秘仏「薬師瑠璃光如来立像《やくしるりこうにょらいりつぞう》」を拝観《はいかん》した。五十二年ぶりの公開だという。江戸《えど》時代に作られた、虎《とら》に乗った薬師如来の像である。

　にじり寄るようにして見上げている幾人《いくにん》もの拝観客に混じりながら、私《わたし》は、秘仏の公開が意味するところの本質に触《ふ》れた気がした。それは、*一回性の体験というものだった。

　日頃《ひごろ》、秘仏に対して人々は、「一体、どのような姿《すがた》の仏像なのだろう」と考える。「きっと、こういうものが納められているに違《ちが》いない」と、目には見えないものを想像しつつ、頭の中で偶像《ぐうぞう》を思い描《えが》く。その姿は、千差万別《せんさばんべつ》だろう。いずれにせよ、人々の想像は、公開というクライマックスに向けて成長し続ける。当然のことながら、実物と想像が全く同じということはないだろう。秘仏を見る前と見た後で、当人がどちらを是《ぜ》とするかは、他人には与《あずか》り知れないことだ。

　ただ、秘仏を実見しながら私が思ったことは、結局は人の心も、お互《たが》いに見ることの決してできない「絶対秘仏」である、ということだった。

　「見てはいけない」「見ることができない」という禁則は、ギリシャ神話や古事記《こじき》から*綿々《めんめん》と続く大切な*モチーフである。その対象である「見えないもの」とは、人間の心というものの本質と置き換《か》えられるような気がした。

だから、おもしろい。だから①脳《のう》は、*不可視《ふかし》の「なにか」を無限に追い求める。その「なにか」を考えることが〈私〉の「喜び」、生命運動となり、ひいては「生きる」ということにつながっていく。音楽と同じなのだ。

　本体は、見えない。*聞こえない。それを、いかに想像するか、ということ。聴《き》くということの本質がここにある。秘仏の本質と*酷似《こくじ》したものとして、私は音楽をとらえる。それは「聴く」行為《こうい》における、聴覚《ちょうかく》に優《まさ》るとも劣《おと》らぬ想像力の重要性と、「なにかわからない」存在《そんざい》に備わる美しい生命力を感じることでもある。

　目を閉じ、私は考える。

　想像力と生命力は、〈私〉の脳の生きる糧《かて》に他ならない。これらを原動力に、私は自分なりの秘仏をコツコツと彫《ほ》り続けていく。その先に生まれるであろう表現は、どのようなものであれ自分自身の生き方の果実である。

　願わくは、新たな想像力と生命力を内に秘《ひ》めた果実でありたい。その実からは、胡桃《くるみ》の殻《から》が擦《す》れ合うような微《かす》かな音がするだろう。その響《ひび》きに耳を傾《かたむ》けながら、自分という楽器を、世に向けての胡桃の拡声器《かくせいき》にすれば良い。そこには新たな音楽が生まれるだろう。音楽は、こうして人を生かしてゆく。

　②音楽は目に見えない。触れることも抱《だ》きしめることもできない。音符《おんぷ》や楽譜《がくふ》という形で*可視化することはできるけれども、それは記号にすぎない。ただ私たちにできることは、耳を傾けること。全身で音楽を感じようとすること。抱きしめるのではない。耳をすます私たちを、音楽が抱きしめてくれるのだ。その*抱擁《ほうよう》こそが、音楽が授《さず》けてくれる恩恵《おんけい》だ。

一八二八年の春、イタリアのヴァイオリニスト、ニコロ・パガニーニの演奏《えんそう》を聴《き》いたシューベルトは次のような言葉を残したという。

「③僕《ぼく》はあの中で天使が歌うのを聴いた」

この時、既《すで》に死に至《いた》る病に侵《おか》されていた作曲家は、半年余り後に、三十一歳《さい》で世を去ることになる。しかし、*真摯《しんし》に音楽と*対峙《たいじ》する彼《かれ》にその時降《お》りてきた音楽は、一筋《ひとすじ》の光のような希望であり、生に他ならなかったのだ。

（茂木《もぎ》健一郎《けんいちろう》「すべては音楽から生まれる」より）

＊ 厨子＝仏像などを納める箱型の仏具。
一回性＝一回しか起きないこと。
綿々＝とぎれることなく続く様子。
モチーフ＝作品を作るきっかけとなった中心となる考え。
不可視＝見ることができない様子。
聞こえない＝筆者は、これ以前の部分で、未完成に終わったシューベルトの作品について、聞こえることのない未完成の部分に耳をすますことについて述べている。
酷似＝とてもにている様子。　可視化する＝目に見えるようにする。
抱擁＝抱きしめること。　真摯＝まじめで熱心なこと。
対峙＝向かいあうこと。

**問一** ――線①「脳は、不可視の『なにか』を無限に追い求める」とありますが、「秘仏」に関して人々が「不可視の『なにか』を追い求める」様子を具体的に表している連続した二文を文章中から探《さが》し、その初めと終わりの五字をぬき出しなさい。（句読点も一字にふくみます。）

□□□□□ ～ □□□□□

**問二** ――線②「音楽は目に見えない」とありますが、筆者は音楽をどのようなものだと考えていますか。「秘仏」との関連に着目して書きなさい。

**問三** ――線③「僕はあの中で天使が歌うのを聴いた」とありますが、シューベルトは、なぜこの言葉を残したのですか。その理由を、筆者の考えをふまえて説明しなさい。

**問四** この文章を読んで、あなたは「音楽」についてどのような考えを持ちましたか。次の〔注意〕にしたがって書きなさい。

〔注意〕
○ 段落《だんらく》は四つ以内に収《おさ》め、500字以上600字以内で書きましょう。
○ この文章の筆者の考えにもふれましょう。
○ この文章中から一部を引用してもかまいません。
○ この文章の筆者の考えだけではなく、あなた自身の考えも書きましょう。

→解答用紙P.15

## ②　芸術

時間の目安　25分
難しさ　★☆☆
学習日　　月　　日
4問中　　問正解

◇　次の文章を読んで、あとの問いに答えましょう。

京都《きょうと》の山崎《やまざき》に、「待庵《たいあん》」がある。*千利休《せんのりきゅう》がつくった茶室だ。広さは、たった二畳《にじょう》。千利休以前はふつう茶室は四畳半あった。しかし千利休は、空間を切《き》り詰《つ》めて、極限の狭《せま》さにした。そうしなければ生まれない何かを、この二畳の茶室につくろうとしたのだ。

しかし①実際に茶室に入ると、さほど狭くは感じられない。圧迫感《あっぱくかん》もない。落ち着く。たとえばトイレという密室《みっしつ》空間が落ち着くという人がいる。それは「狭いから」居心地《いごこち》がいいのだが、待庵で感じるのは「狭いから落ち着く」ではない。狭く感じないのだ。

なぜ待庵は、二畳の茶室なのに狭くないのか。それに気づいたのは、茶室の外から、窓《まど》を見ているときだった。この茶室を母屋《おもや》である縁側《えんがわ》から見る。茶室は、岬《みさき》のように母屋から突《つ》き出《だ》している。庭と、茶室の側面が見える。壁《かべ》には、窓が二つある。並《なら》んだ窓は、同じ大きさをしている。

あれ？

手前と向こうと、違《ちが》う距離《きょり》にあるのに、どうして大きさが同じなんだ？　遠近法の原則からすると不思議に思う。そうなのだ。この窓は、実際の大きさが違っている。縁側に近い窓は小さく、遠くの窓は大きい。しかし「遠くのものは小さく見える」遠近法で、見た目には同じ大きさに見える。

この茶室の窓には遠近法が使われている。縁側から見たら窓は同じ大きさに見える。しかし逆の方向から見たら、この二つの窓は、近くの窓が大きく、遠くのものが小さい。つまり遠近法が強調される。二つの窓は、現実の距離よりも、離《はな》れて見えるということだ。

この茶室は、どこから見るか。もちろん茶室に来た客が最初に見るのは、入り口からの視点《してん》である。狭い*にじり口をくぐって、茶室の内部を見る。すると近くの窓が大きく、遠くの窓は小さい。もし同じ大きさの窓でも、二つ並んでいれば、遠くの窓は小さく見える。しかし待庵では、遠くの窓は*実寸《じっすん》でも小さくなっている。すると茶室の空間に遠近法のマジックがかかる。狭い茶室が、狭く見えないのだ。

茶室を広く見せる工夫《くふう》は他にもある。床《とこ》の間《ま》の壁のへりを、直角にしないで、土を円みがあるように塗《ぬ》る。そうすることで距離の焦点《しょうてん》が合いにくくなる。そんなあれこれの手法により、狭い茶室は、狭く感じられなくなる。

しかし問題は、なぜ茶室を狭くして、それを広く見せようとしたのか、ということだ。土地が足りなかったわけではない。広く見せたいなら、初めから広い茶室をつくればいい。それなのに、どうして「狭くつくって、広く見せる」という、面倒《めんどう》なことをしたのか。

そこに千利休の美学がある。

茶室というのは、現実を超《こ》えた非日常の空間でなければならない。そこで遠近法を使った。ふつう遠近法といえば、*ルネサンス絵画がそうだが、絵の中にあたかも奥行《おくゆ》きの空間があるかのように「*リアル」を感じさせるための手法と考えがちだ。しかし、それは違う。遠近法は、たんに「まるで見たとおり」の世界が現れるようにする手法ではない。絵画という*フィクションを現実であるかのように変換《へんかん》する。それだ。

そして、この変換は、逆も可能だ。つまり②現実の空間に、遠近法を使ったらどうなるか。

茶室という建築空間に遠近法を取り入れることは、この「変換」を逆にすることである。だから茶室に遠近法を取り入れることで、フィクションが現実になるのではなく、現実がフィクションになる。茶室という現実空間にいるのに、あたかも非現実の空間にいるようになる。待庵の遠近法は、単に狭い部屋を大きく見せることが目的なのではない。そこを非現実の空間に演出することが目的なのだ。そんな空間で、茶を飲む。いったいどんな世界が見えるか。ここではない「どこか」に自分がいることを感じるだろう。③千利休が、茶室に秘《ひ》めたのは、そういうことだ。

（布施秀利《ふせひでと》「体の中の美術館《びじゅつかん》」より）

＊千利休＝茶道《さどう》を芸術として完成したと言われる十六世紀の人物。
にじり口＝茶室に出入りするための小さな出入り口。
実寸＝実際の長さや大きさ。
ルネサンス絵画＝学問・芸術上の改革《かいかく》運動が起こった十四世紀から十六世紀のヨーロッパでえがかれた絵画。
リアル＝現実的。写実的。
フィクション＝現実ではないもの。想像力によって作られたもの。

**問一** ――線①「**実際に茶室に入ると、さほど狭くは感じられない**」とありますが、利休は、「**狭くは感じられない**」ようにするために、どのような工夫をしたのですか。二つに分けて書きなさい。

**問二** ――線②「**現実の空間に、遠近法を使ったらどうなるか**」とありますが、この疑問に筆者はどう答えていますか。次のように答えるとき、□にあてはまる言葉を文章中から十字以上十五字以内でぬき出しなさい。

**筆者は、現実の空間に遠近法を使うと、□と考えている。**

**問三** ――線③「**千利休が、茶室に秘めたのは、そういうことだ**」とありますが、千利休が、茶室に秘めたこととは、どのようなことですか。文章中の言葉を使って書きなさい。

**問四** 筆者は、千利休の作った待庵の茶室という現実がフィクションになることについて述べています。あなたは、現実とフィクションについてどのように考えますか。次の〔注意〕にしたがって書きましょう。

〔注意〕
○ 作文は、二段落《だんらく》で、400字以上500字以内で書きましょう。
○ 前半の段落には、この文章の筆者の考えをまとめましょう。
○ 後半の段落には、前半の段落に書いた内容をふまえて、あなたの考えを書きましょう。
○ 二つの段落の内容がつながるように書きましょう。

→解答用紙P.16

# 3　映像

◇ 次の文章を読んで、あとの問いに答えましょう。

現実との関係でいちばん重要なのは、映像《えいぞう》が「現実を切りとって*二次元に置きかえたうつし」であるという点です。これは長所でもありますが、むろん短所であるわけで、いろいろな問題がここから出てまいります。

たとえば、風景であれ人事であれ、部分を切りとって映《うつ》すことしかできない。ですから皮肉な言い方をする人は、

「映像の問題点はいつも、何を見せたかにあるのではなく、何を見せなかったか、にあるのだ」

と批判《ひはん》します。

その通りです。全体と部分の問題です。見方を変えて、同じように皮肉に表現すれば、全体を見せるためにあえて見せない部分、というのもあるわけで、裏《うら》と表、微妙《びみょう》な関係であります。

風景としてある町を紹介《しょうかい》するのに、広場の真ん中に立ってカメラを三六〇度*パンすることは、必要でもなければそれで十分な要件でもありません。それより大事なのは、町並《まちな》みをいくつか選んで描《えが》くことですが、それはすなわち、見せなかった町並みをつくることです。

「シルクロードの面影《おもかげ》をのこすオアシス都市」とテレビで紹介されて、実際いい感じにみえたから行ってみたら、何とも中途半端《ちゅうとはんぱ》な近代都市だった。よくもあんな撮《と》りかたができたものだ、というような苦情は海外*ツアーが盛《さか》んになってからよく耳にします。

「何を見せなかったかが問題だ」という批判の一例です。しかし、ある意図のもとに*隠蔽《いんぺい》された風景があったのはたしかでしょうが、選ばれ紹介された風景が*捏造《ねつぞう》されたものでないのも、またたしかなのです。

素材が事実であることはまちがいない。といって事実をいくつ並《なら》べても真実が現れるとは限らない。これは映像表現にいつもつきまとう問題です。

シルクロードのオアシス都市まで足をのばす必要はありません。たとえば①京都がいい例です。海外に紹介されているような、古い京都の風景のほとんどは外からは見えない塀《へい》の中にあります。塀の中と外の*バランスが、京都という町の真実を伝える決め手だ、ということになるはずです。

しかし、京都の風景の映像を素材として言いたいこと、というのもそれとは別にあるはずで、真実を楯《たて》にそこにまで塀の内と外のバランスを持ち出すのは、不当というものでしょう。

こうした全体と部分の問題は、文章表現をふくめあらゆる表現に共通のはずですが、なかでも映像で大きな問題になるのは、映像がわかりやすく説得力をもつからでしょう。とりわけ、全体と部分の、部分にあたる個別のものの説得力が大きい。木を見て森を見ない、といいますが、映像ではしばしば木のほうが森より大きくなりやすいのです。それはかりでなく、一本一本の木が森と張りあうほどの意味を主張することがある。

私《わたし》の友人のカメラマンの話ですが、町を行く*パリジエンヌの姿《すがた》を撮って、華《はな》やかなパリの雰囲気《ふんいき》を描いたつもりでいたのだそうです。ところが編集中のその映像を見た土地っ子のフランス人が、どうして*ポーランド人ばかり撮ったのか、なにかポーランドに事件でもおこったのか？　ときくので仰天《ぎょうてん》。はじめて、全体の中から自分の好みで切りとってきた「部分」が特異《とくい》なものであることを知った、という

時間の目安　25分
難しさ　★★☆
学習日　　月　　日
3問中　　問正解

のです。
彼《かれ》に美人を*ピックアップしようという意図があったことは否《いな》めませんから、見せないでおくことにした部分があったことはたしかです。でもそれは彼にとって、「全体を見せるために見せなかった」部分なのでしょう。「花のパリ」を描くために彼がとった表現手段《しゅだん》です。しかしその*主旨《しゅし》が、素直《すなお》に伝わらないかもしれなくなったのです。

「パリはいま若《わか》いポーランド女性だらけだ」

と言いたかったのでも、

「パリの美人はみなポーランド人だ」

と言いたかったのでもないので、②彼があわてたのも当然でした。フランス人とポーランド人の区別がつく人だったら、そう読みとってもふしぎではない「全体」になっている、ということにはじめて気づいたわけです。

映像の「部分」は、こうしていつも全体を裏切ろうとしています。*神は、好んで映像の細部に宿り給《たま》うので、めざす全体に到達《とうたつ》するのは容易ではありません。

（吉田直哉《よしだなおや》「脳内《のうない》イメージと映像」より）

＊ 二次元＝ここでは平面のこと。
パン＝カメラの向きを横方向にふること。　ツアー＝観光旅行。
隠蔽＝物事をかくすこと。　捏造＝事実でないことをでっちあげること。
バランス＝つり合い。調和。
パリジェンヌ＝フランスの都市、パリに生まれ育った女性。
ポーランド＝ヨーロッパ中央部にある国。
ピックアップ＝たくさんのものの中からいくつかを選び出すこと。
主旨＝言おうとしていることの中で、最も中心となる事柄《ことがら》。
神は、好んで映像の細部に宿り給う＝「すばらしい表現は細部に工夫《くふう》をこらすことで生まれる」という意味の「神は細部に宿り給う」をもじった表現。

**問一**　――線①「**京都がいい例です**」とありますが、どんなことの「例」なのですか。文章中の言葉を使って書きなさい。

**問二**　――線②「**彼があわてたのも当然でした**」とありますが、「**彼**」は、なぜあわてたのですか。次のように説明するとき、[　]A・Bにあてはまる言葉を、Aは二字、Bは十字で文章中からぬき出しなさい。

**映像として切りとってきた「[A]」がポーランド女性ばかりという特異なものであったために、描こうとしていた[B]という「全体」が、素直に伝わらない可能性に気づいたから。**

A

B

**問三**　この文章を読んで、あなたが「**映像**」について考えたことを、次の〔注意〕にしたがって書きましょう。

〔注意〕
○ 適切に段落《だんらく》分けをして、360字以上400字以内で書きましょう。
○ 初めに、あなたがこの文章から読み取ったことを書き、そのあと、あなたが「**映像**」について考えたことを書きましょう。

→解答用紙P.16

# 4 読書 ①

◇ 次の文章を読んで、あとの問いに答えましょう。

ひと口に「読む」、といいますが、読むとはどういうことか、あまり考えたことのない人がひじょうに多いようです。学校で国語を教えている先生にしても、「読む」ことについて、きちんと考えたことのある人はすくなくないのではないでしょうか。それで、本当の読み方を学校で教わることがないまま、こどもは*我流《がりゅう》に本を読むようになるほかありません。しかも、せっかく読むことを覚えても、あっという間に時間をテレビに取られてしまうのです。これでは、本を読む人間がすくなくなるのも当然です。

「読む」ということを考えると、読み方には、二通りあることがわかります。

ひとつは、文字に書かれていることが、既知《きち》、つまり、あらかじめ知っていることのとき。「さいた、さいた、さくらがさいた」という文章なら、小学一年生でも、なんのことかすぐに理解できます。このような読み方の場合は、声に出して読むだけで、読書は完了《かんりょう》してしまいます。これを「既知の読み」といいます。

同じように、遠足から帰ってきたこどもが、いっしょに行った友達の書いた遠足の作文を読むようなときや、前の晩《ばん》、テレビでじっくり観《み》たプロ野球の試合の記事を、翌日《よくじつ》の新聞で読むときも、この既知の読みになります。既知の読みの場合は、ゆっくりと丁寧《ていねい》に読まなくても、ざっと読めばわかります。内容《ないよう》がわかっているからです。同じ記事でも、テレビを観なかった人や、球場で観なかった人には、それほどよくわかりません。スポーツ記事で人気のあるのは、読者のよく知っている試合などであって、よく知らないことは、読んでもわからないものです。日本ではほとんど行われないクリケットの試合の記事などは、ほとんどの人が、読んでもよくわからない、つまらない、となります。

このように、わかっていることの書いてある文章は、読んでおもしろく、よくわかります。①こういう読み「既知の読み」を、かりに「アルファ読み」と呼《よ》んでおきます。

これに対して「②ベータ読み」という読み方があります。書いてあることが、読者のまったく知らない、未知のことがらの場合です。たとえば、ある小学六年生が、「ことばと、それを表す、ものごとの間には、切っても切れぬ結びつきはない」という文章を読んで、③まったく意味がわからなかったといいます。そこで、ことばの意味がわかれば理解できるはずだと思い、ことばのひとつひとつを辞書で引いてみたのですが、かえって混乱《こんらん》して、いっそうわからなくなったそうです。

それは、内容が、読む者の理解を超《こ》えているからです。つまり、自分の知らないことを活字から読み取るためには、ベータ読みという読み方が必要です。それをすでに知っていることを読むアルファ読みで、読もうとしたからわからないのです。

アルファ読みは、すでに知っていることを読むときの読み方ですから、新しい世界が広がることはありません。アルファ読みしかできない人は、本を読んでも、本当に読んだとはいえないのです。

これに対して、ベータ読みができれば、わからないことを読んで、きちんと理解することができます。知らないことを読んで、*知見をひろめ、こころの世界を拡大《かくだい》していくことができるのです。ベータ読みができてこそ、本当に読める、ということができるのです。

ベータ読みをするには、思考力を使わなくてはなりません。想像

時間の目安 25分
難しさ ★★☆
学習日 □月□日
4問中□問正解

力をはたらかせ、わからないことがあっても、自分の頭を使って*解《かい》釈《しゃく》しながら読むのが、ベータ読みです。そうやって読み進めていくと、どうにか、自分なりにわかった、というところまでいくことができます。すると、やがて、ベータ読みができるようになります。そうして、人は、活字から未知を読み取ることができるようになるのです。④これが、本当の読書というものです。

ところが、この過程が面倒《めんどう》です。むずかしいからといって、腰《こし》をすえてベータ読みをする人がすくなくなってしまいました。アメリカ人を驚《おど》かせたという、かつての本好きも、おそらく多くはアルファ読みであったと思われますが、それすら消えて、本から遠ざかってしまったのは、残念なことです。

（外山滋比古《とやましげひこ》「わが子に伝える『絶対語感』」より）

＊ 我流＝正式のものではない自分勝手なやり方。
知見＝知識。見聞きしたこと。
解釈＝文章の意味や内容をときほぐし明らかにすること。

問一 ――線①「こういう読み『既知の読み』を、かりに『アルファ読み』と呼んでおきます」とありますが、ここから「アルファ読み」とは「既知の読み」のことだとわかります。では、「ベータ読み」とは何になりますか。文章中の言葉を使って、五字で書きなさい。

問二 ――線②「ベータ読み」をするためには、どのようなことが必要ですか。文章中の言葉を使って書きなさい。

問三 ――線③「まったく意味がわからなかった」とありますが、なぜですか。筆者の考えをふまえ、「アルファ読み」「ベータ読み」という二つの言葉を使って書きなさい。

問四 ――線④「これが、本当の読書というものです」とありますが、「本当の読書」について、あなたはどう考えますか。次の〔注意〕にしたがって書きましょう。

〔注意〕
○ 作文は二段落《だんらく》で、400字以上500字以内で書きましょう。
○ 前半の段落には、「本当の読書」についてのこの文章の筆者の考えをまとめましょう。
○ 後半の段落には、前半の段落に書いたことをふまえて、「本当の読書」についてのあなたの考えを、自分の体験をまじえて書きましょう。

↓解答用紙P.17

第三章 芸術・言語

## 5 読書 ②

◇ 次の文章を読んで、あとの問いに答えましょう。

「私《わたし》」は、五つか六つのころに、祖父から*漢籍《かんせき》の*素読《そどく》を教えてもらうことになった。

まだ見たこともない漢字の群れは、一字一字が未知の世界を持っていた。それが積み重なって一行を作り、その何行かがページを埋《う》めている。するとその一ページは、少年の私にとっては怖《おそ》ろしく硬《かた》い壁《かべ》になるのだった。まるで巨大《きょだい》な岩山であった。

「ひらけ、ごま!」

と、じゅもんを唱えてみても、全く微動《びどう》もしない非情な岩壁《がんぺき》であった。夜ごと、三十分か一時間ずつは、必ずこの壁と向かいあわなければならなかった。

祖父は机《つくえ》の向こう側から、一尺《いっしゃく》を越《こ》える「字突《つ》き」の棒《ぼう》をさし出す。棒の先が一字一字を追って、

「子《し》、曰《のたまわ》く……」

私は祖父の声につれて、音読する。

「シ、ノタマワク……」

素読である。けれども、祖父の手にある字突き棒さえ、時には不思議な恐怖心《きょうふしん》を呼《よ》び起こすのであった。

暗やみの中を、手さぐりではいまわっているようなものであった。手に触《ふ》れるものは、えたいが知れなかった。緊張《きんちょう》がつづけば、疲労《ひろう》が来た。すると、昼の間の疲《つか》れが、呼びさまされるのである。

不意に睡魔《すいま》におそわれて、不思議な快い状態におちいることがある。と、祖父の字突き棒が木の一か所を鋭《するど》くたたいていたりした。私はあらゆる神経を、あわててその一点に集中しなければならない。

| 時間の目安 | 25分 |
| --- | --- |
| 難しさ | ★★☆ |
| 学習日 | 月　日 |
| 3問中 | 問正解 |

辛《つら》かった。逃《のが》れたくもあった。

寒い夜は、坐《すわ》っている足の指先がしびれて来たし、暑い夕方は背《せ》じを流れる汗《あせ》が、気味悪く私の神経にさわった。

けれども時によると、私の気持ちは目の前の書物をはなれて、自由な飛翔《ひしょう》をはじめることもあった。そんな時、私の声は、機械的に祖父の声を追っているだけだ。

ある夜のことである。私が祖父の前に*端坐《たんざ》していると、不意に軒《のき》をたたく雨の音に気づいた。と、①私の気持ちは、たちまち小さな「さむらいぐも」の上にとぶのである。

裏庭《うらにわ》のほこらのあたりには、大きな木が、何本もならんでいる。その根元には、幾《いく》すじか、さむらいぐもの巣が顔を出していた。巣は細長いつつ型で地下へつづいている。そのもろい巣をこわさないように、そっと指先でひっぱり上げると、底には小さなくもが縮《ちぢ》こまっている。

*「大学《だいがく》」を習っている最中に、さむらいぐものことを思い出したのは、どうしてだったろうか。

巣をひっぱり上げられて、逃《に》げ場を失ったくも。そのくもの運命に似た立場に、自分も置かれていると思ったのかもしれない。あるいは、動かない漢字の世界をのがれて、動く昆虫《こんちゅう》の世界に入ってゆきたかったのだろうか。

雨の音はつづいている。

――さむらいぐもは、どうなっただろう?

けれども、素読は終わらない。祖父の手に握《にぎ》られた字突き棒は、今まで通りに確実に漢字の一字一字を追ってゆく。

私はひそかに、棒を握る祖父の手を見た。老人らしく、枯《か》れかけた

肌《はだ》をしていた。さしてその手の上にさがったひげは、白く長く、光っているようであった。

子供《こども》の私が年齢《ねんれい》というものを、老人というものを、ほのかに考えたことがあったとすれば、その時であったかもしれない。しかし、祖父は＊端然《たんぜん》としていた。やさしいところはあったが、日課をおろそかにするような点はなかった。だから、時間が来るまで、いや予定された一日分の日課が終わるまで、祖父は同じ表情を持ちつづけて、正確に一字一字をたどって行くのである。

私はこのごろの漢籍の素読を、決してむだだったとは思わない。

戦後の日本には、当用《とうよう》漢字というものが生まれた。子供の頭脳《ずのう》の負《ふ》担《たん》を軽くするには、たしかに有効であり、必要でもあろう。漢字をたくさんおぼえるための労力を他へ向ければ、それだけプラスになるにちがいない。

しかし私の場合は、意味も分からずに入って行った漢籍が、②大きな収穫《しゅうかく》をもたらしている。その後、大人の書物をよみ出す時に、文字に対する抵抗《ていこう》は全くなかった。漢字に慣れていたからであろう。慣れるということは怖ろしいことだ。ただ、祖父の声につれて復唱するだけで、知らず知らず漢字に親しみ、その後の読書を容易にしてくれたのは事実である。

（湯川秀樹《ゆかわひでき》「旅人」より）

＊ 漢籍＝古代に漢字だけで書かれた中国の書物。
素読＝内容は考えないで、文字だけを音読すること。
端坐＝きちんと正しい姿勢《しせい》で座《すわ》ること。
「大学」＝書物の名前。
端然＝姿勢などがきちんと整っている様子。

問一 ——線①「私の気持ちは、たちまち小さな『さむらいぐも』の上にとぶのである」とありますが、筆者はこのとき自分の気持ちが「さむらいぐも」の上にとんだ理由を二つ想像しています。それぞれ、「……から。」の形で書きなさい。

問二 ——線②「大きな収穫」とは、どんなことですか。文章中の言葉を使って書きなさい。

問三 この文章を読んで、あなたは読んでも内容を理解できない本を読むことに対してどのような考えを持ちましたか。次の〔注意〕にしたがって書きましょう。

〔注意〕
○ 作文は、三段落《だんらく》以内に収《おさ》め、360字以上400字以内で書きましょう。
○ この文章の内容にふれ、それと関連したあなたの考えを書きましょう。

→解答用紙P.17

## 6 読書 ③

時間の目安　25分
難しさ　★★☆
学習日　　月　　日
4問中　　問正解

◇次の文章を読んで、あとの問いに答えましょう。

中学二年生の音和《おとわ》のクラスでは、二学期最後の授業のとき、河合《かわい》先生は生徒たちに次のような話をした。

「誤解《ごかい》のないように云《い》っておくが、私《わたくし》が話をするのは、きみたちに楽をさせようとするのでもないし、時間つぶしでもない。人の声に耳をかたむけるのは、実際の風景や音や匂《にお》いや手ざわりを知るのとひとしく、心を養うものだと私が信じているからだよ。それは、書物を読むことでも培《つちか》われる。たぶんきみたちは、ことあるごとに本を読めと云われて、いいかげんうんざりしているだろう。しかも、本を読むことがどうして重要なのかを、おとなはひとことでは答えてくれない。あいまいな話ばかりする。それどころか、当のおとなが、時間がないのを理由にたいして本を読んでいない。学校と日常で、いそがしい日々を送るきみたちは、おとなよりもいっそう切実に、効率よく役立つことだけを吸収《きゅうしゅう》したいと思っている。だから、本を読めばどんな得があって、このさきの人生にどう役立つのか、たしかな答えをほしがるんだ。そうだろう？　だったら、はっきり云っておくが、得はないよ。役立つかどうかも怪《あや》しい。①だが、むだでもない。もう少し具体的な話をしようか。ある子どもが家のなかで古びたネジを拾った。両親にたずねてみたが、なんのネジなのかは、わからなかった。子どもは捨《す》ててもかまわない気がしたものの、ひとまずとっておいた。それからしばらくたって、祖父の代からの古い家を建てかえることになり、子どもの父親が壁掛《かべか》けの時計をはずした。そうしたら、その裏板《うらいた》をとめておくネジがひとつ欠けていて、ちゃんと固定できずに本体から浮《う》きあがっていたんだ。それを見た子どもは、しまっておいたネジのことを思いだした。さっそくとりだして欠けたところへネジをはめこんだ。ぴったりと合い、裏板はちゃんと固定された。なんだそんなことか、と思うなら、それでもかまわない。だが、この話にはまだつづきがあるんだ。裏板がすきまなく固定されたとき、子どもは時計が耳なれない音をたてていることに気づいた。長らく空回りしていた歯車が、裏板を固定したことで正しくまわりはじめたからなんだ。それによって、仕掛《しか》けが作動した。午后《ごご》三時になったとき、家じゅうのだれもがたんなる模様《もよう》だと思っていた文字盤《もじばん》のなかの小さなとびらがひらいた。するとそこから、銀の小鳥が顔を出して唄《うた》いはじめた。私が云いたいのは、たがいに関係がなさそうに思えたものがつながることの幸福なんだよ。そこから、あらたな要素も生まれる。それが、難解《なんかい》な本を読んだり、年長者の話を聞いたり、日常生活には関係なさそうな数学を学んだりすることの意味だよ。」

河合はそんなふうに、いくらか長い前おきをしたあとで、すこし夜空の旅でもしてみようか、と云って②話をはじめた。

「今ほど空があかるくない時代には、東京《とうきょう》でも天の川が見えたんだ。私の母は三鷹《みたか》の生まれで、国立天文台のそばに住んでいた。子どものころには、地上から立ちのぼるような白いもやが見えたと云うんだ。だが、それが銀河だとは思わなくて、銭湯の煙突《えんとつ》の煙《けむり》かと思ったらしい。知らないとはそういうことだよ。……さあ、ここはもう町ではない。夜はすっかり更《ふ》けている。湖がある。湖面は風もなくまったいらに張りつめて、*漆《うるし》のような黒さをたたえている。漆の黒さがわからないのなら、墨《すみ》の黒さでもかまわない。夜空には銀の川がながれている。銀の＊砂子《すなご》だ。梨《なし》の皮の表面に斑点《はんてん》があるだろう。あんなふうに点々と粒子《りゅうし》がばらまかれた状態を梨子地《なしじ》と云うんだよ。＊蒔絵《まきえ》の手箱といっても、きみたちはわからんだろうが、昔の姫君《ひめぎみ》が大事な＊文《ふみ》をしまっておくのを文箱《ふばこ》という。そういう箱のふたは、梨子地の蒔絵でできている、というわけさ。梨は銀でもあり黄金《きん》でもある。さてと、きみらが思い浮かべるべきは梨じゃない。梨子地だ。銀の砂をふりまいたような星空だ。その星ぼしのしたには、＊漆黒《しっこく》の湖面が鏡のようによこたわっている。湖面はひろく、どこまでもつづいている。だが、ようく目をこらしてごらん。湖面に点々とちらばる光が見えるだろう。夜空の星が映《うつ》っているんだ。それが見えるのは、目が闇《やみ》になれてきたからだ。境界はどこだ。夜空と湖面はどこでつながっているんだ？ ③ほら、わからないだろう。夜空の星も湖面の星もひとつの川となって流れ、ひとしくかがやいている。ごらん、きみたちの足もとにも星が映っている。それは湖面なのか、それとも夜空なのか」

（長野《ながの》まゆみ「野川《のがわ》」より）

＊ 漆＝ウルシの木の樹液《じゅえき》から作られるとりょう。
砂子＝砂。
蒔絵＝漆と金銀の粉を使ったそうしょく。
文＝手紙。
漆黒＝漆をぬったようなつややかな黒い色。

**問一** ——線①「だが、むだでもない」とありますが、河合先生は、本を読むことで何が得られると言っていますか。文章中から二十五字以上三十字以内で探《さが》し、その初めと終わりの五字をぬき出しなさい。

□□□□□ 〜 □□□□□

**問二** ——線②「話をはじめた」とありますが、これよりあとの河合先生の話では、どのような工夫《くふう》がこらされていますか。その説明として最も適切なものを次から選び、その記号を書きなさい。

ア ところどころで生徒に呼《よ》びかけて注意力を引き出すとともに、正しい知識を伝えるために多くのたとえを使って説明している。
イ 夢の中のような幻想《げんそう》的な光景を生徒が想像できるように、現実には存在《そんざい》しないものごとをたとえに使って説明している。
ウ ところどころで必要な知識を生徒たちにあたえながら、生徒が天体について正しく理解ができるように説明している。
エ たとえを使って生徒の想像力をかき立てるとともに、そのたとえを理解するための知識をあたえながら、説明している。

（　　）

**問三** ——線③「ほら、わからないだろう」とありますが、どういう理由で何がわからないのですか。「……ので、……がわからない。」という形で書きなさい。

（　　）

**問四** この文章を読んで、あなたは「読書」についてどのように考えましたか。次の〔注意〕にしたがって書きましょう。

〔注意〕
○ 作文は、段落《だんらく》を適切に立て、400字以上500字以内で書きましょう。
○ はじめに河合先生の「読書」に対する河合先生の考えをまとめ、次にそれをふまえて、「読書」についてのあなたの考えを書きましょう。
○ あなたが持つ「読書」の体験をふまえて書きましょう。

→解答用紙P.18

第三章　芸術・言語

# ⑦ 読書 ④

◇ 次の文章を読んで、あとの問いに答えましょう。

見栄《みえ》がなくなったらぼくは教師としても、研究者としても終わりだと思っている。直視《ちょくし》するには、*等身大の自分はあまりにも貧弱《ひんじゃく》すぎる。だから、本を買う。専門《せんもん》外の本を買って、自分はこれだけ世界が広いと、自分自身に見栄を張るのである。

これは大学生の時から変わらない。ぼくが大学生の時には、図書館の本には裏表紙《うらびょうし》に貸し出し用のカードが付いていて、本を借りるときにはそれに名前を書き込《こ》む仕組みになっていた。そこで、ぼくはわかりもしない*ギリシャ哲学《てつがく》あたりから手当たり次第《しだい》に借りまくって、ろくに読みもしないで返却《へんきゃく》していた。友人が引っかかって、「お前、あんな本まで読んでるのかよ」と驚《おどろ》いていた。知的な見栄を張るのは、青年の特権《とっけん》でもあり、義務でもある。

この年になればまさかそんなことはしないが、その代わりに自分自身に見栄を張るようになったわけだ。それは、ぼく自身の精神的な若《わか》さへの憧《あこが》れでもある。若いということは、いまの自分に満足していないということでなければならない。いまの自分に満足している若者は現実にへたり込《こ》んだ精神的な「老人」である。精神的な「若者」は、いつもいまの自分に不満を抱《かか》えている。だから、理想の自分へ「成長」しようともがくのである。それは少しもみっともない姿《すがた》ではない。「大人」はそういう「若者」を温かく見守るものだ。

映画《えいが》でも、アニメでも、ドラマでも、音楽でも、絵画でも、それらを前にしてぼくたちの心はこれだけ複雑な働きはしないのではないだろうか。誤解《ごかい》のないように言っておくと、これは本がこれらの*メディアよりもすぐれているという意味で言っているのではない。本はこれらとは何かが違《ちが》うと言いたいだけなのである。

本には何かはよくわからないが、そして実際に読んでもわからないかもしれないのに、自分が知らなければならないこと、わかっておかなければならないことが書いてあると、あなたは思っているはずだ。本は自分を映《うつ》す鏡だと考えれば、それはこうありたいと思っている未来形の自分ということになる。つまり、いまよりは成長した自分である。

そういうあなたが読む限り、本はいつも新しい。現実には、未来に書かれた本はない。本はいつも過去に書かれている。当たり前の話である。しかし、本の中に未来形の自分を探《さが》したいと願う人がいる限り、本はいつも未来からやってくる。そのとき、本には未知の内容が書かれてあって、そこには［　　］自分が映し出されている。これは、理想の自己《じこ》発見のための読書、未来形の読書と呼《よ》べそうだ。古典を新しいと感じることがあるのは、そのためなのだ。本はそれを読む人の鏡なのだから、その人が読みたいように姿を変えるのである。

だからこそ、「本を読みなさい」という言葉はいかにも学校空間的なお説教に聞こえてしまうことにもなる。学校空間は成長物語が好きだから、読書にもそれを求めてしまうのだ。そろそろテレビを切り上げて勉強しようかなと思ったまさにそのときに「勉強しなさい！」と言われてしまう経験をしたことがあるのではないだろうか。ものすごくイライラして、勉強する気がなくなってしまうものだ。あれに似ている。

そこで、①読書の時間だけを決めてどんな本でも読んでいいことにすると、あなたは喜んで本を読むかもしれない。しかし、読む本を決めて読書を強制されると、あなたはイライラするだろう。それは、読

時間の目安　25分
難しさ　★★☆
学習日　　月　　日
4問中　　問正解

む本を決めて読書を強制することは、こういう自分になりなさいと未来形のあなたを学校空間が決めることだからだ。だれでも未来の自分は自分自身で決めたいと思っている。そこまで学校空間に縛《しば》られたくはないと思っている。だから、イライラするのだ。

それでも、推薦《すいせん》してくれた本を読んでよかったと思うことがある。それは、推薦してくれた先生と信頼《しんらい》関係ができている場合ではないだろうか。つまり、あなたはその先生にあなたの未来の一部を預けてもいいと考えたのである。信頼するということは、相手に未来を預けることだ。では、過去形の信頼はあるだろうか。信頼する人に自分の秘《ひ》められた「過去」を話すことがある。しかし、それは過去に戻《もど》りたいからではなくて、よりよい未来を生きたいからにちがいない。信頼は常に未来形をしている。

本を読むことについて考えていくと、②信頼するということがどういうことなのかということまで見えてくる。

（石原千秋《いしはらちあき》「未来形の読書術」より）

＊ 等身大＝飾《かざ》りのない、ありのままの自分の姿。
ギリシャ哲学＝古代ギリシャで生まれた世界の本質や生きる意味などを考える学問。
メディア＝新聞・テレビなどの情報を伝えるための手段《しゅだん》。ここでは、はば広く感動や美、人生観などを伝える芸術活動もメディアとしてとらえている。

問一　文章中の□にあてはまる言葉を、文章中から六字でぬき出しなさい。

問二　――線①「読書の時間だけを決めてどんな本でも読んでいいことにすると、あなたは喜んで本を読むかもしれない」とありますが、筆者は、なぜこう述べるのですか。その理由を文章中の言葉を使って書きなさい。

問三　――線②「信頼するということがどういうことなのか」とありますが、筆者は「信頼するということ」とは、どのようなことだと考えていますか。文章中の言葉を使って書きなさい。

問四　この文章の筆者は、「未来形の読書」という言葉で、今よりは成長した自分を目指すための読書について語っています。あなたは、今後、どのように成長したいと考えていますか。また、そのために、どのような読書をしたいと考えていますか。次の〔注意〕にしたがって書きましょう。

〔注意〕
○ 作文は、段落を適切に立て、360字以上400字以内で書きましょう。

→解答用紙P.18

第三章　芸術・言語

# 8 敬語

◇ 次の文章を読んで、あとの問いに答えましょう。

時間の目安　25分
難しさ　★★☆
学習日　　月　　日
4問中　　問正解

お年寄りや大人の人は、よく、

「最近の若《わか》い者は礼儀《れいぎ》を知らない。とくにことばづかいがなってない」

と言って、若者を非難《ひなん》します。たしかに若者は人生経験が少ないですから、大人の人のようにその場にぴったり合った行動をとれないし、じょうずなあいさつもできないかもしれません。ですが、若者のほうは自分の態度やことばがそれでいいと思っているのではなくけっしてなく、ただできないからなんとか習いたいものだなあと思っているのです。

大学生一五四人に対しておこなったアンケートでは、「敬語《けいご》はきちんとつかえたほうがいいと思う」と答えた人は、男性91パーセント、女性98パーセントにのぼりました。そして、「敬語などのことばのつかい方を身につけたいと思う」と答えた人も、男性82パーセント、女性80パーセントでした。これに対して、「敬語などつかわなくていい社会になったほうがいいと思う」と答えた人は、男性7パーセント、女性8パーセント、「敬語はあまりたくさんつかわないほうがいいと思う」と答えた人は、男性7パーセント、女性6パーセントという少なさでした。

一方、「自分は敬語などのことばづかいがよく身についているかどうか」を聞いたところ、「よく身についている」と答えた人は、男性29パーセント、女性23パーセント、「あまり身についていない」と答えた人は、男性40パーセント、女性47パーセントでした。

つまり、大学生たちは、自分たちは敬語などことばのつかい方はあまりよく身についていないことを承知しているけれども、社会の中で敬語がつかわれていることはみとめるし、そういう社会に出ていくときには、きちんとした敬語がつかえたほうがいいと思っていることがわかったのです。

このほか、「敬語などつかわずに、もっと*ざっくばらんに話してほしいと感じたことがある」と答えた人は、男性・女性ともに62パーセント、「場所がらをわきまえて、もっとていねいに話したほうがいいと感じたことがある」と答えた人は、男性・女性ともに78パーセントいました。これは同じ人が、敬語をつかうなという意見と敬語をつかえという意見の両方を持っていることを表しています。

つまり、大学生は、どちらか一方が正しいというのではなく、相手や場面に合わせて、［　　］というつかいわけをしたいと思っているわけです。その一方で、それぞれのアンケートの項目《こうもく》を見ていくと、女性はよりていねいな表現、よりていねいな表現というふうに選んでいく傾向《けいこう》があります。

また昔とちがって、自分の両親やしんせきに対して敬語をつかうと答えた人はほとんどいませんでしたが、デパートや商店では店員にていねいな敬語をつかってもらいたいし、自分がデパートの店員になったとしたら、お客に対していねいな敬語をつかうと答えた人が男女ともに50パーセント以上にもなったのです。

現代では、家の中でまったく敬語をつかわなくなってきているのと対照的に、デパートや商店など、お客を相手にする職業では、昔と比《ひ》較《かく》にならないくらい敬語をたくさんつかうようになってきているといえるのではないでしょうか。

私自身の経験から考えても、たとえば、「～させていただく」という言い方は、二十年ぐらい前までは、少なくとも東京《とうきょう》では話されていませんでした。

①ところがいつのまにか広まってきて、今ではデパートや美容院などで、

「明日は定休日のため、お休みさせていただきます」

などと、さかんにつかわれています。先日、電車に乗ったら車内放送で、

「右側のドアを閉《し》めさせていただきます」

と放送していました。ずいぶんていねいだなあと思いましたが、私の感覚だと、ちょっとていねいすぎてウルサイ感じがしました。でも、これもていねいで気持ちがいいと感じる人がいるから、こういう言い方をするのでしょう。鉄道の会社の人にしてみれば、「右側のドアを閉めます」と言ったために、口うるさい少数のお客から失礼だと言われないように、少しぐらいオーバーでもていねいにしておけばまちがいないと思っているようです。

このように、現代の敬語は②ぜんぜんつかわなくなる方向と、ますます複雑につかっていく方向の二つの方向があるように思えます。問題は、この傾向が将来《しょうらい》にわたってつづいていくかどうか、ということでしょう。それを決めるのは、そのとき日本に住んでいて、日本語を話している日本人の好《この》みなのです。

（浅田秀子《あさだひでこ》「日本語にはどうして敬語が多いの？」より）

＊ ざっくばらん＝遠慮《えんりょ》などがなく率直《そっちょく》で素直《すなお》な様子。

問一 文章中の□にあてはまる内容を考えて書きなさい。

（　　　　）

問二 ――線①「ところがいつのまにか広まってきて」とありますが、「〜させていただく」という言い方が広まったのは、なぜですか。筆者の考えをふまえて次のように答えるとき、□にあてはまる内容を、「気持ち」「好み」という二つの言葉を使って書きなさい。

**現代の日本人が、「〜させていただく」という言葉を□から。**

（　　　　）

問三 ――線②「ぜんぜんつかわなくなる方向」とありますが、現在の日本人は、どのような場合に敬語を「ぜんぜんつかわなく」なっているのですか。文章中の言葉を使って書きなさい。

（　　　　）

問四 「〜させていただく」という言い方について、あなたはどんな考えを持っていますか。次の〔注意〕にしたがって書きましょう。

〔注意〕

○ 作文は二段落《だんらく》で、500字以上600字以内で書きましょう。

○ 前半の段落には、「〜させていただく」という言い方についての、この文章の筆者の考えをまとめましょう。

○ 後半の段落には、「〜させていただく」という言い方についての、あなたの考えを書きましょう。

○ 「〜させていただく」という言い方の具体的な使用例を挙げて書きましょう。ただし、その使用例として文章中の「お休みさせていただきます」「ドアを閉めさせていただきます」を使ってもかまいません。また、あなたが考えた使用例を使ってもかまいません。

→解答用紙P.19

第三章　芸術・言語

# 9 言葉

◇ 次の文章を読んで、あとの問いに答えましょう。

グロータースさんというフランス人の神父が私の知人にいた。この方が「日本人は語学の天才ですね」とおっしゃる。「そんなことはない。日本人は語学がへたで、私なんか中学以来英語の勉強をしているけど、いまでもろくに英語をしゃべることができません」と言ったところ、「それはちょっと違《ちが》います。日本人はいろいろな人と、違った言葉で話すでしょう。ヨーロッパ人だったら、三カ国語くらいの言葉を使い分けているのと同じです」と言うのである。

言われてみると、例えば九州出身の人が東京に出てきて、郷里にいる弟と電話で話すとする。「そぎゃんことばしえん方がよかたい」などと言う。ところがその人が東京で親しくなった友達と話すときは「そんな馬鹿《ばか》なことをする奴《やつ》があるもんか」と言い方を変える。全然違う。その人が会社に勤めていて、上役の社長などに話す場合はどうなるか。「さようなことはなさらない方がよろしいのではないでしょうか」。この言い方の違いは大変大きい。

アメリカ人がこんなふうに言い方を変えることはまずできない。スウェーデンの言葉とノルウェーの言葉は違うが、スウェーデン語でしゃべってもノルウェー人に通じるという。日本語に置き換《か》えると、関東弁と名古屋弁くらいの違いしかないらしい。ところが日本人はそのように複雑に言い方を使い分けている。日本語は方言の違いが非常に大きい。また女性語というのがあって、男性と女性では違った言葉を話す。「そんなこと知りませんわ」なんて言う。グロータースさんから見たら、日本の女性は四カ国語くらいしゃべる、①語学の天才だということになるかもしれない。

| | |
|---|---|
| 時間の目安 | 25分 |
| 難しさ | ★★☆ |
| 学習日 | 月　日 |
| 2問中 | 問正解 |

日本人は落語を聞くとき、何の苦労もなく内容を理解していると思う。知人のドイツ人が落語を大好きになって、ドイツに行って落語を聞かせたいと思い、ドイツ語に翻訳《ほんやく》した。私はその本を見て、落語を聞いたときには全く気がつかなかった大きな違いを見つけた。どういう点が違うかと言うと、「……と*ワイフが言った」「……と*ハズバンドが言った」というようにいちいち断っている。ただせりふだけを並べていくと、どれが亭主《ていしゅ》のせりふか、おかみさんのせりふか、わからなくなってしまうからだ。日本の落語では*ト書きを入れなくても、おかみさんのせりふか、*大家《おおや》のせりふか、*店子《たなこ》のせりふかわかる。日本語の落語はそういう点でもすばらしい芸術だということがわかる。日本語がそういうことができる言語だということ、②それが私たちの生活を非常におもしろいものにしてくれているのだ。

（金田一春彦「ホンモノの日本語」より）

* ワイフ＝妻。おかみさん。
ハズバンド＝夫。亭主。
ト書き＝台本でせりふ以外のしぐさや様子などを説明した部分。
大家＝家などを貸している人。
店子＝家などを借りて住む人。

問一　①語学の天才とあるが、具体的にはどのようなことを指していますか。書きなさい。

問二　②私たちの生活を非常におもしろいものにしてくれているのだとあるが、筆者が考える「非常におもしろいものにしてくれている」ことはどのようなことですか。また、あなたの生活を非常におもしろいものにしてくれていることは、どのようなことですか。次の〔注意〕にしたがって書きましょう。

〔注意〕
○二段落で書きましょう。
○第一段落には、筆者が考える「非常におもしろいものにしてくれている」ことを書きましょう。
○第二段落には、あなたの生活を非常におもしろいものにしてくれていることを具体的にあげ、その理由を書きましょう。
○180字以上200字以内にまとめて書きましょう。

→解答用紙P.20

# 10 古文

時間の目安　25分
難しさ　★★☆

学習日　　月　　日
4問中　　問正解

◇　次の文章を読んで、あとの問いに答えましょう。

物事をはじめても、「うまくなるまでは周りには黙《だま》っておこう」と、こっそり習っている人は多い。しかし、そういう人は決して上達しない。

*兼好《けんこう》は、*この段《だん》の最初でこういっている。

「能《のう》をつかんとする人、『よくせざらんほどは、なまじひに人に知られじ。うち〳〵《うち》よく習《なら》ひ得《え》て、さし出《い》でたらんこそ、いと心にくからめ』と常に言ふめれど、かく言ふ人、一芸《いちげい》も習ひ得《う》ることなし」（芸能を身につけようとする人は、「上手にできるようになるまでは人に知られないようにこっそりと習って、うまくなってから出ていったら格好いいだろう」といつもいう。しかし、そういう人は一つも芸が身につかない）

つまり、こっそり習ってうまくなってからなどといっていたら、いつまでたっても絶対に何も身につかないと断言しているのだ。そのいっぷりが「一芸も習ひ得ることなし」と、実に率直《そっちょく》である。まだ下手だから格好悪いなどといって、こっそりとやっているようでは、上達はおぼつかないのだ。それなら、どうすれば上達するのか。

兼好はこう言っている。

「未《いま》だ堅固《けんご》かたほなるより、上手《じやうず》の中《なか》に交《まじ》りて、毀《そし》り笑はるゝにも恥《は》ぢず、つれなく過ぎて嗜《たしな》む人、天性《てんぜい》、その①骨《こつ》なけれども、道《みち》になづまず、濫《みだ》りにせずして、年を送れば、堪能《かんのう》の嗜まざるよりは、終《つひ》に上手の位《くらゐ》に至《いた》り、徳たけ、人に許されて、双《ならび》なき名を得《う》る事なり」

つまり、芸が未熟《みじゅく》なうちに、うまい人の中に入って、けなされ*嘲笑《ちょうしょう》されても恥ずかしがらずに稽古《けいこ》に熱心に通ううちに、生まれついての才能がなくても、停滞《ていたい》せずにこつこつとやっていって、年数がたてば、器用で上手な人が稽古に打ち込《こ》んでやらないよりも、*人品が備わり世間の人から認《みと》められて、名人になることもできるということだ。

たとえば英会話を習うことを思い浮《う》かべてみれば、わかりやすい。下手だと恥ずかしいので、うまくなってから人前でしゃべろうというのでは、絶対にうまくならない。別に語学の才能がなくても、下手でも人に笑われても、人前でどんどん話すことで上達していく。そのうちに、才能があってあまり勉強しない人よりも、うまくなり、ぺらぺらしゃべれるようになるはずだ。

②それは語学習得だけではない。たとえば楽器などは、一人で練習しているだけではなかなか上達しない。人前で発表する機会があって、格段に上達するものだ。

四十歳《さい》をすぎてから本格的にピアノを習い始めた井上章一《いのうえしょういち》氏は『アダルト・ピアノ』（ＰＨＰ《ピーエイチピー》新書）という本で、とにかく下手でも演奏《えんそう》させてくれるような場があれば、押《お》しかけて演奏するといっている。そのように恥ずかしさをかなぐり捨《す》てることが上達の基本だ。

恥ずかしがらないといっても、恥ずかしいという気持ちをまったくなくす必要はない。逆に緊張感《きんちょうかん》があったほうがいい。スポーツ選手でも、怖《こわ》いとか不安な気持ちがある。恐《おそ》れを知っている人のほうが成功する。どこに出ていっても、恥ずかしがらずに「大丈夫《だいじょうぶ》」と言っている人のほうがかえって上達しないものだ。

恥ずかしい自分はあるが、とりあえず、その恥ずかしがる自分を括《かっ》弧《こ》でくくっておいて、ここではいまの自分の力を出してみようと、思いきってやってみることが肝心《かんじん》だ。

世間で一流といわれる芸の名手でも、はじめは下手だとか、不器用だとかいわれていたものだ。しかし、そういう人が、勝手気ままに振《ふ》る舞《ま》わずに＊精進《しょうじん》すれば、天下に知られた＊大家になる。それは、すべての道で変わらないと、兼好はいっている。

これはまさに何事においても③上達のコツであり、能力がないとか、不器用だから恥ずかしいといっている人に対する励《はげ》ましになる。たとえば、あなたの周辺に、新しい環境《かんきょう》で力を試《ため》すチャンスがあるのに、恥ずかしがって「いや、まだそれは自分には荷が重いです」などと言って尻込《しりご》みしている人がいたら、「かく言ふ人、一芸も習ひ得ることなし」と大声で励ましてやればいい。

（齋藤孝《さいとうたかし》「使える！『徒然草《つれづれぐさ》』」より）

＊兼好＝吉田《よしだ》兼好（兼好法師）。鎌倉《かまくら》時代後期の人。『徒然草』という書物の作者。
この段＝筆者が取り上げようとしている、『徒然草』の文章のひと区切り。
嘲笑＝ばかにして、あざけり笑うこと。
人品＝人としての品格。
精進＝ここでは、一生懸命《けんめい》に努力すること。
大家＝「たいか」と読む。ある分野で特にすぐれた技能などを持っている人。

**問一** ――線①「骨」は、どんな意味で使われていますか。文章中から漢字二字でぬき出しなさい。

**問二** ――線②「それは語学習得だけではない」とありますが、どんなことがほかのことにも言えるのですか。「発表」という言葉を使って書きなさい。

**問三** ――線③「上達のコツ」とありますが、筆者の考える「上達のコツ」を最もよく表している一文を文章中から探《さが》し、初めと終わりの五字をぬき出しなさい。（句読点も一字にふくみます。）

～

**問四** この文章では、古典作品の文章を引用しながら「上達」について論《ろん》じています。この文章を読んで、あなたはどんな考えを持ちましたか。次の〔注意〕にしたがって書きましょう。

〔注意〕
○ 作文は、適切に段落《だんらく》をつくって書きましょう。
○ 400字以上500字以内で書きましょう。

→解答用紙P.21

第三章　芸術・言語

# 11 詩歌

時間の目安 25分
難しさ ★★☆

学習日　月　日
4問中　問正解

◇ 次の文章を読んで、あとの問いに答えましょう。

両腕《りょううで》のない＊ミロのビーナス像が、それを見る人に、元の腕の状態を想像させると述べましたが、私《わたし》が半分の皿を見たときの心理状態もそれに似ています。もっとも私の場合は元の形を想像するのは瞬時《しゅんじ》に完了《かんりょう》したわけですが、半分の皿が全体の皿を＊想起させてくれた不思議な作用に強く心を惹《ひ》かれ、それを詩に書こうと試みました。しかし①うまくゆきませんでした。それで、そのときはそのままで打ち切りました。打ち切って時の熟《じゅく》すのを待つほうがいいということを、それまでの経験で知っていたからです。

私の場合、詩は、何かが新しい意味をふくみ、しかしその正体がわからないという状態で、私を訪《おとず》れることが多いのです。それは、＊既《き》知《ち》の事柄《ことがら》の中に未知の種子がこぼれた状態とでも言えるでしょう。したがって既知の物の見方ではすらすらと書けないのが当然だと私は考え、無理には書かないようにします。＊放棄《ほうき》するわけではなく、時間を借りるわけです。

この皿の件から少したって、私の長女が生まれましたが、間もなく、生命保険の＊セールスマンがやってきました。私は「ずいぶん、お耳が早い」と驚《おどろ》いて見せました。するとセールスマンは「ええ、商売柄、赤ちゃんの匂《にお》いには鼻が利《き》くほうでして――」と答えたものです。セールスマンはもちろん、生まれたばかりの子どもの匂いを芳香《ほうこう》のつもりで当意即妙《そくみょう》に答えたのですが、生命保険は人間の生命が死と表裏《うら》の関係にあることを基礎《きそ》にした仕組みです。そのときのセールスマンはたぶん、子どもの進学資金のための保険を勧《すす》めたのだろうと思いますが、生命保険は普通《ふつう》の預貯金とちがい、人の死を保険にかける仕組みになっていますから、いやでも人の死を思わせるようになっています。おそらくそのためでしょうが、私は自分の子どもに生命を与《あた》えたつもりでいたところが、実は、死も一緒《いっしょ》に与えていたことに気付かぬわけにはゆきませんでした。

私はそのとき、人間が生命を意識するのは、生命を通じてではなく、死を通じてだという実感を持ちました。そうして、半分に割《わ》れた皿が元の完全な円形の皿を想起させたことの意味も、そのとき一挙に解けたのです。そしてこんな詩になりました。

初めての児《こ》に

おまえが生まれて間もない日。

禿鷹《はげたか》のようにそのひとたちはやってきて
黒い革鞄《かわかばん》のふたを　あけたりしめたりした。
――生命保険の勧誘員《かんゆういん》だった。

(ずいぶん　お耳が早い)
私が驚いてみせると
そのひとたちは笑って答えた、
(匂いが届《とど》きますから)

顔の貌《かたち》さえさだまらぬ
やわらかなお前の身体《からだ》の
どこに

私は小さな［　］を
わけあたえたのだろう。

もう
＊かんばしい匂いを
ただよわせていた　というではないか

ごらんのように、皿の一件は表面に出ていません。しかし、②死の側から生命が見えるものだということを半分の皿は私に気付かせてくれたのです。

（吉野弘《よしのひろし》「詩の楽しみ」より）

＊ミロのビーナス像＝古代ギリシャで製作された女神像《めがみぞう》。両腕が欠けた状態で発見された。
想起＝以前に見たもの、あったことを思い出すこと。
既知＝すでに知っていること。　放棄＝すておくこと。
セールスマン＝何かを売るために活動する人。
かんばしい＝いいにおいがする様子。こうばしい。

**問一**　――線①「うまくゆきませんでした」とありますが、筆者が詩に書けなかったのはなぜですか。理由を次のように説明するとき、［　］にあてはまる言葉を、「意味」「見方」という言葉を使って書きなさい。ただし、二つの言葉はどんな順番で使ってもかまいません。

**強く心を惹かれた体験はあったものの、［　］から。**

**問二**　詩の中の［　］にあてはまる言葉を、文章中から漢字一字でぬき出しなさい。

**問三**　――線②「死の側から生命が見えるものだということを半分の皿は私に気付かせてくれた」とありますが、どういうことを表していますか。次のように説明するとき、［　］にあてはまる言葉を文章中から十六字でぬき出しなさい。

**半分の皿が全体の皿を想起させたという一件が、人間は［　］生命を意識するのだと実感することにつながったこと。**

**問四**　この文章を読んで、「言葉による表現」について考えたことを、次の〔注意〕にしたがって書きましょう。

〔注意〕
○　適切に段落《だんらく》分けをして、400字以上500字以内で書きましょう。
○　この文章の内容をふまえたうえで、あなたが「言葉による表現」について考えたことを、あなた自身の見聞や体験をまじえて書きましょう。

→解答用紙P.22

第四章 社会

# ① コミュニケーション ①

◇ 次の文章を読んで、あとの問いに答えましょう。

社会学者クーリーは、自己というのは社会的なかかわりによって支えられており、それは他者の目に映ったものだから、①「鏡映《きょうえい》自己」と呼ぶことができるという。

自分の顔を直接自分で見ることはできない。鏡に映すことで初めて見ることができる。鏡がなければ、自分がどんな顔をしているのかを知ることはできない。

それと同じで、他者の目という鏡に映し出されない限り、僕たちは自分の人柄《ひとがら》や能力といった内面的な特徴《とくちょう》を知ることができない。他者の反応によって、自分の人柄や能力がどのように評価されているかがわかり、自分の態度や発言が適切だったかどうかを知ることができる。

鏡映自己という言い方には、そんな意味が込《こ》められている。僕《ぼく》たちの自己は、他者の目を鏡として映し出されたものだというわけだ。

自分を知るヒントとなる他者との比較《ひかく》の結果も、他者の目という鏡に映し出されていることが少なくない。その意味では、僕たちの自己が他者の目に映し出されたものだというのは正しいと言ってよいだろう。

さらにクーリーは、他者の目に自分がどのように映っているかを知ることによって、誇《ほこ》りとか屈辱《くつじょく》のような感情が生じるという。これは、だれもが日常的に経験していることだ。

人から好意的に見られていることがわかれば、とても嬉《うれ》しいし、自信にもなる。能力や人柄を高く評価してくれていると知れば、誇らしい気持ちになる。反対に、否定的に見られていることがわかると、ガッカリして気持ちが落ち込み、自信がなくなる。

時間の目安 25分
難しさ ★★☆
学習日 　月　日
2問中　問正解

僕たちが、ともすると気の合う仲間同士、価値観や性格の合う者同士でまとまりがちなのも、周囲の人の目に映る自分の姿が肯定《こうてい》的なほど嬉しいし、力が湧《わ》いてくるからだ。自分の姿を輝《かがや》かせてくれる鏡がほしい。それは、だれもが密《ひそ》かに望んでいることのはずだ。

ただし、嬉しいとか、落ち込むとか、感情的に反応するだけでなく、どこが評価されたんだろう、どんな点がダメなんだろうと認知《にんち》的に反応できる人は、たとえ否定的評価を受けていることがわかっても、今後の改善に活《い》かすことができる。ここでいう認知的反応とは、感情的に反応するのではなく、頭で反応すること、論理的に反応することを指す。

その意味では、自分を輝かせてくれる鏡としての他者だけでなく、ときにみすぼらしい自分やイヤな自分を映し出してくれる辛口《からくち》の他者、価値観や性格の異なる他者とのつきあいも大切だ。②そういう他者との出会いが、自分に対する気づきを与えてくれ、自分の成長のきっかけになることもある。

（榎本博明「〈自分らしさ〉って何だろう？」より）

問一　①「鏡映自己」とあるが、この文章ではどのような意味で使われていますか。書きなさい。

問二　②そういう他者との出会いが、自分に対する気づきを与えてくれ、自分の成長のきっかけになることもある　とあるが、あなたは、自分を成長させるためにどのような出会いが大切だと考えますか。次の注意にしたがって書きましょう。

〔注意〕
○　二段落で書きましょう。
○　第一段落には、筆者がどのような出会いが大切であると考えているか書きましょう。
○　第二段落には、第一段落をふまえ、あなたが自分を成長させるためにどのような出会いが大切だと考えるか、自分の例をあげて書きましょう。
○　180字以上200字以内にまとめて書きましょう。

→解答用紙P.23

第四章　社会

# ②　コミュニケーション②

時間の目安　25分

難しさ　★★☆

学習日　月　日

3問中　問正解

◇次の文章を読んで、あとの問いに答えましょう。

*ブザンソンのレジの女性は*パリと違《ちが》って、最初から最後まで人のよさそうな笑顔《えがお》を浮《う》かべていた。私《わたし》に日本人かとたずね、いとこが日本に住んでいたことがあるという話から始まって、知っている日本語を次から次へと発音してみせて自慢《じまん》した。その間手を動かしてはいるが、こちらの目をじっと見てしゃべっているため、商品のバーコードを機械に読み取らせる作業にも遅《おく》れが生じる。支払《しはら》いの段《だん》になっても彼女《かのじょ》は話をやめず、なかなかおつりを渡《わた》したがらない。

私は後ろに続く買い物客に気兼《きが》ねし、それとなく振《ふ》り向いた。並《なら》んでいた数人は別段いらいらした様子も見せず、話を聞いて笑っているふうなのだ。パリならたちまち文句の一つや二つは出るところだ。夏の*バカンスのただなかの地方の小都市には、穏《おだ》やかで気長な人々がいたのである。

商売の面から言えば、これはたいへん効率が悪い。レジ係が客を足止めしておしゃべりをしているのだ。効率最優先《さいゆうせん》の日本のスーパーマーケットなら、彼女は即刻《そっこく》クビを言い渡されるかもしれない。しかし、客の立場から言えば、店員に笑顔で迎《むか》えられて言葉を交わすのは心地《ここち》よいものだ。少なくとも、この店にまた来たいという気分にさせられる。そして次にその店を訪《おとず》れたときに、レジのカウンターを見回して彼女を探《さが》すのだ。

日本のスーパーマーケットでの経験は、それとは正反対のものだった。私語が禁止されていることを実感したと言っても、フランスと違って日本のレジ係は客に話しかけないから、おしゃべりが禁じられるのは客のほうである。客は黙《だま》って商品の代価を払えばよく、余計な口をきいてはいけない。それを知ったのは、「①レジ袋《ぶくろ》不要カード」なるものの存在《そんざい》を認《みと》めたときだった。一部のスーパーマーケットではゴミの減量と*経費節減をうたって、客が買い物袋を持参することを*奨《しょう》励《れい》している。そのような店には、入り口付近やレジのカウンターに「レジ袋不要カード」が置いてあることがある。

初めてそのカードを見たとき、私は*聴覚障害者《ちょうかくしょうがいしゃ》のためのサービスかと思った。だが考えてみれば、袋を必要としないことを口でなく動作で告げることは、さほど難《むずか》しいことではない。持参した買い物袋を見せてもよい。つまり「レジ袋不要カード」は、聴覚障害者へのサービスではなく、視覚《しかく》障害者を除《のぞ》くすべての来店客に向けてのものだったのだ。

これは一見、「袋は要《い》りません」と客がいちいち言わなくてもすむようにという、店側の配慮《はいりょ》のように見える。しかし実際はそうではない。客の面倒《めんどう》を省くためではなく——ただひとこと「袋は要りません」と言うのが面倒であるかどうかも議論《ぎろん》の余地があるが——、レジ係の仕事上の効率を最優先するための*措置《そち》だったのだ。品物の計算が終わって客に合計金額を告げると同時に、係員の手はレジ袋にのびている。客がそれに気づいて、「あっ、袋はいいです」と言ったときには、袋はもう買い物カゴのなかに入っている。レジ係は袋をカゴから取り出す。しかし、皺《しわ》の寄ってしまった袋は次の客には使えないという考えが頭をよぎり、困惑《こんわく》が顔に出る。客のひとことが、彼《かれ》もしくは彼女の手際《てぎわ》よい仕事運びのタイミングを狂《くる》わせてしまったのだ。

客が黙って「レジ袋不要カード」をカゴに投げ込《こ》んでさえおけば、作業は迅速《じんそく》に滞《とどこお》りなく完了《かんりょう》し、レジ係は迷惑《めいわく》がらずにすむ。客には余計なことを言わずに黙っていてほしいのである。

沈黙《ちんもく》が当たり前になると、口をきくことがおっくうになり、口頭によるコミュニケーションの感覚が麻痺《まひ》してくる。沈黙に慣れた人々は、電車のなかで他人の足を踏《ふ》んだり背中《せなか》を押《お》したりしても何も言わなくなる。歩道を走る自転車は、ベルをちりりんちりりんと鳴らして道を空けさせ、路傍《ろぼう》に身を寄せる歩行者のわきをすり抜《ぬ》ける際に、「すみません」でもなければ「どうも」でもない。②目を合わせることすらしない。相手と目を見交わして声を出し、相手の声を耳で聞くという肉体をとおしたやりとりがないから、ベルの音を聞いて端《はし》に寄る歩行者を血の通った人間であると実感することができないのだろう。自分の行く手を阻《はば》んでいた邪魔《じゃま》な物体という意識だから、その物体に対して謝《あやま》ったりお礼を言ったりすることなど考えつきもしないのである。③声を出すことが要求されない、または、*はばかられる環境《かんきょう》に身を置くうちに、声を出すことを極端《きょくたん》に避けるようになったのだ。生身の人間に触《さわ》られたりあやされたり抱《だ》き締められたりしなかった乳幼児《にゅうようじ》に、笑わない、視線を合わせない、*物理的な刺激《しげき》に反応しないケースが見られると聞くが、それと同じ類《たぐい》だろう。

（野口恵子《のぐちけいこ》「かなり気がかりな日本語」より）

＊ ブザンソン／パリ＝フランスの都市。
バカンス＝長期の休暇《きゅうか》。
経費節減＝店などの経営に必要な費用を切りつめること。
奨励＝よい点を挙げて人にすすめること。
聴覚障害者＝耳の不自由な人。
措置＝必要な手続きなどをとったり、始末をつけたりすること。
はばかられる＝気をつかって遠慮《えんりょ》せざるを得ない様子。
物理的な刺激＝ここでは、目や耳などの体で直接感じられ、反応を引き起こすもののこと。

問一 ——線①「レジ袋不要カード」を、筆者はどのようなものだと考えていますか。次のように答えるとき、□にあてはまる言葉を文章中から十六字でぬき出しなさい。

客へのサービスのためのものではなく、□ためのもの。

問二 ——線②「目を合わせることすらしない」とありますが、「歩道を走る自転車」に乗った人がこのような態度を取るのは、歩行者をどのような存在と感じているからだと、筆者は考えていますか。「……ではなく、……だと感じているから。」という形で書きなさい。

問三 ——線③「声を出すことが要求されない、または、はばかられる環境に身を置くうちに、声を出すことを極端に避けるようになったのだ」とありますが、筆者のこの考えに対して、あなたはどんなことを考えましたか。次の〔注意〕にしたがって書きましょう。

〔注意〕
○ 全体を二段落《だんらく》構成とし、400字以上500字以内で書きましょう。
○ 前半の段落では、——線③の意味について、文章中に挙げられた具体例と関連づけながら説明しましょう。
○ 後半の段落には、前半で書いた内容に対する、あなたの考えを書きましょう。

→解答用紙P.23

第四章　社会

# 3 日本の文化

時間の目安　25分
難しさ　★★☆
学習日　月　日
3問中　問正解

◇ 次の文章を読んで、あとの問いに答えましょう。

少しずつ日本のスポーツマンの様子が変《かわ》ってきたことに、皆《みな》さんは気がついているだろうか。たとえば、リレハンメル・オリンピック（一九九四年）の*スキーノルディック複合団体で金メダルを取った日本チームの、荻原健司《おぎわらけんじ》選手などがその新しい日本人スポーツマンだった。彼《かれ》は好成績を素直《すなお》に喜び、爽《さわ》やかで、どこにも*なにわ節的なところがなかった。彼を見た時、我々は日本のスポーツマンに新しい*タイプが出現したと感じたものだ。

そして、陸上競技の選手などに、その新タイプが広がっていった。短距離走《たんきょりそう》や長距離走や、フィールド競技の選手などに、国を背負《せお》ったような*悲愴感《ひそうかん》はなく、明るく個人的に頑張《がんば》る選手が出てきた。水泳の選手などもそういう感じになってきた。

そういう①新しいスポーツマンは、個人競技の選手にまず出てきた。そのあたり非常に微妙《びみょう》で面白《おもしろ》い。

チームプレーの選手だと、どうしてもチームのためという発想が抜《ぬ》けなくて、その上に日本のため、というプレッシャーもあって、ついついなにわ節的になるのだ。ところが個人競技の選手は、日本のためにやるんじゃない、自分のために闘《たたか》うんだと、発想を変えやすかったのかもしれない。

だが、そういうスポーツマンの出現を見て、日本の文化が変ってきた、と言っていいのかどうかは、早計に判断できない。

新タイプのスポーツマンは、インタビューなどに答えて、実にしばしばこう言うのである。

「楽しみたいと思います」

どういう心構えで競技に臨《のぞ》みますか、ときかれて、大きな大会を思いきり楽しみます、と答える。そして、勝てれば文句なく、楽しかったです、になるわけだが、不本意な成績だった時にもこう言っている。

「でも、思いきり楽しみました」

あの、楽しむためにここへ来た、という発言は事実を言っているのだろうか。予選を突破《とっぱ》しただけで上等で、決勝ではどう考えてもビリかそれに近い成績だろうな、という選手が、こういう大きな大会で*ファイナリストとして走れることを楽しみます、と言うのならばわかる。大いに楽しんでくれ、と思う。

しかし、順当にいけばいずれかのメダルが取れるはずで、場合によっては金メダルにだって手が届《とど》きそうだ、という選手が、決勝の前にいちばん強く思っているのが、このレースを楽しもう、だろうか。

そういう時には、優勝《ゆうしょう》したい、と思っているものではないだろうか。勝てたらどんなにいいだろう、という気がしているはずではないか。

なのに、楽しみたいです、と発言するのは自分にプレッシャーをかけないようにするためであろう。私は日本のために走るのではなく、自分の楽しみのために走るんです、と言うことで、日本国民の期待、という重圧のことを忘《わす》れたいのだろう。

その選手が本当に極度の個人主義者で、日本人の期待なんか知ったことか、おれは自分の楽しみのために走るだけだよ、と思っていてそう言うのなら、かえってすっきりした話だ。そういう個人主義はなんら悪いことではない。

しかし、おそらくそうではないだろう。彼らは、楽しむために来ました、楽しみます、楽しみました、と言いたてることにより、人々の期待という重圧を忘れようとしているのだと思う。実は、その重圧を彼らはものすごく意識しているのだ。
応援《おうえん》してくれる人たちとか、国のことなんて関係ないよ、おれは自分のために走るんだから、とあえて考えるようにし、おれが楽しければいいんだよ、とひらき直る。そのようにして、自分の中にある、みんなのためにいい成績を残さなければならない、というプレッシャーを乗り越《こ》えようとしているのだ。私にはそんなふうに見えてしかたがない。

スポーツマンがそういうプレッシャーを受けているのも、それはある意味日本の文化の中にあることだと私は思う。かつては、ぶっ倒《たお》れるまで気力をふりしぼって闘うというところに日本の文化がうかがい知れたのだが、近頃《ちかごろ》は、②自分の楽しみのためにプレイするということを、必要以上に言うという形に変わっている。だが、それも日本の精神文化であり、根は同じなのだ。

（清水義範《しみずよしのり》「行儀よくしろ。」より）

＊スキーノルディック複合団体＝冬季オリンピックで行われるスキー競技の一種。
なにわ節的＝日本に古くから伝わる演芸「なにわ節」の内容のように、義理人情を重んじた言動や考え方をしている様子。
タイプ＝人や物事を性質や特徴《とくちょう》でいくつかに分類した場合の、それぞれ。
悲愴感＝つらそうで痛《いた》ましい様子のこと。
プレッシャー＝精神的に感じる重圧。
ファイナリスト＝決勝戦で競技する選手。

**問一** ——線①「新しいスポーツマン」について、次のように説明するとき、[　]にあてはまる言葉を文章中から五字でぬき出しなさい。

**日本を背負って闘っているという[　]な悲愴感を感じさせず、自分個人のために明るく爽やかに頑張っているようなスポーツマン。**

**問二** ——線②「自分の楽しみのためにプレイするということを、必要以上に言う」とありますが、近頃のスポーツマンがこのようにするのはなぜだと筆者は考えていますか。その理由を、「かつてのスポーツマン」「重圧」という言葉を使って書きなさい。ただし、二つの言葉はどんな順番で使ってもかまいません。

**問三** この文章では、スポーツマンが感じる「プレッシャー」を話題にしています。これを読んで、あなたはどんなことを感じたり考えたりしましたか。次の〔注意〕にしたがって書きましょう。

〔注意〕
○ 適切に段落《だんらく》分けをし、400字以上500字以内で書きましょう。
○ 「プレッシャー」について感じたこと、考えたことを、あなたの見聞や体験をまじえて書きましょう。

→解答用紙P.24

第四章 社会

# 4 日本人 ①



◇次の文章を読んで、あとの問いに答えましょう。

北アフリカの*某国《ぼうこく》で、道をたずねてえらい目にあったことがある。空港への道を聞いたのだが、教えられたとおりに行くと、まるで反対の方角に出てしまった。おかしいな、と思って、べつの人に聞き直すと、その人の教えてくれた道も飛行場へは通じていなかった。三人、四人と聞いてまわったのだが、①聞けば聞くほど迷うばかりである。しかも、教えてくれる人は確信をもって、この方向へ行け、というのだ。私《わたし》は腹《はら》を立てるよりもあきれかえった。

だが、あとで真相が判明した。同国の知人の話によると、「この国の人たちは、知らないというのが、この上ない*恥辱《ちじょく》なんですね。ですから、知らないというくらいなら、でたらめを教えるほうがましなんです。そんなわけで、べつに悪気あってのことじゃないんです」というのである。それを聞いて、私はますます恐《おそ》れ入ったが、考えてみると、日本人にもおなじような*性癖《せいへき》がないとはいえない。

というのは、日本人は相手が何も知らないということを*前提として話をすることを、たいへん失礼なことと思っているからである。

*フロイスがいうように、日本人があいまいな言葉を好み、重んじるというのは、相手がすでに何もかも充分《じゅうぶん》に心得ている以上、はっきりとものをいう必要はないと考えるからであり、明確な言葉をことさらに使うのは、相手が何も知らないときめてかかるようなものだと思っているからなのだ。だから、明確な言葉は失礼にあたるのである。むろん、話し手と聞き手とでは、話し手のほうがよりたくさん知っている場合が多いであろう。しかし、それにしても、くどくどと説明するのはいいことではない。相手は「一を聞いて十を知る」であろうからだ。つまり、「一を聞いて十を知る」利発さを相手に求めることこそ、相手を尊重《そんちょう》する何よりの心づかいなのである。それが日本人のつきあいのルールであって、そのルールを充分に身につけている人が礼儀《れいぎ》正しい上品な人とされるのだ。

そんなわけで、日本人はあからさまな言葉をきらう。あからさまとは、はっきりということだが、はっきりとものをいうのは下品なのである。上品とは「奥《おく》ゆかしい」ことであり、「奥ゆかしい」とは、奥に行かまほし、すなわち、奥のほうに何かあるので、そこへ行ってみたいという気持ちを起こさせることである。つまり、あいまいな表現こそ、奥ゆかしいということになる。こうして、日本語はあいまい性を*徳とするようになった。②日本語には厳密《げんみつ》な定義というものがほとんどないといってもいいほどである。

「大半の人たちがそう考えています、と日本人はよくそういいますが、その場合、大半というのは何割《なんわり》ぐらいの人をさしているのですか」

中国を旅している時、中国の知人にそう聞かれて、私は返事に困《こま》ったことがある。何割などと厳密に考えたこともなかったからだ。

で、私は彼《かれ》に反問した。

「大半というのは中国から日本へ入ってきた漢語ですね。では、本家の中国では何割ぐらいとされているんですか」

「九割です」と彼は言下にはっきりとこたえ、こう教えてくれた。

「中国では大半のつぎに多半という言葉があります。それが七割ですね。その下に一半、これが五割、その下が小半で、これが四割とだいたいきまっているんです」

ほう、と私はすっかり感心した。と同時に、どうして日本人は大半、多半、小半とある漢語のうち「大半」だけしか受け入れなかったのか、それが不思議に思えてきた。おそらく、日本人はそんなにまで厳密に区別する必要はないと考えたからなのであろう。

目下、日本語を勉強中という彼は、さらにこう聞いた。

「そういえば日本人も大量、小量という言葉を使いますが、中量というのはないようですね。ところが中国では大量、中量、小量と三つあるんですよ。どうして中量を抜《ぬ》かしてしまったんでしょうか」

「それは……さあ……たぶん、日本人は大と小だけで充分と思ったんじゃないでしょうかね」

と、私はそれこそ、あいまいな返事をしたわけだが、そう聞かれて、私はあらためて③日本人があいまいな言葉を好み、あからさまな言葉をきらうというあのフロイスの指摘《してき》を思い出したのであった。

（森本哲郎《もりもとてつろう》「日本語　表と裏《うら》」より）

＊某国＝ある国。　恥辱＝名誉《めいよ》や誇《ほこ》りが傷《きず》つくこと。
性癖＝性質の上でのかたより。
前提＝物事が成り立つための前置きとなる条件。
フロイス＝室町《むろまち》時代、キリスト教を広めるためにヨーロッパから日本へやって来た人。日本についての書物をのこした。
徳＝すぐれた品性。

**問一**　――線①「**聞けば聞くほど迷うばかりである**」とありますが、この国の人たちは、なぜ筆者に正しい道を教えてくれなかったのですか。「……**と考えていたから。**」という形になるように、文章中の言葉を使って書きなさい。

**問二**　――線②「**日本語には厳密な定義というものがほとんどない**」とありますが、このことの例として、筆者はどんなことを挙げていますか。「**中国**」「**大半**」という言葉を使って書きなさい。ただし、二つの言葉はどんな順番で使ってもかまいません。

**問三**　――線③「**日本人があいまいな言葉を好み、あからさまな言葉をきらう**」とありますが、このことの理由を次のように説明するとき、□にあてはまる言葉を文章中から十字以上十五字以内でぬき出しなさい。（句読点等も一字にふくみます。）

**日本人にとっては、相手が□を持っていることを前提にして話すのが礼儀であり、相手が何も知らないときめてかかるように話すのは失礼にあたるから。**

**問四**　この文章を読んで、あなたは、「**日本人の言葉の使い方**」についてどんなことを考えましたか。次の〔注意〕にしたがって書きましょう。

〔注意〕
- ○初め・中・終わりを意識して、三段落《だんらく》構成で書きましょう。
- ○400字以上500字以内で書きましょう。
- ○この文章に書かれた内容と、それをもとにしてあなたが考えたことを書きましょう。

→解答用紙P.24

第四章 社会

# ⑤ 日本人 ②

◇ 次の文章を読んで、あとの問いに答えましょう。

最近、東京の下町に住む友人から宅配便《たくはいびん》がとどいた。何と、朝顔の鉢植《はちう》えである。棒《ぼう》を二本立て、それに蔓《つる》をまきつけた、よく朝顔市で見かけるものだ。

そういえば、朝顔市と聞くだけで、すぐ東京の下町、深川《ふかがわ》あたりの風情《ふぜい》が浮《う》かんでくる。なつかしい。

いま京都に住む私《わたし》に、東京の夏の情緒《じょうちょ》を送ってくれたのかもしれない。そう思って指折り数えてみるとこちらへ来て十六年になる。

その上、朝顔には風鈴《ふうりん》が添《そ》えられていた。もっとも古風で代表的な、金魚の絵の丸いガラス玉に、これまた吊《つ》るされたガラス棒《ぼう》が当たる仕組みのものだ。

小さな短冊《たんざく》がつけられている。それが風にゆれてガラスとガラスがふれる、いかにも涼《すず》しそうな音が、すぐ思い出される。

その下に、朝顔が咲《さ》いているとなると、まったくみごとな、少年のころの夏休みである。

蚊取線香《かとりせんこう》の煙《けむ》りでもたっていれば、申し分がない。

そう思うと、昔は夏を迎《むか》える時の*趣向《しゅこう》が、いろいろ工夫《くふう》されていたことに気づく。朝顔の種子をまき、軒《のき》に風鈴を吊《つる》すだけでなく、障《しょう》子《じ》はいっせいにはずされて、簾《すだれ》にかえられた。もちろん秋を迎《むか》えると、また元の障子にもどる。それでこそ、障子は冬の季語となる。一年中ある近ごろの障子では、なぜ障子が冬の季語なのか、わからないはずだ。

畳《たたみ》の上にも*葭簀《よしず》がおかれた。畳では多少、ベタベタして暑い。だから葭《あし》（葦でもある）を編んだものに替《か》えると、いかにもひんやりとした感触《かんしょく》が足の裏《うら》につたわる。これまた夏の間だけで取り払《はら》われた。

家の中だけではない。町へ出ると「氷」と書いた布切れが、*へんぽんと店の軒先にひるがえった。

あれは、あの小さな布に一字だけ書くのでなければ効果がない。かりに長い旗に「氷あります」と書いてあっても、イメージにあわない。ましてや*ブリキの看板《かんばん》に「氷」と書いてあっても、おそらく全く売れないだろう。

結局、私たちは「氷」の布のひるがえりを見ただけで、すでに「かき氷」を食べた気になる。

同じように、朝顔を見ても風鈴の音をきいても、何も気温が下がるわけではないのに、私たちは□を感じる。

簾だって風がなければ動かないのだし、葭簀張りだって、多少畳より目が粗《あら》いだけだ。

つまりは、すべて涼しさを期待し、その期待だけで十分、実際に涼しくなったように感じるにすぎない。しかし、それにもかかわらず、実際に涼しいつもりでいる。

この「つもり」を昔の人は大事にしたのである。

ところが昨今は、「つもり」になっていたって仕様がないと思う風《ふう》潮《ちょう》がさかんである。現実にクーラーを入れて室温を下げるのでなければ、バカバカしいと思う。

どうだろう。はたしてその方が賢《かしこ》いのだろうか。室温はクーラーがなければ涼しくならないが、「ああ涼しい」と思うことは、簡単にできる。お金は一銭もかからない。

のみならず、現実などという代物《しろもの》は、大半が、どう思うかで決まってくるのではないか。

時間の目安 25分
難しさ ★★☆

学習日 □月□日
4問中□問正解

「あなたはしあわせかどうか」と聞かれて、客観的に答えることはむずかしい。主観的になら、いくらでも答えられる。

だから人間、事実を*詮索《せんさく》した上で受け身で現実を判断するよりは、むしろ積極的に心を持ち出して、氷の布に涼しさを感じる方がよい。涼しくなった「つもり」など、何の役にも立たないと考える風潮は、人間を貧しくしているのではないか。

「つもり」とは、人間の工夫する知恵《ちえ》として、大切なものだったと思う。

（中西進《なかにしすすむ》「日本人の忘《わす》れもの　3」より）

＊趣向＝味わいやおもしろみを出すための工夫。
葭簀＝ヨシ（アシ）という植物の細長い茎《くき》で編んだ敷《し》き物。
へんぽん＝旗などが風にゆれ、ひるがえる様子。
ブリキ＝金属の一種でできたうすい板。
詮索＝細かい点まで調べもとめること。

問一　□にあてはまる言葉を文章中から三字でぬき出しなさい。

問二　――線部「『つもり』になっていたって仕様がないと思う」ことについて、筆者はどのように考えていますか。次のように答えるとき、□にあてはまる言葉を文章中から三字でぬき出しなさい。

**事実にたよって受け身で現実を判断しようとする態度であり、人間が□なってしまうのではないかと考えている。**

問三　「つもり」に対する筆者の考えを、「昔」「積極的」「主観的」「知恵」という言葉を使って書きなさい。ただし、四つの言葉はどんな順番で使ってもかまいません。

問四　この文章の内容をふまえて、「昔の日本人、今の日本人」という題で作文を書きなさい。ただし、次の〔注意〕にしたがうこと。

〔注意〕
○　題名、氏名は書かずに、一行目から書きましょう。
○　適切に段落《だんらく》分けをし、400字以上500字以内で書きましょう。
○　文章から読み取ったことのほか、文章を読んであなたが考えたことを、見聞や体験をまじえて書きましょう。

→解答用紙P.25

第四章 社会

# 6 過保護

時間の目安 25分
難しさ ★★☆
学習日 月 日
3問中 問正解

◇次の文章を読んで、あとの問いに答えましょう。

むかし小学生は、筆箱の中に必ず鋭《するど》いナイフを入れて持ち歩いていたものです。折りたたみ式の和風のナイフで、肥後守《ひごのかみ》、と呼《よ》ばれていました。先は鋭くとがっていて、その気になれば相当、危険《きけん》な刃物《はもの》です。鉛筆《えんぴつ》を削《けず》るため筆箱に入れておくのですが、本来の用途《ようと》以外のいろんなところでヒゴノカミはたいへん役に立ちました。

しかし、それと同時にそれで指を切ったり、あるいはケガをしたりすることもしばしばだったようです。ごくまれにはクラスの乱暴者《らんぼうもの》に対して、*自衛のためにヒゴノカミを握《にぎ》って身がまえるという、そんな経験もありました。

いま考えてみると、なんだか、生徒たちがみんな一本ずつ鋭利《えいり》なナイフを持ち歩いていたというのですから、ちょっと危《あぶ》ない気がしないでもありません。

しかし、それでも当時はまったく自然なことでしたし、そのことで大きな事故が起こったためしもありませんでした。少なくとも当時の子供《こども》たちは一本のヒゴノカミを日常持ち歩くことで刃物を使うという感覚を身につけ、刃物の危険や恐《おそ》ろしさや、それで自分を傷《きず》つけたときの痛《いた》みなどを学習することができたのです。そのことは①大人になってずいぶん役に立っていたのではないでしょうか。

考えてみれば、この日本という国は、まことに過保護な社会ではあります。時代が進むにつれて、ますますその傾向《けいこう》は強くなってきました。

先日も新聞記事に、ある町で行われる直前までいっていたソーラー・カーのレースが警察《けいさつ》の*要請《ようせい》で中止になった、というニュースが出ていました。ソーラー・カーというのは太陽の光で電池に電力を充電《じゅうでん》し、それをエネルギーとして車を走らせようという、いわば環境《かんきょう》にやさしい新しい乗り物です。

お役所の側の言い分は、最近ではソーラー・カーも性能が向上して、八〇キロちかくスピードが出るようになってきたから、公道でのレースは危険である、また、ソーラー・カーのレースが人気を集めるようになってきて、多くの見物客や応援者《おうえんしゃ》たちがふえてくるので安全が保《ほ》障《しょう》できない、というようなことでした。

しかし、これはいかにも平成ニッポンの過保護社会の*象徴《しょうちょう》のような気がしないではありません。自動車レースを見るということは、走る側の人間もそうですけれども、観客たちもそれぞれが自分で自分の身を守るという、そういう前提のもとに行われるものなのです。

世界中どこでも*ラリー競技とか、スピードを競《きそ》うレースが街々で行われますが、見物客はほとんど規制されることもなく、危険とも思える*コーナーに陣取《じんど》って声援《せいえん》を送ります。すれすれのところをレーシング・カーが*ドリフトしながら走り抜《ぬ》けてゆく。いつ大事故が発生するかわからない極《きわ》めて危険な風景です。しかし、文明国と言われる国では、いつもそんなふうにレースが行われていて、誰《だれ》もそれを非《ひ》難《なん》したり怪《あや》しんだりしません。

かつてこの国でも、喧嘩《けんか》祭りとか、あるいは神輿《みこし》同士をぶつけあうような、一見きわめて危険な祭りがあちこちで行われていました。いまも、だんじり祭りなどに、いくつかそういうおもかげが残っています。そのつどケガ人が出たり、ときには死者が出たりもするのですが、しかし、そんなふうにして祭りはひとびとの熱狂的《ねっきょうてき》な支持を集めてきたのでした。

*ブラジルのカーニバルは世界最大の死者を出す祭りとして有名です。それに比べると日本の祭りなどは本当に可愛《かわい》いものだという気がしてなりません。

私《わたし》たちは常に危険と隣《とな》り合わせのところで生きている。それを外的な規制や、あるいはとことん安全を保障することで、ひとびとの生命力が年ごとに衰《おとろ》えていくのが見えるような気がします。

社会が本当に守らねばならないのは、弱い立場にあるひとびとです。②まともな社会なら特別の*ハンディキャップのないひとびとにまで規制を及《およ》ぼし、その安全を守る必要はないのではないでしょうか。それによって*スポイルされる生命力のほうがもっと大きな損失かもしれません。

自分を守るということは、いわば自立した人間の第一歩です。自分を守れない人間が他人を守ることなどできるはずがありません。子供のころから管理され、守られることに慣れている人間は、いつまでたっても一人前の大人になれないんじゃないかと思います。

（五木寛之《いつきひろゆき》「こころ・と・からだ」より）

＊
自衛＝自分で自分の身を守ること。
要請＝強く願い求めること。
象徴＝形がなく目や耳で直接感じられない物事を、具体的な形で表すもの。
ラリー＝長い距離《きょり》を走る自動車の競技。
コーナー＝曲がり角。
ドリフト＝後輪を横すべりさせながら角を曲がる自動車の走行法。
ブラジル＝南アメリカ大陸にある国。
ハンディキャップ＝不利となる条件。
スポイルされる＝損《そこ》なわれる。台無しにされる。

**問一** ――線①「**大人になってずいぶん役に立っていたのではないでしょうか**」とありますが、どんなことが「役に立っていた」というのですか。文章中の言葉を使って書きなさい。

**問二** ――線②「**まともな社会なら特別のハンディキャップのないひとびとにまで規制を及ぼし、その安全を守る必要はないのではないでしょうか**」とありますが、筆者は、なぜこのように述べているのですか。その理由を、「**危険**」「**生命力**」「**損失**」という言葉を使って書きなさい。ただし、三つの言葉はどんな順番で使ってもかまいません。

**問三** この文章の筆者の考えについて、あなたはどのように考えますか。次の〔注意〕にしたがって書きましょう。

〔注意〕
○ 全体を二段落《だんらく》構成として、400字以上500字以内で書きましょう。
○ 前半の段落には、この文章の筆者の考えをまとめましょう。
○ 後半の段落には、前半でまとめた筆者の考えに対するあなたの考えを書きましょう。ただし、「**賛成**」「**反対**」「**どちらでもない**」のうちからあなたの立場を一つ選び、その立場を選んだ理由もふくめて書きましょう。

→解答用紙P.25

第四章　社会

# 7 情報

◇ 次の文章を読んで、あとの問いに答えましょう。

時間の目安　25分
難しさ　★★★
学習日　月　日
4問中　問正解

かつては日本のほとんどの世帯が新聞を取っていて、毎日の事件や出来事、社会の動きの情報を共有していました。①刻一刻《こくいっこく》移り変わる社会の情報をみなが共有することで、人々の会話が成り立ち、日本の政治、経済《けいざい》を下支《したざさ》えしていたのです。

各家庭にはもちろんのこと、行く先々にも新聞があるのは当たり前でしたから、大学や会社にも新聞はあるわけで、家で読めなければ、そこで読んだり、通勤時《つうきんじ》に読むのも日常の光景でした。

ちなみに私《わたし》が東京に出てきた頃《ころ》は、電車の中で新聞を読む人がたくさんいました。今はみんなスマホをいじっていますが、当時はかなりの人が新聞を読んでいたのです。

しかも満員電車の中で、新聞を縦《たて》に四つ折りにして、周りの人に迷《めい》惑《わく》をかけないよう読む名人芸の人もたくさんいました。②当時の人たちは満員電車の中でさえ、新聞を読みたいと思っていたんですね。

いい意味で活字中毒だったわけです。なぜそこまで中毒になってしまったのかというと、新聞はニュースペーパーというくらいですから、つねに新しい情報があふれていたからです。

そういった新鮮《しんせん》な情報にふれるのが心地《ここち》よかったのです。ここが本との決定的な違《ちが》いです。本は何百年も前に書かれたものもあるくらいで、時間的には昨日、今日の情報が載《の》っているわけではありません。もう少し長い*タイムスパンになります。

たとえば『論語《ろんご》』は③二五〇〇年くらい前に書かれたものですから、*普遍的《ふへんてき》な内容ではありますが、最近のことを知るには適していません。一方、新聞には日々のことが書かれているので、情報の新陳代謝《しんちんたいしゃ》が盛《さか》んです。

日々更新《こうしん》される新しい情報を知りたいという欲求《よっきゅう》や、その情報にふれている満足感が、活字中毒を招いたといえます。

かつての日本には毎日そうやって新聞の情報を入手しないと気が済《す》まない活字中毒の人たちが九割《わり》はいました。すごい社会だったんですね。

しかし私たちはそれをごく当たり前のことと思っていたので、日本がひじょうに知的レベルの高い社会であることに気づきませんでした。

そして今、④新聞を読まない人たちが圧倒的《あっとうてき》に増えてしまい、日常会話として政治、経済の深い話ができなくなってしまったのです。

物事の判断基準も変わってしまいました。基本情報量の多い人間が判断するのと、少ない人間が判断するのとでは、判断の精度にも大きな差が生まれます。

情報量が少ない人が判断するとどうなるのかというと、そのときの気分や個人の好き嫌《きら》いで判断するしかなくなります。大切なことを、そのときの気分や好き嫌いで判断するわけです。

今まさに日本ではそういう状況《じょうきょう》が進んでいるのです。

（齋藤 孝「新聞力　できる人はこう読んでいる」より
一部、ふりがなをつけるなどの変更《へんこう》があります。）

＊タイムスパン＝期間。
普遍的＝あらゆるものにあてはまるさま。

問一　——部①「刻一刻移り変わる社会の情報」とは、具体的に何をさしているのか、本文中からさがして十八字で書きぬきなさい。

問二　——部②「当時の人たちは満員電車の中でさえ、新聞を読みたいと思っていた」とありますが、その理由として**適切でないもの**を、次のア～エの中から一つ選び、記号で答えなさい。

ア　新鮮な情報にふれるのが心地よかったから。

イ　新聞には昨日、今日の情報が載っているわけではないから。

ウ　日々更新される新しい情報を知りたいという欲求があったから。

エ　新しい情報を入手しないと気が済まなかったから。

問三　——部③「二五〇〇年くらい前」の日本の様子について、正しいものを次のア～エの中から一つ選び、記号で答えなさい。

ア　中国や朝鮮半島《ちょうせんはんとう》から移り住んだ人々によって、日本列島に米作りの技術が伝えられた。

イ　日本で最大の前方後円墳《ぜんぽうこうえんふん》である大仙《だいせん》（仁徳陵《にんとくりょう》）古墳《こふん》が作られた。

ウ　聖徳太子《しょうとくたいし》が天皇中心《てんのうちゅうしん》の国づくりを目指して、政治の改革《かいかく》を進めた。

エ　日本から中国へ、多くの人々が遣唐使《けんとうし》として海をわたった。

問四　この文章を読んで、筆者が今日《こんにち》の日本について問題だと考えていることをまとめましょう。また、あなたはその問題についてどのように考えますか。次の〔注意〕にしたがって書きましょう。

〔注意〕

○　全体を二段落構成とし、250字以上300字以内で書きましょう。

○　前半の段落には、筆者が今日の日本について問題だと考えることを、かつての日本と比べながら書きましょう。

○　後半の段落にはあなたがその問題についてどのように考えるかまとめましょう。

↓解答用紙P.26

第四章 社会

# 8 ルール

時間の目安 25分
難しさ ★★☆
学習日 月 日
4問中 問正解

◇次の文章を読んで、あとの問いに答えましょう。

仲間以外はみな風景。そう言ったのは社会学者の宮台真司《みやだいしんじ》さんである。どんなにたくさんの人の中や公共の場にいても、若《わか》い人たちの目には、自分のすぐ横にいる仲間や友だち以外は電柱やガードレールなどの風景にしか映《うつ》っていない、という意味だ。きわめて信頼性《しんらいせい》の高い「若者の法則」だと思う。

もちろん、電車の中でもこの法則は通じる。たとえ満員電車に乗っていても、若者にとっては家具や植木鉢《うえきばち》と同じ車両にいるという感覚しかない。だから、平気で化粧《けしょう》もすれば弁当も食べる。部屋の中で、「机《つくえ》が見ているから恥《は》ずかしくて化粧ができない」という人はいないだろう。それと同じことだと考えれば、「①どうして電車であんな*傍《ぼう》若無人《じゃくぶじん》なふるまいをするのか」という謎《なぞ》も解けるのではないか、と思う。

ただ問題は、この「若者の法則」は若者が勝手に決めてしまったもので、社会全体のものではない、ということだ。全員がこれを共有し、「電車や公園でもまわりの人間はいないものとして行動してよい」ということになれば、それぞれが勝手なことをやればよいだけなのだから摩擦《まさつ》も起きない。直接、自分に迷惑《めいわく》や被害《ひがい》が及《およ》ばない限りは、「見えないようにする」ことですべてをすませるわけだ。しかし、まだ多くの大人たちにとっては、若者が電車で化粧をしたり恋人《こいびと》とベタベタしたりするのは「みっともない」「不愉快《ふゆかい》だ」と感じられる。その*ギャップが問題なのだ。

では今後は、たとえば電車の中などでは、どちらを標準ルールとすればよいのか。「それぞれが他人の目を意識せずに好きなことをする」という若者ルールの方か、それとも「他人の目がある公共の場では、やってはいけないことがある」という大人ルールの方か。

私自身は若者ルールに*シフトしていくのも仕方ないではないかと思う一方で、「それは意外にむずかしいことかもしれないな」と感じている。なぜなら、「他人の目を意識しない」ことは簡単《かんたん》だが、「自分も他人を意識しない」ことはかなり高度な*テクニックを要するからだ。

②最近、「電車や駅でいちばん暴力的なのは五十代男性」という調査結果が新聞に載《の》っていた。酔《よ》っぱらったり仕事で疲《つか》れたり、と理性や意志の力が弱まっているときに、電車で他人にぶつかったり駅員に何かで注意されたりすると、つい大声をあげたりなぐりかかったりしてしまう。そんな大人がけっこう多いらしい。つまり、他人に対して*寛大《かんだい》になったり、すべては〝風景〟だとその言動をいっさい無視《むし》したりするのは、実は意外にむずかしいのだ。自然に周囲を無視できているように見える若者も、実はエネルギーを使っているのかもしれない。

今の若者たちが四十代、五十代になり、仕事や家庭でのストレスがたまってくる年代になっても、電車で「自分は自分、他人は他人だよ」と思い続けられるだろうか。みんなが好き勝手に食べたり歌ったり踊《おど》ったり着替《きが》えたりしている車内で、すべてを〝見ないふり〟してすませることなどできるだろうか。「自分はやりたいことやるけど、他人がそうするのは耐《た》えられない！」と〝キレる大人〟が続出、などということにならないだろうか……。そう考えると、他人をまったく意識しないという若者ルールの実行には、大人ルール以上の理性や意志の力、ある種のトレーニングが必要、ということがわかるだろう。

それでも若者たちは、「好きなことしていいじゃないか」と言うだろうか。「だいじょうぶ。問題なんて起こさないから、電車の中でもみんなが他人を気にしないでそれぞれ好きなことやろうよ」と言いきれる若者は、そもそもそれほど*逸脱《いつだつ》したことをしないような気もする。たとえば、よく問題になる電車内での携帯《けいたい》電話の使用にしても、多くの若者はメールだけかごく小声で会話している。大声でしゃべっているのは、たいてい大人だ。電車の中でひとりひとりが個室にいるかのようにやりたいことをやり、それでも車両全体では静けさや安全が保たれている。ちょっと*SF《エスエフ》じみているが、十年後には日本中の電車で③そんな光景が見られるようになるのかもしれない。

（香山《かやま》リカ「若者の法則」より）

* 傍若無人＝人のことを気にかけず思いのままにふるまう様子。
ギャップ＝ずれ。食いちがい。
シフトして＝移行して。
テクニック＝技術。
寛大＝思いやりがあり、他人の言行に対して大らかである様子。
逸脱＝定まった枠《わく》や本質からはずれること。
ＳＦ＝科学的な考え方にもとづいた空想上の話。

問一 ——線①「どうして電車であんな傍若無人なふるまいをするのか」とありますが、筆者は、この問題についてなぜだと考えていますか。次のように答えるとき、□にあてはまる言葉を文章中から六字でぬき出しなさい。

「仲間以外はみな風景」という法則のもとにある若者は、電車に乗っていても、まわりの人を自分の部屋にある□のようにしか感じていないから。

問二 ——線②「最近、『電車や駅でいちばん暴力的なのは五十代男性』という調査結果が新聞に載っていた」とありますが、筆者は、この話題を持ち出すことでどんなことを主張したかったのですか。「……こと。」につながる形で文章中から五十三字で探《さが》し、初めと終わりの五字をぬき出しなさい。

□～□こと。

問三 ——線③「そんな光景」とは、どのような光景のことですか。「若者ルール」「逸脱」という言葉を使って書きなさい。ただし、二つの言葉はどんな順番で使ってもかまいません。

問四 「公共の場でのふるまい」について、あなたはどう考えますか。次の〔注意〕にしたがって書きましょう。

〔注意〕
○ 適切に段落《だんらく》分けをして、400字以上500字以内で書きましょう。
○ この文章の内容をふまえたうえで、自分自身の見聞や体験をまじえながら、あなたが考えたことを書きましょう。

→解答用紙P.27

# 1 学校生活 ① ―部活動―

◇ 次の文章を読んで、あとの問いに答えましょう。

工業高校機械科でただ一人の女子生徒である三郷心《みさとしん》は、他のものづくり研究部の部員とともに、「ものづくりコンテスト」への出場者の発表を聞いていた。すでに原口《はらぐち》の名前が挙げられている。

「それから、協議の結果、今年はもう一人選出することにしました。ずいぶんもめたんやけど、これを落とすわけにはいかないと、先生方の意見が一致《いっち》しました」

その瞬間《しゅんかん》、心の目に亀井《かめい》の部品が飛び込《こ》んできた。「これを落とすわけにはいかない」確かに心もそう思う。一か所だけ数値《すうち》にずれが生じていたけれど、それは今後の調整でどうにでもなるだろう。第一そんなことが問題にならないほど、美しい部品だ。こんな部品は亀井にしかつくれないと、心は強く思う。

だから、中原《なかはら》先生の次の言葉がわからなかった。

「三郷、がんばれよ」

①来年がんばれと言われたのだと思った。だから、

「はい、がんばります」

と、あっさり答えた。中原先生は拍子抜《ひょうしぬ》けしたように眉《まゆ》を上げ、

「甲斐《かい》のないやっちゃなー」

と、あきれたような声を出した。

え？

ぱちぱちぱち。

原口に向けられていたはずの拍手《はくしゅ》がなぜか自分に集まっている。

「えー！」

時間の目安　25分
難しさ　★☆☆
学習日　　月　　日
3問中　　問正解

おなかの底から声が出た。

「わたし？」

亀ちゃんじゃないん？

亀井は下を向いていた。出てしまった声を戻《もど》すように心は手で口を覆《おお》った。

何かを考えるようにじっとしていた亀井は、急に歩き出した。黙《だま》ったまま、すたすたと旋盤に向かう。

「亀井？」

先生たちの心配そうな声をよそに、亀井は*旋盤《せんばん》を動かし始めた。残された部員は顔を見合わせた。

「亀ちゃん、よっぽど悔《くや》しいんやね」

と、吉田《よしだ》が言う。

「来年の練習を始めとるんよ。去年九州で負けた時、おれもそうやった」

原口もそれに同意したが、心は動揺《どうよう》した。あんなにきれいな部品をつくったのに、それが報《むく》われなかったのだ。

崎原《さきはら》さんが同僚《どうりょう》から言われたみたいに、「女子は得だ」と思っているかもしれない。自分に対して。怒《おこ》るのも無理はない。

「三郷もちょっと来い」

作業を始めた亀井の背中《せなか》をはらはらしながら見ていると、先生から呼《よ》ばれた。作業工程のアドバイスがあるようだ。一足先に原口は説明を受けている。小走りで行くと、中原先生は部品をチェックしながら言った。

「きれいな面が出せるようになったやないか」

「あ、ありがとうございます」

あれから心は*バイトの角度や距離《きょり》を自分なりに変えたり工夫《くふう》した

りしてみながら、重点的に練習をした。その作業をしながら、心は初めての感覚が体を満たすのに気がついた。

当然のことながら、削《けず》り角度を少しでも変えると、*キリコも*切《せっ》削面《さくめん》の光り具合も変わる。切削音も、微妙《びみょう》だけれど匂《にお》いも変わる。そういう変化を五感で感じとるのは面白《おもしろ》かった。

ひるがえって変化を感じることは、鉄の特性を理解することにほかならなかった。こんな力を加えると、鉄はこんなふうになる。数値のとおりに鉄を変えようとしていた頃《ころ》には気づきもしなかったことだけれど、硬《かた》い鉄にも変化する性質が確かにある。その*塑性《そせい》に合わせた力を加えれば、作業はぐんとやりやすくなり、部品の精度も上がった。

原口のネジを見ながら浮《う》き上《あ》がってきたように感じたのも、崎原さんの工作物が柔《やわ》らかそうに見えたのも合点がいった。②鉄に合わせた作業をしていたからだ。

そういうことがわかったうえで、試行錯誤《しこうさくご》しながら、イメージした形が目の前でできあがっていく③快感。

もしかしたら、これは「楽しい」と表現できる感覚かもしれないと思った。原口や崎原さんが言っていたような。

それは好きな音楽をきくとか、おいしいものを食べるとか、そういう満足とは少しちがう。もっと奥《おく》まったところにあるので、自分で手を伸《の》ばして取りにいかなければならなかった。常に、苦しみと共にある、一筋縄《ひとすじなわ》ではいかない楽しさだ。

苦心しながらも、イメージに近いところに形を変えていく硬い鉄を見ながら、心は体のもっとも深いところから湧《わ》き立つ喜びを感じた。

（まはら三桃《みと》「鉄のしぶきがはねる」より）

＊ 旋盤＝物をけずって形を整えるための道具。また、その道具を使ってけずること。
バイト＝工具の一種。　キリコ＝旋盤で鉄をけずったときに出る鉄のくず。
切削＝金属などを切ったりけずったりすること。
塑性＝物に力を加えたとき、変形してそのまま形が変わらないという性質。

問一 ――線①「来年がんばれと言われたのだと思った」とありますが、心が中原先生の言葉をこのように受け止めたのはなぜですか。その理由を次のように説明するとき、□にあてはまる言葉を文章中から五字でぬき出しなさい。

ほかの者にはつくれないほど□をつくった亀井が、当然選ばれると思っていたから。

問二 ――線②「鉄に合わせた作業」とは、どんな作業ですか。「変化する性質」という言葉を使って書きなさい。

問三 ――線③「快感」について、次の〔注意〕にしたがって書きましょう。

〔注意〕
○ 全体を二段落《だんらく》構成とし、360字以上400字以内で書きましょう。
○ 前半の段落には、――線③「快感」とはどんな感覚か、文章中の言葉を使ってまとめましょう。
○ 後半の段落には、前半でまとめた内容について、あなた自身の体験をできるだけ具体的にまじえながら、感じたことや考えたことを書きましょう。

→解答用紙P.28

第五章　人とのかかわり

## ② 学校生活 ②　―委員会―

時間の目安　25分
難しさ　★☆☆
学習日　月　日
4問中　問正解

◇　次の文章を読んで、あとの問いに答えましょう。

千波《ちなみ》は、しばらくぼーっとしたまま、身動きもせず図書室の前の方に立っていた。

なぜ自分が図書委員長をやることになったのか。委員長として、これから何をしていったらいいのか。こんなに何も知らないのに、どうやって前期終了《しゅうりょう》の秋まで乗り切っていったらいいのか。［A］。

見るともなく見ていると、八木《やぎ》君と石橋《いしばし》君と高山《たかやま》君の三人は、図書室の窓《まど》を次から次に閉めている。何やら楽しそうに話をしながら。

ふいに、それまでぼーっと宙《ちゅう》を漂《ただよ》っていた千波の焦点《しょうてん》が、三人に合った。大体、八木君が私《わたし》を委員長に推薦《すいせん》なんてするから、こんなことになったんじゃないの。

そう思ったとたん、千波はあることに気づいて、ハッとした。これは三年男子委員たちによる*陰謀《いんぼう》だ。はめられたんだ。

次の瞬間《しゅんかん》、千波は猛烈《もうれつ》に怒《いか》りがこみあげてきて、つかつかと三人に歩み寄っていった。

誰《だれ》かに文句をいったり、ケンカをしたりというのは、千波がもっとも苦手なことだった。けれど、今はそんなことはいってられない。千波を図書委員長にするという、こんな*理不尽《りふじん》なことが、本人抜《ぬ》きで決められていたのだ。

三人の前に行くと、千波はいった。

「①なぜよ？」

いいたいことはたくさんあったが、［B］。

八木君はちょっと笑って千波の方を見ると、いった。

「いやあ、②助かった。今期は長谷川《はせがわ》に委員長やってもらえて。」

千波はそれを聞いたとたん、自分がとんでもない間違《まちが》いをおかしたことに気がついた。怒《いか》りは吐《は》き出されることなく、胸《むね》の奥《おく》で止まった。

なんということだ。委員長に推薦された時、あまりに驚《おどろ》いて何もいわなかったから、委員長をやってもいいと誤解《ごかい》されてしまったらしい。あの時、できませんと主張すればよかったのだ。どうしてそんなことに気づかなかったんだろう。

千波は［C］。

「私《わたし》、委員長なんてできないよ。」

「だいじょうぶだよ。今期はいろいろ新しくやりたいことだってあるし、ぼくたち、みんなで*サポートするから。」

「それなら、八木君が委員長やればよかったのに。」

「委員会で提案するの、委員長じゃない方がやりやすいってことが、去年の後期にわかったんだ。それに、ぼくあまり本のこと知らないからさ。生徒に推薦する本のこと書くのだって長谷川にまかせっきりだったろ。委員長は長谷川の方がいいと思ったんだ。」

いつもC《シー》中学では、夏休みや冬休みの前に、全校生徒に向けて『みなさんにすすめる本』というパンフレットを作る。休みの時こそ、じっくりと本を読みましょうというわけだ。

その頃《ころ》出版されて、図書室に入ったばかりの本の中でおもしろかったもの、一度は読んだ方がいいと思う古典やらベストセラー小説などを、図書委員がそれぞれ何冊《なんさつ》かずつ出し合う。それを多数決などで三十冊くらい選んで、さらに司書の先生に相談に乗ってもらいながら、十五冊にしぼる。

パンフレットには、十五冊の本の題名と作者の名前、それとおおまかなあらすじを書く。あらすじは、その本をすすめた図書委員が書くが、最終的には、ある程度長さや文体などを統一して、委員長が原稿《げんこう》をまとめることになっていた。

それを去年の冬休みの『みなさんにすすめる本』の時には、副委員長の千波が担当《たんとう》した。なぜかというと、千波は選ばれた本を十五冊、全て読んでいたからだ。本のことを知らない八木君が、集まってきた原稿にどう手を入れたらいいかわからなくて困《こま》っているのを見て、千波が代わりにやってあげることにしたのだった。

あらすじの最後に、一行ほど感想を入れたのも千波だった。例えば、「生きている意味を考えたくなる一冊」とか「新しい世界に向かって一歩踏《ふ》み出そうとする姿《すがた》に共感を覚える」などだ。それは生徒というより、先生たちから評判がよかった。

パンフレットの原稿を書くくらい、いつでも全部やってあげたのに。でも、今さらそんなことをいってみても始まらない。千波は、[D]。

（三輪《みわ》裕子《ひろこ》「優《やさ》しい音」より）

＊ 陰謀＝ひそかに計画された悪事。　理不尽＝道理に合わないこと。
サポートする＝ここでは、力を貸して助けること。

**問一** ――線①「なぜよ？」とありますが、千波はどんなことの理由を聞こうとしたのですか。文章中の言葉を使って書きなさい。

**問二** ――線②「助かった。今期は長谷川に委員長やってもらえて」とありますが、八木がこのように言ったのはなぜですか。文章中の言葉を使って、二点に分けて書きなさい。

**問三** 文章中の[　]A～Dにあてはまる言葉として最も適切なものを次から一つずつ選び、記号で答えなさい。

ア これから半年間、図書委員長をやっていくしかないと自分にいい聞かせた
イ 頭の中が怒りではちきれそうで、それしか言葉が出てこなかった
ウ 考えれば考えるほど、頭の中はパニックを起こしそうだった
エ 途方《とほう》に暮《く》れ、泣きたいような気持ちで、いった

A [　] B [　] C [　] D [　]

**問四** この文章では、中学校の委員会活動での出来事がえがかれています。あなたは、中学校で、どんな委員会活動に取り組みたいと考えますか。次の〔注意〕にしたがって書きましょう。

〔注意〕
○ 全体を二段落《だんらく》構成とし、360字以上400字以内で書きましょう。
○ 前半の段落には、あなたが中学校でどんな委員会の活動に参加したいと考えるか、その理由もふくめて書きましょう。
○ 後半の段落には、あなたが委員会で取り組みたいこと、努力したいことなどを、これまでの経験をまじえて具体的に書きましょう。

→解答用紙P.28

# 3 学校生活 ③ ―行事―

時間の目安　25分
難しさ　★★☆
学習日　月　日
4問中　問正解

◇ 次の文章を読んで、あとの問いに答えましょう。

勇一《ゆういち》の通う小学校では、今年の卒業制作として、卵のからを使った*モザイク絵に取り組んでいる。

つぎの日、三月一日《ついたち》、六年生は朝礼が終わると、そのまま体育館にはいった。六年生の先生方と、男子何人かが手伝って、体育館のまん中に、舞台《ぶたい》の下の椅子《いす》入れから、ベニヤ板を運び出した。

長さ五メートル、はば二メートルの大きなベニヤ板だ。二組の担任《たんにん》の真鍋《まなべ》先生の知り合いの材木会社で作ってもらったものだ。

「ベニヤ板は意外と弱いから、ぜったいのらないように。せっかくトラックで運んでもらったんだから、われたらおしまいだぞ。」

真鍋先生は、半分わらいながら、メガネの奥《おく》から、じろっとみんなをにらんだ。男子の中には、「わかってますよ。」というように首をすくめているのもいる。ベニアにはすでに三十二等分の線がひかれてあって、左上のますから、下へ順番に、1から32番までの番号がふってある。勇一たち、一組の八班《はちはん》の下絵のうらに1と書いてあるのだから、勇一たちが、ベニヤの一番左上の部分を作ったことになる。

「では、先生方はじめますね。」

図工の山岸《やまぎし》先生が、1番の番号の作品を持って立っている勇一たちのところへまわってきた。

「まず最初、番号順においていきますね。ぜんぶおいてみて、ピッタリ合ったところで、はっていきます。たぶん、つなぎ目で絵の色が少しちがっていたりすると思いますので、でもそれは、あとで手直ししますから。」

山岸先生の、長くのばした髪《かみ》の*ポニーテールがゆれている。

「では、1番ね。」

勇一と小久保《こくぼ》と大口《おおぐち》が、手にしっかり持っていた絵を、山岸先生と前沢《まえざわ》先生にわたした。

「よくできてるわ。作りあがったのも一番だったのよね。」

山岸先生が、にっこりと、勇一たちにわらいかけた。体育館は広い。しんしんと冷える。でも①勇一は体じゅうが、熱くなってくるような気がした。勇一だけでない。六年生全員が興奮《こうふん》していた。

「2番、3番、4番……。」

と、つぎつぎに絵がおかれている。ベニヤ板の左上から、どんどん夜明けの空がひろがっていく。

「はい、20、21。」

太陽が顔を出してきた。絵が一段《いちだん》とごうかになった。

「うわあ、きれい。」

「やったあ。すごいぞお。」

1枚《まい》おくたびに、どっと歓声《かんせい》があがる。勇一たちの1番をおいてから、ちょうど一時間めのチャイムがなったとき、②最後の絵がはまった。

息をのんで見ていたみんなから、拍手《はくしゅ》がおこった。ひとつひとつのからのわれ目が、白い線でふちどられている。それが、モザイクの味を出していて、ほんとうにすばらしい*レリーフになっている。

寒い体育館に、あたかも日がさしたようにレリーフの太陽がかがやいている。山岸先生がいうように、たしかにつなぎ目のところが少しずつ色がちがっている。でも、はなれて見ると、そんなことも気にならない。

女子の中には涙《なみだ》ぐんでいる子もいる。勇一も、心がホッホともえていた。三組の鈴木《すずき》先生が、校長先生と教頭先生を呼《よ》んできた。

「すごい。これはすばらしい。今年の六年生のまさに汗《あせ》と涙の作品だ。これが玄関《げんかん》の壁《かべ》にかかげられれば、たいへんな名物になりますよ。」

校長先生がそういえば、教頭先生は、

「うーん、うーん。」

と、感心のうなり声をあげて、みんなをわらわせた。

「午後、わたしと六年生の先生方とで、ところどころ手直しして、ベニヤにはりつけます。それからまた、子どもたちに手伝ってもらって、ニスをぬるつもりです。」

山岸先生がうれしくてたまらないという顔で、校長先生に報告している。勇一はみんなのうしろにまわりこんで、正面から、レリーフを見た。③勇一の目には、一番左上の空がういているように見えた。そこだけが、ニスをぬらないでも、つやつやと光っているようだ。


（中島信子《なかじまのぶこ》「最終ラウンドのヒーロー」より）

＊ モザイク絵＝小さなかけらをたくさんはめこんで作る絵。
ポニーテール＝長い髪を束ねて後ろにたらす髪型。

レリーフ＝表面に文字や絵が浮《う》き上がったようにえがいた絵や図。

**問一** ――線①「勇一は体じゅうが、熱くなってくるような気がした」とありますが、勇一のどんな気持ちを表していますか。そのような気持ちになった理由もふくめて、簡潔《かんけつ》に書きなさい。

**問二** ――線②「最後の絵がはまった」とありますが、このときの勇一が感動している様子がわかる一文を文章中から探《さが》し、初めの六字をぬき出しなさい。

**問三** ――線③「勇一の目には、一番左上の空がういているように見えた」とありますが、なぜ勇一にはそのように見えたのですか。その理由を、「特別」という言葉を使って書きなさい。

**問四** あなたは、小学校の学校行事で、どんな体験をしましたか。次の〔注意〕にしたがって書きましょう。

〔注意〕
○ 全体を二段落構成として、400字以上500字以内で書きましょう。
○ 前半の段落には、あなたが小学校の学校行事で体験したことについて、具体的に書きましょう。
○ 後半の段落には、前半に書いた体験から、あなたが感じたことや学んだことを書きましょう。

→解答用紙P.29

# 4 友達とのかかわり

時間の目安　25分
難しさ　★★☆
学習日　月　日
4問中　問正解

◇次の文章を読んで、あとの問いに答えましょう。

主人公であるモト（中西《なかにし》）は中学三年生。サッカー部に所属し、小学校時代からの友人・ブン（和泉《いずみ》）とは、互《たが》いにはげまし合い、高め合ってがんばってきた。しかし、ブンだけが市の選抜《せんばつ》チームの一員に選ばれたことで、二人の関係に変化が生じ始める。次は、モトが同級生の美紀《みき》から呼《よ》び出され、話している場面である。

「……ブンがどうしたって？」

美紀はうなずいて、「やっぱりわかっちゃうんだ」と寂《さび》しそうに笑った。「親友だもんね」

ふだんは気にならない言葉が、耳に障《さわ》った。

「違《ちが》うよ」自分でもびっくりするほど強い声になった。「違うっていうか、親友とか、そういうこと言うなよ、なんか嫌《いや》だから」

「でも……和泉くん言ってたよ、中西くんのこと、親友で、相棒《あいぼう》で、ライバルだ、って」

①＊きみだって、きっと同じことを言う。誰《だれ》かにそう言ったことも何度もある。

顔をしかめて「どうでもいいけど」と吐《は》き捨てた。「で、ブンがどうしたって？」

「和泉くん、中西くんに相談とかしていない？」

「だから、なにが？全然わかんねえよ」

「和泉くんの様子、最近ちょっと変じゃなかった？」

知らない。わからない。傘《かさ》を前に少し倒《たお》し、顔を隠《かく》して、言った。

雨音はほとんど聞こえないのに、傘をはずすとやがてびしょ濡《ぬ》れになってしまう。サイテーの雨だ。

「和泉くん、選抜チームやめるって」

「……え？」

「選抜の＊フォーメーションと学校の＊部活のフォーメーションが全然違うから、すごい大変なんだって。で、選抜に合わせて練習していると、部活のほうが全然だめになっちゃって、このままだと夏の大会に間に合わないから、って」

きみは傘の柄《え》を握《にぎ》り直した。

「昨日、聞いたの。今日、選抜の練習があるから監督《かんとく》に言うって話だったんだけど、雨だから練習休みになって、でも、和泉くん、今日のうちに監督の家とか行っちゃいそうな気がするわけ」

黙《だま》ってうなずいた。これはわかる。いまでも分かる。ブンは短気で、せっかちで、思ったことはすぐに行動に移さないと気がすまない奴《やつ》で、あとになって「あんなことしなきゃよかったよ」と後悔《こうかい》することもけっこうあって……。

「②止めてよ、中西くん。中西くんだってそう思うでしょ？やめないほうがいいに決まってるでしょ？お願い、説得してよ、和泉くんのこと」

また、傘の柄を握り直す。傘が少し重くなった。

「③あいつが決めたんだったら、俺《おれ》がなに言ってもむだだよ」

ブンは頑固《がんこ》な奴で、意地っ張りで、自分が間違っていると気づいたあとも引っ込《こ》みのつかないまま困《こま》りはててしまう奴で……。

傘を倒す角度を深くする。首の後ろに、ぴちゃっ、と雨が落ちる。傘の骨《ほね》を伝ったしずくは、ほんものの雨粒《あまつぶ》よりもずっと雨らしい。

「和泉くん……昨日、言ってた」

「なにが？」

「中西くんのこと」

首の後ろに、また雨が落ちる。

「④モトが俺でも、絶対に部活の方を選ぶから、って」

「……勝手に決めんなよ」

へっ、と笑ったはずみに、指先の力が抜《ぬ》けて、傘の柄が手から滑《すべ》り落ちた。足元ではずんだ傘はひっくり返ってしまった。すぐに手を伸《の》ばしたら簡単《かんたん》に柄を握り直すことができたのに、一瞬《いっしゅん》ためらっているうちに、傘は風にあおられて、公園の奥《おく》へ転がっていく。

「カッコつけてんだよ」

小さくはずみながら転がる傘をにらみつけて、言った。「あいつ……カッコばかりつける奴なんだよ」とつづけたとき、まぶたに雨が降《ふ》りかかった。

（重松清《しげまつきよし》「かげふみ」より）

＊きみ＝モトのこと。この文章の地の文では、「きみ」と表現されている。
フォーメーション＝スポーツでの選手の配置や、攻《せ》めたり守ったりするときの形。

部活＝部活動を縮《ちぢ》めた言い方。ここでは、中学校のサッカー部のこと。

問一　――線①「きみだって、きっと同じことを言う。誰かにそう言ったことも何度もある」とありますが、どういうことを表しているのですか。次のように説明するとき、□にあてはまる言葉を文章中から十三字でぬき出しなさい。（句読点も一字にふくみます。）

**モトが、これまでブンのことを□と思ってきて、心の底では今でもそのように思っているということ。**

問二　――線②「止めてよ、中西くん」とありますが、美紀はモトに、どんなことを止めてほしかったのですか。文章中の言葉を使って書きなさい。

問三　――線③「あいつが決めたんだったら、俺がなに言ってもむだだよ」はモト、――線④「モトが俺でも、絶対に部活の方を選ぶから」はブンが話した内容を表していますが、ここから読み取れるのはどんなことですか。次のように答えるとき、□にあてはまる言葉を自分で考えて漢字二字で書きなさい。

**モトとブンが、相手の行動について断言できるほど、互《たが》いの性格や考え方をよく□しているということ。**

問四　この文章では、ブンとモトの心のつながりがえがかれています。あなたは、「友人との心のつながり」について、どう考えますか。次の〔注意〕にしたがって書きましょう。
○全体を二段落《だんらく》構成とし、400字以上500字以内で書きましょう。
○前半の段落には、あなたが「友人との心のつながり」を感じた体験について書きましょう。
○後半の段落には、前半に書いた体験から、あなたが考えたことを書きましょう

→解答用紙P.30

# 5 親

◇ 次の文章を読んで、あとの問いに答えましょう。

小学校六年生の時だった。家庭科で調理実習の時間というのがあり、「目玉焼き」を習った。五～六人のグループごとに、コンロが一つ、フライパンが一つ。ジャンケンか何かで順番を決め、一人ずつ挑戦《ちょうせん》する。残りの四～五人から見守られる中、手際《てぎわ》よく焼きあげるのはなかなか難《むずか》しい。モタモタしているうちにフライパンから煙《けむり》がもうもう上がったり、白身がチリチリに焦《こ》げてしまったり……。そのたびににぎやかな笑い声。うまくいけば拍手喝采《はくしゅかっさい》。だんだん自分の番が近づいてくると、ドキドキする。

私《わたし》は、小さい時から手先がほんとうに不器用で、この日は朝から憂《ゆう》鬱《うつ》だった。うまく焼けるだろうか、という以前の大問題――うまく割《わ》れるだろうか、という不安を胸《むね》に抱《いだ》きつつ、登校した。

すき焼きなどで生卵《なまたまご》を割るとき、私はよくぐちゃっと黄身をつぶしてしまう。もちろん、すき焼きなら支障《ししょう》はないのだが、目玉焼きの場合はちょっとまずい。ちょっとどころか、致命的《ちめいてき》である。ぐちゃっとなったらどうしよう……そればっかり気にしていたら、昨日は卵の夢を見てしまった。

不幸なことに私のグループは人数がやや多く、最後の私がもじもじとフライパンの前に立つころには、他グループからの冷やかし組も集まってきて、すごい*ギャラリーになってしまった。

卵を割りそこねた子はまだいないらしいことが、さらに*プレッシャーをかける。①すっかり舞《ま》いあがってしまった私。ええいとばかり卵をフライパンのふちに打ちつけ、そのままぐしゃっと握《にぎ》りつぶすような格好になってしまった。

| 時間の目安 | 25分 |
| --- | --- |
| 難しさ | ★★☆ |
| 学習日 | 月　日 |
| 4問中 | 問正解 |

わあっと湧《わ》きあがる声。②こういう時、子どもは残酷《ざんこく》である。ピーピーと口笛を吹《ふ》く子もいれば、手を打ってはやす子もいる。その後どんな目玉焼きができあがったのか全く覚えていない。見届《みとど》ける前に私の目玉がうるんでしまっていた。

家に帰ってこの「事件」のことを母に話していると、また涙《なみだ》が出てくる。

「落ち着いてやれば何でもないことなのに、ばかね、ほら、やってごらん」

笑いながらフライパンと卵を出してくる母。うわっもう見たくもないと思いながら、一緒《いっしょ》にコンロの前に立った。おそるおそる卵をフライパンのふちにぶつける。ぺちっと殻《から》にひびが入るだけで割れなかった。ぺちっぺちっぺちっ……うーん。もどかしくなっていきなり力をこめた瞬間《しゅんかん》、ぐしゃっ――またやってしまった。流れだす黄身を、絶望的な思いで見ている私に、明るく母が言う。

「さあ、おいしい炒《い》り卵を作ろう」

フライ返しを菜箸《さいばし》に持ちかえさせられて、ほら、ほら、早くかきまぜて、と急《せ》かされる。

「このへんでおしょう油を入れると、いい香《かお》りがするのよ」

できたての、ほわほわの、炒り卵。――おいしかった。負け惜《お》しみではなく、目玉焼きよりもずっと。なんだか元気が出てきて、もう一度やってみようかな、と思う。

「フライパンに火をかけているとあせっちゃうから、まずお茶碗《ちゃわん》に割ってごらん」

③不思議なほど、楽な気持ち。今度は、うまくいった。

「もしここで失敗したら、オムレツにしちゃえばいいの」

ありあわせのハムとミックスベジタブルを混ぜてその場で母が焼いてくれたオムレツ。これがまたおいしかった。夢のように。
　思えばあれが、母と一緒に台所に立って何かを習った最初のことだった。今でも生卵を割るときは、家庭科室での光景がふっと頭をよぎる。幼《おさな》い心にうけた傷《きず》は深い。が、一方でこのできごとは、料理に興味を持つきっかけにもなった。卵一個で母が見せてくれた魔法《まほう》。
　以来ちょこちょこ台所に入りこんでは、母の手つきを眺《なが》めるようになった。あたりまえに食べていた毎日のおかずが、新鮮《しんせん》に感じられたものである。

（俵万智《たわらまち》「りんごの涙」より）

＊ギャラリー＝観客。見物人。
　プレッシャー＝精神的に感じる重圧。

**問一** ――線①「**すっかり舞いあがってしまった**」とありますが、このときの「**私**」の様子を、そうなった理由をふくめ、文章中の言葉を使って説明しなさい。

**問二** ――線②「**こういう時、子どもは残酷である**」とありますが、だれがどうしたことについて「**残酷**」だと言っているのですか。簡潔に説明しなさい。

**問三** ――線③「**不思議なほど、楽な気持ち**」とありますが、「**私**」がこのような気持ちになった理由として適切でないものを次から一つ選び、記号で答えなさい。

ア　教えてくれる母の様子が、やさしく明るいものだったから。
イ　家の台所でも同じことをくり返し、失敗することに慣れたから。
ウ　卵を上手に割れなくても、目玉焼き以外の料理に生かせることがわかったから。
エ　母と作ったおいしい炒り卵を食べたことで、気持ちを切りかえることができたから。

（　　）

**問四**　この文章の内容のように、あなたが家の人から何かを習った経験について、次の〔注意〕にしたがって書きましょう。

〔注意〕
○　全体を二段落《だんらく》構成とし、400字以上500字以内で書きましょう。
○　前半の段落には、あなたが家の人から何かを習った経験について、できるだけ具体的に書きましょう。
○　後半の段落には、前半で書いた経験をふまえて、あなたが考えたことを書きましょう。

→解答用紙P.30

# 6 家族

時間の目安　25分
難しさ　★★☆
学習日　　月　　日
3問中　　問正解

◇次の文章を読んで、あとの問いに答えましょう。

昔だったら、自分の老後や死後のことなど、家族を抜《ぬ》きには考えられませんでしたが、いまはそういうこともお金で解決がつくし、家族がいなくてもお金があれば生きていくことができると考える人が増えてきました。そっちの方が楽だからです。

でも、ほんとうにそれで幸せなのか、それでもいいのかということを、もっとみんなで論《ろん》じる必要があるのではないでしょうか。

むしろ、家族を持つことの苦しみというものに大きな意味があるのではないか、手間のかかること、面倒《めんどう》くさいことをやるおもしろさというものもあるのではないか、そういうことをよく考えてみるべきだと思います。

昔の人は、そういうことをあまりよく考えないで結婚《けっこん》していました。日本のすごいところは、そういうことをことさら考えたりしなくても、うまくやっていけた点だと思います。

子どもをつくれば苦労は増えるわけですが、そういうことは当たり前のこととして、抵抗《ていこう》なくやっていました。そうやって、ご先祖さまから子孫まで、自分たちのイエ（家名《かめい》）のもとに自然につながっていくという仕組みになっていたのです。

ところがいまは、イエとか家名なんて必要ないし、たいていのことが機械とかお金の力でできるようになりました。そこで、そんな苦労をさせられるくらいなら家族なんかいらない、というふうになってくるわけですが、ほんとうに自分の人生にとってそれがベストなのか、もう一歩踏《ふ》みこんで考えてみる必要があると思います。

昔は、自分も親のように生きるものだと、みんなが単純《たんじゅん》に思っていました。親の決めた人と見合いをし、結婚して、子どもをつくるということが、普通《ふつう》に行われていました。それで、「人生とはこんなものだ」と思いつつ、みんな生きていたわけです。

しかし、しだいに、「そんなことはないのではないか」と思うようになってきましたが、そんなことがないのなら、ほんとうはどうなのかと考えなければならないのに、いまはまだそこまでいっておらず、中途半端《ちゅうとはんぱ》なところでとまっている状態だと思います。

そこを一歩踏みこんで、日本人がその先のところを自覚しだしたら、日本の社会のあり方がもう少し変わるのではないかと思います。

年金問題でもそうですが、*早晩《そうばん》、考えざるをえない状況《じょうきょう》になってくるでしょう。いましばらくは少子化が続いても、そのうちに必ず変わってくると思います。

親の人生を見ていて、人生なんてこんなものだと考え、自分もそれで生きようと思ったら、親の職業を継《つ》いだらいい。これがもっともわかりやすいでしょう。親のとおりに生きて、親がたとえば喧嘩《けんか》ばかりしている夫婦《ふうふ》でも、人生なんてそんなものだと思えば、自分も喧嘩ばかりして、そのまま生きていけばいい。

ところが、父親が農業をしていても、自分は医者になりたいと思ったらなれるとか、親が夫婦喧嘩ばかりしていても、自分は仲のよい夫婦になれるとか、変えようと思えば変えられるということがわかってきました。

ところが、なろうと思えばなれるとか、自分の好きなことをして生きるとかいうけれども、それを現実に実行するには、たいへんな努力をしなければなりません。①そのことを知らない人が、いまはまだとても多いようです。

「親がなんであれ、自分の好きなものになれる」というのは、＊スローガンとしては間違《まちが》っていませんが、「ぼくはプロ野球の選手になる」といっても、誰《だれ》もがなれるわけではありません。そのときになって、「なんだ、なんでも好きなものになれるというのは嘘《うそ》だったのか」などと本気で考える人がけっこういるのです。

ほんとうの個人主義の国では、小さいときから訓練を受けていますから、昨今《さっこん》の日本とは根本的に違《ちが》います。子どもに対する責任感を持たせるための訓練は、すごくきびしく行われます。

ところが日本では、どうせ大人になったら親と同じように苦労を背《せ》負《お》って生きるしかないんだから、せめて子どものうちは好きなようにして暮《く》らしなさい、ということでやってきました。

そこを変えるとなったら、ものすごく強くならなければならないし、さらに苦労を強《し》いられます。女性でいえば、結婚すればなんでもうまくいくと思いやすいけれど、結婚して子どもをつくって育てるというのはほんとうにたいへんなことです。

このごろはそういうことがわかるようになってきたので、それくらいならやめておこうか、というようなことにもなるわけですが、私《わたし》から見ると、そういう苦労をしない人生なんて、おもしろくもなんともないのではないかと考えてしまいます。

手間のかかることとか、面倒くさいこととか、そういうことを一つ一つやるおもしろさというものを理解してほしいと思うし、②いまはそうしていても、面倒を回避《かいひ》して生きていくのはおもしろくない人生なのだと、そのうちにみんなわかりだすのではないかと思っています。

（河合隼雄《かわいはやお》「父親《ちちおや》の力《ちから》　母親《ははおや》の力《ちから》」より）

＊早晩＝いずれ。遅《おそ》かれ早かれ。
スローガン＝主義・主張を短い言葉で言い表したもの。標語。

**問一** ――線①「そのことを知らない人」とありますが、具体的にはどんな人ですか。次のように答えるとき、□にあてはまる言葉を文章中から三十五字以上四十字以内で探《さが》し、初めと終わりの五字をぬき出しなさい。

**自分の好きなものになって生きるにはたいへんな努力が必要で、簡単《かんたん》に実現できるわけではないとわかったときに、□ような人。**

□□□□□～□□□□□

**問二** ――線②「いまはそうしていても、面倒を回避して生きていくのはおもしろくない人生なのだと、そのうちにみんなわかりだすのではないかと思っています」とありますが、その結果として、社会にどんな変化が起こると筆者は予想していますか。――線①より前の文章中から具体的な表現を探し、一文でぬき出しなさい。

**問三** この文章を読んで、あなたはどんなことを考えましたか。次の〔注意〕にしたがって書きましょう。

〔注意〕
○ 全体を二段落《だんらく》構成とし、500字以上600字以内で書きましょう。
○ 前半の段落には、「家族を持つこと」に対する筆者の考えを、文章全体の内容をふまえてまとめましょう。
○ 後半の段落には、前半でまとめた筆者の考えについて、あなたの考えを書きましょう。

↓解答用紙P.31

# 7　師

時間の目安　25分
難しさ　★★☆
学習日　□月□日
4問中□問正解

◇次の文章を読んで、あとの問いに答えましょう。

赤ん坊《ぼう》のころに父親を亡《な》くした真一《しんいち》が一人でさかあがりの練習をしていると、怖《こわ》そうな男が現れて、真一に助言をし始めた。

父親のいない暮《く》らしに負い目を感じていたわけではない。母親は*簿記《ぼき》の資格を持っていたので生活には困《こま》らなかったし、ものごころつく前に亡くなったのが逆によかったのだろう、父親の思い出をたどって悲しくなることもなかった。

それでも、寂《さび》しさは、ある。ときどき不意打ちのように胸《むね》を刺《さ》す。父親に肩車《かたぐるま》してもらっている友だちを見かけたとき、父親のこぐ自転車に二人乗りする友だちに声をかけられたとき、いたずらをして父親にびんたを張られた友だちに、赤く腫《は》れた頬《ほお》を触《さわ》らせてもらったとき……。

さかあがりでも、そうだ。父親に手伝ってもらって練習したという友だちにならって、何日か前、さかあがりのコーチを一度だけ母親に頼《たの》んだ。しかし、尻《しり》を持ち上げてもらおうにも、母親の細い腕《うで》では小太りの真一の体を支えきれない。地面に落ちる脚《あし》といっしょに母親まで尻餅《しりもち》をついてしまい、母親はまだがんばるつもりだったが、真一のほうが「もうええよ、危《あぶ》ないから」と止めたのだった。

瞼《まぶた》が重くなった。いけない、と思ったとたん、①涙《なみだ》があふれた。歯を食いしばったすすり泣きは、やがて*嗚咽《おえつ》交じりの涙に変わり、最後は鉄棒《てつぼう》に目元を押《お》しつけて、声をあげて泣いた。冷たい鉄棒に涙の温《ぬく》もりが滲《し》みていく。錆《さ》びた鉄のにおいに、しょっぱさが溶《と》けた。

「もういっぺん、やってみい」

男が言った。濁《にご》った声を、もう怖いとは感じなかった。一度泣いてしまえば、悲しさも恥《は》ずかしさも消えて、残ったのは誰《だれ》にぶつけていいかわからない悔《くや》しさだけだった。

「今度は脚を上げるときに『このやろう！』思うてやってみい。肘《ひじ》をもっと曲げて、脚いうよりヘソを鉄棒につけるつもりで、腕と腹《はら》に『くそったれ！』いうて力を入れるんじゃ。目もつぶっとけ。そうしたら、できるわい」

真一は鉄棒を強く握《にぎ》りしめた。

もう一度――これで最後。

肘を深く折り曲げ、「このやろう！」と心の中で一声叫《さけ》んで、脚を跳《は》ね上げた。ヘソをつけろ。腕と腹が痛《いた》い。目をつぶり、息を詰《つ》めて「くそったれ！」と叫び声を奥歯《おくば》で嚙《か》みしめた。

あと少し。いいところまで来たが、これ以上、尻が上がらない。

そのときだった。

尻がフワッと軽くなった。

掌《てのひら》で支えてもらった――と思う間もなく、体の重心が手前に傾《かたむ》き、腰《こし》から上が勝手に動いた。世界が逆さに回った。自分でもなにが起きたのかわからないほどあっけなく、そしてきれいに、さかあがりは成功したのだ。

「できたじゃろうが」

男は初めて笑った。思ったより遠くにいた。手を伸《の》ばして尻を支えるには距離《きょり》がある。ということは自分の力で……いや、しかし、半ズボンの尻には、掌で押し上げてもらった感触《かんしょく》がまだ残っていた。

「もういっぺんやってみい。体が忘《わす》れんよう、練習するんじゃ」

言われたとおり、何度も練習した。ずっと成功がつづいた。尻が鉄棒を越《こ》えるときに掌に支えられる、それも同じ。だが、成功して脚を地面についたあと、②すぐに目を開けて確かめると、男はいつも鉄棒から離《はな》れたところで腕組みをして立っているのだった。

何度目だったろうか。初めて、掌に支えられることなくさかあがりに成功した。

「やったあ！」

思わず声をあげて男の姿《すがた》を探《さが》した。

どこにもいなかった。

神様だ、と思った。〈さかあがりの神様〉が助けてくれたのだ、と信じた。

それを確かめたくて、もう一度やってみた。だいじょうぶ。③何度も繰《く》り返した。できる。「このやろう！」と「くそったれ！」がなくても、世界は気持ちいいぐらい簡単《かんたん》に逆さに回ってくれる。

なぜだろう、それは初めて体験したはずの感覚なのに、ずうっと昔に味わった心地《ここち》よさが蘇《よみがえ》ったような気がしてならなかった。

（重松清《しげまつきよし》「さかあがりの神様《かみさま》」より）

＊　簿記＝商売などのお金の動きを記録するもの。
嗚咽＝声をつまらせて、むせび泣くこと。

**問一**　——線①「涙があふれた」とありますが、なぜこのような状態になったのですか。次のように説明するとき、□にあてはまる言葉を、文章中の言葉を使って十字以内で書きなさい。

さかあがりができないくやしさに加えて、母親といっしょに練習したときのことを思い出したことで、不意に□を感じたから。

**問二**　——線②「すぐに目を開けて確かめる」とありますが、真一はどんなことを確かめようとしたのですか。「さかあがりが成功した要因は、」という書き出しに続くように、文章中の言葉を使って書きなさい。

さかあがりが成功した要因は、

**問三**　——線③「何度も繰り返した」とありますが、ここから真一のどんな気持ちが読み取れますか。「神様」「喜び」という二つの言葉を使って書きなさい。

**問四**　この文章では、真一がさかあがりに挑戦《ちょうせん》する姿がえがかれています。このように、できなかったことに挑戦したあなたの経験について、次の〔注意〕にしたがって書きましょう。

〔注意〕
○ 適切に段落《だんらく》分けをして、400字以上500字以内で書きましょう。
○ できなかったことに挑戦したあなたの経験と、その経験から感じたこと、考えたことを書きましょう。
○ あなた自身の経験と、この文章の内容を関連づけながら書きましょう。

→解答用紙P.32

第五章　人とのかかわり

# 8 出会い

時間の目安　25分
難しさ　★★★
学習日　月　日
4問中　問正解

◇次の文章を読んで、あとの問いに答えましょう。

筆者が通っていた高校では、夏になると、富士山《ふじさん》の麓《ふもと》にある寄宿舎に泊《と》まる林間学校のような行事があった。

学校という場所を、そこしか知らないくせに私《わたし》は好きではなかった。が、その富士山の麓にある寄宿舎はすごく好きだった。高校三年の夏、来年からもうここにこられないのだと思うと、ぞっとするようなさみしさがあった。

しかしながら高校生最後のその夏、私が振《ふ》り分けられた班《はん》には、さほど親しくない女の子ばかりがいて、隣《となり》のベッドはほとんど口をきいたこともないN《エヌ》さんだった。*もちろん以前よりは人間関係に無頓着《むとんちゃく》になっている私は「あーあ」と思いつつも、仲良しの子と隣《とな》り合うよう*トレードごっこなどせず、仕切り板ごしににこやかにNさんと挨《あい》拶《さつ》を交わしたり、していた。

Nさんは、まじめそうな子だった。髪《かみ》も黒いし短いし、制服も規定のまま、スカート丈《たけ》を短くしたり幅《はば》を詰《つ》めたりしていなかった。鞄《かばん》の色も地味で、靴下《くつした》も*ソックタッチで正しい位置にきちんと留めていた。そういうことがまじめな証拠《しょうこ》だと当時の私はとらえていたのだった。そして、まじめな子が私は苦手だった。

だから、どうして林間学校最後の夜に、Nさんと話すことになったのだか覚えていない。たしか、消灯時間のあとで、仕切り板からひょいと顔をのぞかせて、Nさんは私の書いた作文を褒《ほ》めてくれたのだと思う。今も昔も褒められることが苦手な私は、「いやいやいやいやいや」などと照れて背《せ》を向けて寝《ね》てしまいそうなものだが、どういうわけだかそのときはそうしなかった。彼女《かのじょ》は、国語の時間に教師が読み上げた私の作文をひとしきり褒め、将来《しょうらい》のことについて訊《き》いた。どの大学に進むの？　どの学科にいくの？

*推薦《すいせん》で進学希望だった私は、その夏休み直前に、教師から、すべての大学・短大に推薦できないと通達されていて、途方《とほう》に暮《く》れていた。どこかしらに推薦してもらえるだろうと思っていたから、受験勉強がどんなものなのかも知らずにいたのだ。作家になりたいと思ってはいたが、どの大学に創作《そうさく》科があるのか調べることもしていなかった。

①答えに詰まった私は、彼女に質問し返した。Nさんはどうするの。どこの学校にどういう理由で進むの。

彼女は、私の聞いたことのない短大の名を挙げた。そこには園芸の学科があり、自分はそこを卒業して造園業に就《つ》きたいのだと、そんなようなことを。なぜそう思ったかというと、本屋で見た写真集でイギリスの庭の美しさにひきこまれたからだ、というようなことも彼女は語った。彼女が語っているのは、作家になりたいという私のような*漠然《ばくぜん》とした希望ではなく、どうしようもない必然に支えられた、はるかに具体的な計画だった。

仕切り板ごしに私たちが話しはじめたころは、あちこちで同じような話し声やおさえた笑い声が聞こえていたが、カーテンの合わせ目の闇《やみ》が濃《こ》くなるにつれ、それらはみな寝息に変わりはじめていた。私たちはなおのこと小声になって、話した。私は彼女のように計画的にものごとを考えられないと言い、彼女は高校を出てからしか自分のやりたいことははじまらないのだと話した。彼女の考えはずいぶんと大人びていて、ある意味で*ぶっ飛んでいた。彼女は高校でのいっさいのことをどうでもいいと思っていた。制服を改造することも髪の色を変えることも、馬鹿《ばか》らしいと思っており、そういう自分が私のような②*シンプルな思考の持ち主からくそまじめと思われることについても、どうでもいいという感想しか、持っていないようだった。イギリスの庭に惹《ひ》かれたのはそもそもイギリス人の*ロックミュージシャンの熱狂的《ねっきょうてき》なファンで、彼《かれ》が来日するときはひとりで地方にまで見にゆき、イギリスという言葉に*過剰《かじょう》に反応したが故《ゆえ》にその写真集に出合った、と彼女は語り、彼女がロックを聴《き》くことも驚《おどろ》いたが、それよりこういう音楽が好きだと同級生に宣言《せんげん》せずにいられたことに、もっと驚いた。そのころの私たちはみな、何が好きで何が嫌《きら》いかを*声高《こわだか》に言うことで、自分というものをわかってもらおうとしていたから。

この人を評《ひょう》する言葉は「まじめ」ではないらしいと私は気づかされた。③過激《かげき》、という表現こそ彼女にふさわしいように思った。

（角田光代《かくたみつよ》「幾千《いくせん》の夜、昨日の月」より）

＊ もちろん以前よりは人間関係に無頓着になっている私は……＝「無頓着」とは、ものごとを気にしない様子。筆者は文章の前の部分で、高校生になったころには、人間関係に対するこだわりが弱まってきたと回想している。

トレードごっこ＝ここでは、ベッドの位置を交換《こうかん》すること。

ソックタッチ＝靴下がずり下がらないように留めるための、ノリのようなもの。

推薦＝推薦入試のこと。出身校で優《すぐ》れている、適していると認《みと》められた生徒が、他の生徒よりも有利な条件で、高校や大学に進むための入学試験。

漠然とした＝ぼんやりとして、はっきりしない様子。

ぶっ飛んで＝常識から外れていて。　シンプルな＝単純《たんじゅん》な。

ロックミュージシャン＝「ロック」と呼《よ》ばれる種類の音楽を、演奏《えんそう》したり歌ったりする人。

過剰＝程度が極端《きょくたん》であること。　声高に＝声を高く張り上げる様子。

**問一** ——線①「**答えに詰まった**」とありますが、筆者がこのような状態になったのはなぜですか。次のように答えるとき、□にあてはまる言葉を、文章中から五字以上十字以内でぬき出しなさい。

進学のあてが外れて途方に暮れており、将来の職業に対する□はあっても、そこへ向かうための具体的な計画は何もなかったから。

**問二** ——線②「**シンプルな思考**」を具体的に表しているひと続きの三文を文章中から探《さが》し、初めと終わりの五字をぬき出しなさい。（句読点も一字にふくみます。）

□～□

**問三** ——線③「**過激、という表現こそ彼女にふさわしい**」とありますが、筆者は、Nさんのどんな点が自分やまわりの同級生とはかけはなれていると思ったのですか。次のようにまとめるとき、□にあてはまる内容を、「**好ききらい**」という言葉を使って書きなさい。

・進路について、とても具体的・計画的に考えていた点。
・同級生から、見た目でどう思われるかについて関心がなかった点。
・□

**問四** あなたは、「**人との出会い**」について、どんな考えを持っていますか。次の〔注意〕にしたがって書きましょう。

〔注意〕
○ 適切に段落《だんらく》分けをして、500字以上600字以内で書きましょう。
○ 「**人との出会い**」についてのあなたの考えを、この文章の内容と関連させながら書きましょう。

→解答用紙P.33

# 9 友情

時間の目安　25分
難しさ　★★★
学習日　月　日
3問中　問正解

◇次の文章を読んで、あとの問いに答えましょう。

中学三年生の西村さんは、九月からの転校生。転校して一ヶ月足らずのうちに、同じクラスの由香《ゆか》さんが入院することになった。クラスで由香さんにお見舞《みま》いを贈《おく》る話が持ち上がったとき、西村さんの提案によって、みんなで*千羽鶴《せんばづる》を折ることが決まった。その後、放課後や昼休みを利用して千羽鶴づくりを開始するが、思った以上に時間がかかりそうだった。宿題にすれば少しはペースが上がるはずだが、受験勉強に本腰を入れるこの時期、みんなに無理を言うわけにもいかないのだった。

帰り道、瀬川《せがわ》ちゃんは「こんなに折り紙したのって幼稚園《ようちえん》の頃《ころ》以来だね」と自分の肩《かた》を揉《も》んだ。ミヤちゃんも指が痛《いた》くなったらしく、じゃんけんのグーとパーを繰《く》り返して、「ちょっとがんばりすぎたかも」と言った。実際、みんながんばってくれた。がんばりすぎて、五時をまわっても教室に居残っていたので、見回りに来た先生に注意されたほどだった。

「明日は、湿布《しっぷ》とか持ってくるから」

*きみが言うと、二人は「そこまでしなくていいよお」「西村さん、優《やさ》しすぎーっ」と笑った。

「でも、このペースだったら、あと四、五日で終わるから」

励《はげ》ましたつもりだったが、瀬川ちゃんは「うえっ、まだけっこうあるじゃん」と顔をしかめ、ミヤちゃんも「卒業まででいいってことにしない？」と言いだした。

二人とも冗談《じょうだん》の表情や口調だったことを確かめて、きみは「だめだよお」と笑った。「だって、あんまり時間がかかりすぎると退院しちゃうでしょ」

すると、二人はちょっと困《こま》ったような顔を見合わせて、瀬川ちゃんが、いいよわたしが言うから、とミヤちゃんに目配せした。

「あのね、西村さん……由香ちゃん、もう退院できないかもしれないよ」

「……そんなに悪いの？」

「悪いっていうか、治らないんだって、腎臓《じんぞう》」

一学期に入院したときも、容態はかなり悪かった。集中治療室《ちりょうしつ》に入っていた時期もあるらしいし、*危篤《きとく》になったという噂《うわさ》も流れた。

「だから、西村さんも千羽鶴はあせんなくていいと思うよ」

「……お見舞いはどうなってるの？」

「って？」

「だから、順番決めてお見舞いに行ったりとか」

二人はまた顔を見合わせて、今度はミヤちゃんが「一学期のころは、たまに行ってる子いたけどね」と言った。「でも、みんなで行っちゃうと、かえって迷惑《めいわく》じゃん？」

「それに、あの子ほんとに無口だから、五分も話つづかないもんね」と瀬川ちゃんが言う。

「そうそうそう、お母さんが気をつかっちゃって話しかけてくるから、かえって困《こま》っちゃうんだよね」「うちらは小学校の頃から知ってるからいいけど、他の子、由香ちゃんのことあんまりよく知らないでしょ」「三年で初めて一緒《いっしょ》になった子とか、ほとんどしゃべったこともないんじゃない？」「今年なんか学校に来た日のほうが少ないでしょ」「言えたー、もう卒業できないよね、どっちにしても」「そういうの考えるとさー、元気なうちらがお見舞いに行って、受験とか高校の話とかしちゃうと、かわいそうかもよ」「うん、だからさ、西村さん、千羽鶴でいいんだと思うよ。受験前に千羽鶴折るだけでも、けっこう友情じゃん」……。

（中略）

一週間が過ぎた。

千羽鶴は、まだ完成していない。

みんなが盛《も》り上がったのは、結局、最初の二日間だけだった。*中間試験が近づいたこともあって放課後の居残りは「忙《いそが》しい子は休んでもOK」から「時間のある子だけ残る」になり、昼休みの集まりも極端《きょくたん》に悪くなった。和歌子《わかこ》ちゃん達の始めたバスケットボールが別のクラスにも広がって、フリースローのクラス対抗戦《たいこうせん》になってしまったせいだ。

文句は言えない。これは自由参加で、強制する筋合《すじあ》いのものではなく、出しゃばったことを言うと、きっと反発されて、反感を買って、嫌《きら》われる。

きみは一人で鶴を折りつづける。*朝のホームルーム前も、昼休みも、放課後も、家に帰ってからも、そして授業中まで……。

（重松清『きみの友だち』より）

＊ 千羽鶴＝数多くの折り鶴を糸に通してつなげたもの。
きみ＝本文中の「きみ」とは、西村さんをさす。西村さんのことを作者が呼びかけている表現。
危篤《きとく》＝病気の状態が重く、命があぶないこと。
中間試験＝学期を半分過ぎたころに行うテストのこと。
朝のホームルーム＝教室で行う朝の会のこと。

**問一** クラスでつくった千羽鶴を贈ることで、由香さんへどのようなメッセージを伝えられると思いますか。あなたの考えを書きましょう。

（　　　）

**問二** クラスの人たちは、なぜ千羽鶴づくりに熱心に取り組まなくなってしまったのですか。その理由を次の二点に着目して書きましょう。

① クラスの人たちの置かれている状態

（　　　）

② クラスの人たちが由香さんについて思っていること

（　　　）

**問三** あなたがこのクラスの一員だとしたら、このあとどのように行動しますか。また、その理由は何ですか。あなたの考えを、220字以上250字以内で書きましょう。

↓解答用紙P.34

第六章 生き方

# 1 試練

時間の目安 25分
難しさ ★★☆
学習日 月 日
4問中 問正解

◇ 次の文章を読んで、あとの問いに答えましょう。

「僕《ぼく》」が所属する市野《いちの》中学陸上部は、地域《ちいき》の*駅伝大会に出場する。上原《うえはら》先生は、今年から新しく陸上部の*顧問《こもん》になった。


「すみません」

謝《あやま》るべきかどうかわからなかったけど、僕は先生にそう言った。

「え？」

「なんだか、全然記録出せなくて」

「大丈夫《だいじょうぶ》だよ。これから駅伝をイメージして練習したら伸《の》びてくるから」

「ぼ、僕、本当に*1区でいいのかな」

上原先生の言葉で駅伝を想像した僕は、思わず不安が口をついて出た。

「どうして？」

「どう考えても、①僕1区向きじゃないし」

「そう？ 私《わたし》も桝井《ますい》君の区間の割《わ》り振《ふ》りは正しいと思ったけど。1区設楽《したら》君、2区大田《おおた》君。それ以外に考えられないな」

「どうして？ 先生、駅伝のことを知らないのに？」

上原先生があまりにはっきり言い切るので、僕は失礼な聞き方をしてしまった。

「確かに走りのことはわからないけど、でも、なんというか、こういう簡単《かんたん》なことはわかるっていうか」

上原先生は少し肩《かた》をすくめてから答えた。

「簡単なこと？」

「だって、設楽君、三年になってから記録が出なくなったでしょ？ その原因ってさ」

「な、何ですか」

僕は先生の言葉を遮《さえぎ》った。その原因。それこそ僕が知りたかったことだ。それがわからなくて僕は悩《なや》んでいた。

「何って、設楽君、三年生になって先輩《せんぱい》も*満田先生もいなくなって、すっかり*プレッシャーがなくなったじゃない。②私はこんなだし。だから、ここぞっていう力が出ないんだよ」

「まさか」

僕は予想外の答えに眉《まゆ》を寄せた。

「それくらいしか理由がないでしょ。私、*威圧感《いあつかん》のかけらもないし、陸上部は自由な感じになってしまっているし」

「そんなことない。僕は今も去年と同じようにやってます」

僕はむきになった。顧問が代わって、満田先生の時と一番変わってないのは僕だ。

「わかってるよ。設楽君一生懸命《けんめい》やってる。でも、私のことなんか怖《こわ》くないでしょう？ 何が何でもなんとかしなきゃって思わないでしょう？ 去年との違《ちが》いはそこだよ。設楽君はプレッシャーをはねのけようとする時に力が出るんだからさ」

「そんな……」

思いもしなかったところを突《つ》かれて、僕は心も頭もざわざわした。

「設楽君が私にきちんと接してくれてるのわかってる。満田先生と同じように、顧問だと思ってくれてるのありがたい。だけど、私には追い込《こ》まれないもんね。設楽君に限らず世の中の誰《だれ》も私になんか追い込まれないけど」

上原先生は冗談《じょうだん》ぽく言ったけど、③僕は飲み込めなかった。
乱暴《らんぼう》に言えば、僕にプレッシャーをかけるために1区にして、僕を追い詰《つ》めるために大田を2区にしたってことだ。

僕は誰かに責められていないと走れないということだろうか。いじめられっ子気質を発揮《はっき》しないとだめだということだろうか。それを思うと心中が沸《わ》き立った。桝井にそう判断されたと思うとたまらなかった。しかも、上原先生までが僕のことをそう見ていたのだ。

「とにかくここからだよ。あと一ヶ月、仕上げていこうよ」

上原先生は僕の目を見た。いいたいことはたくさんあるはずなのに、僕は何も言えなかった。

（瀬尾《せお》まいこ「あと少し、もう少し」より）

＊ 駅伝＝陸上競技の一種。長距離《ちょうきょり》を、何人かでリレーしながら走る。
顧問＝部員の相談などに応じる役目の先生。
1区＝駅伝で最初に走る区間。
満田先生＝指導が厳《きび》しかった、以前の顧問の先生。
プレッシャー＝精神的に感じる重圧。
威圧感＝相手を抑《おさ》えつけようとする感じ。

**問一** ――線①「桝井君の区間の割り振りは正しい」とありますが、「僕」が1区を走ることについて上原先生がこのように言ったのは、なぜだと考えられますか。その理由を、文章中の言葉を使って書きなさい。

**問二** ――線②「私はこんなだし」とありますが、上原先生は、自分が陸上部の顧問としてどのような存在《そんざい》であると考えているのですか。上原先生の言葉を使って書きなさい。

**問三** ――線③「僕は飲み込めなかった」とありますが、「僕」が理解しかねて疑問《ぎもん》に思ったのはどんなことですか。その内容が具体的に表現されているひと続きの二文を文章中から探《さが》し、初めの五字をぬき出しなさい。

**問四** この文章の「僕」は、苦しい立場に立たされ、「試練」のときをむかえています。これを読んで、あなたはどんなことを考えましたか。次の〔注意〕にしたがって書きましょう。

〔注意〕
○ 適切に段落《だんらく》分けをして、400字以上500字以内で書きましょう。
○ 「試練」について、あなたが感じたり考えたりしたことを、文章の内容と関連づけながら書きましょう。
○ 文章の内容のほかに、あなたの見聞や体験もまじえながら書きましょう。

→解答用紙P.35

第六章 生き方

# 2 記憶術

時間の目安 25分
難しさ ★☆☆

学習日 □月□日
3問中 □問正解

◇次の文章を読んで、あとの問いに答えましょう。

私《わたし》の授業では、私が一時間くらい話してから、突然《とつぜん》「それではここまで私が話した内容を、*ポイントを落とさずに、二分でまとめて話してください」と言います。するとたいていの人は「そんな話、聞いてなかった。そんなことを急に言われても困《こま》る」という反応を見せます。「それならメモを取っておけばよかった」と口々に言います。

二割《にわり》の人は、私が何も言わなくても、最初から一生懸命《いっしょうけんめい》メモを取っていますが、残りの八割は「ああ、話しているなあ」という感じでボーッと見ていた人たちです。この八割が、「話が違《ちが》う」とあわてるわけです。

八割の人たちも、話を聞いていなかったわけではありません。むしろ主観的には、一生懸命聞いているつもりだったと思います。私もそれほど難《むずか》しい話をしているわけではないので、聞いているときには、全部わかったつもりになっていたでしょう。ところが、①いざ*インプットした内容を正確に*アウトプットしてくださいと言われると、これが全くできない。「話が違う」ということになるわけです。

同じようなことは日常生活でも見られます。たとえばみなさんが、パソコンの操作《そうさ》の仕方を教えてもらったとします。この順序でこうして動かして、と*インストラクターから説明されているときは、何となくわかった気になります。「わかりました。どうもありがとうございます」と言って、いざ自分で操作しようとしたとき、嘘《うそ》のように手順を忘《わす》れていて、頭がまっ白になった経験はありませんか？

もし、説明されているときにメモをしておけば、そのメモを見ながらもう一度再生することができます。ですから、話された内容をもう一度自分が成り代わって話すときに、一番必要なことはメモ力ということになります。メモする習慣が一番大切なのです。

なぜわかったつもりになっていても、パソコンの操作が再現できないのかというと、インストラクターの説明の中に抜《ぬ》けているところがあるからです。インストラクターはパソコンの扱《あつか》いに慣れた経験豊富な人たちですから、当然のように*キーを押《お》していきます。たとえば電源《でんげん》を入れる行為《こうい》など、まさかそれを知らない人がいるとは思ってもいないので、説明の中に入れません。このように説明されない動作がいくつもあるのです。しかし、聞いているほうはそれらもメモしておかないと、自分でできるようにはなりません。

それはたとえば、②料理の講習会に行っても同じです。料理には下ごしらえなど段取《だんど》りがあって、料理をやったことのある人だったらわかる内容なので、講習会ではわざわざそこまで実演してみせません。ところが、聞いているほうはそこまでメモしておかないと、料理は再現できない。だから、いろいろ*補完《ほかん》しながらメモを取っていかないと、正確には再現できないのです。

「人の話はわかったつもりになっていても、もう一度再生しろと言われたら、再生できないことがほとんどである」このことを忘《わす》れてはいけません。聞いただけでは、自分の身になっていない。吸収《きゅうしゅう》できていないということです。しかし実際は、私たちが話を聞くとき、ほとんどは聞いただけの状態です。ですから私の授業では、初日に「私の話を二分で再現してください」という課題を与《あた》えるのです。

これが私の考えた「再生方式」というやり方です。たとえば、理科で*万有《ばんゆう》引力の法則について先生が説明したら、それをもう一度生徒に言わせます。説明できればわかったということになります。明治維《い》新《しん》はなぜ成功したのか、先生が二十分くらいで話したとします。その内容を三、四分で要約して話せれば、それがわかったということです。二人一組で交互《こうご》に話せば、無駄《むだ》なく全員ができます。

　聞いただけでは記憶《きおく》は定着しません。しかしそれを再生すれば、記憶に残るようになります。つまり話すことによって定着するのです。だから同じ話を二、三人に向かって続けざまに話すと、話は完全に定着します。

　私はこの再生方式による記憶定着術を、自分が中学生のときから実《じっ》践《せん》していました。たとえば、社会科の教科書を友だちと二人で交互に一ページずつ読み合います。一ページ読んだら、それを聞いていた方が教科書を伏《ふ》せて説明をします。読んだ方は教科書を見ながら、抜けているところや用語を指摘《してき》していくわけです。

　すると再生して話すことで、記憶が定着していきます。このやり方で一番大切なのは、「次に自分が話すのだ」と思って聞くことです。話すことを前提に聞くと、吸収力が何倍にもなります。だから聞く時の態度がとても大切です。③聞き上手とは、それを再生しろと言われたらできる人のことなのです。

（齋藤孝《さいとうたかし》「話し上手　聞き上手」より）

＊　ポイント＝大事なところ。要点。
インプット＝外部から入れること。ここでは、人から話を聞くこと。
アウトプット＝外部に出すこと。ここでは、人から聞いた内容を自分で話すこと。
インストラクター＝指導をする人。技術を教える人。
キー＝ここでは、コンピューターのボタン。
補完＝足りない部分をおぎなうこと。
万有引力の法則＝全ての物体が持っている、たがいに引き合う力についての法則。

**問一**　――線①「**いざインプットした内容を正確にアウトプットしてくださいと言われると、これが全くできない**」とありますが、このような状態になるのはなぜですか。理由について次のように答えるとき、□にあてはまる言葉を文章中から六字でぬき出しなさい。

**話を聞いていなかったわけではなく、話された内容をもう一度自分で話すために必要な□がなかったから。**

**問二**　――線②「**料理の講習会に行っても同じです**」とありますが、どのようなことが「同じ」なのですか。文章中の言葉を使って書きなさい。

**問三**　――線③「**聞き上手とは、それを再生しろと言われたらできる人のことなのです**」という筆者の主張をふまえ、「**話を聞く**」ことについてのあなたの考えを、次の〔注意〕にしたがって書きましょう。

〔注意〕
○　適切に段落《だんらく》分けをして、400字以上500字以内で書きましょう。
○　「**話を聞く**」ときにどんなことが大切か、「**聞き上手**」とはどんな人のことかなどについて、あなたの自身の考えを書きましょう。
○　この文章中に出てくる「**授業**」「**パソコンの講習会**」「**料理の講習会**」とは異《こと》なる、あなた自身の体験をまじえて書きましょう。

→解答用紙P.35

第六章　生き方

# 3 情報化

◇　次の文章を読んで、あとの問いに答えましょう。

ジャングルの中を歩いていると、「何か」が目に止まる。何だか知らないけど、それに惹《ひ》きつけられた。どうしてなのか、理由はわからない。それが何に役立つのかもわからない。でも、これがそのうち、ある状況《じょうきょう》において、*死活的に重要なものだったとわかる日が来るような気がする。だから、とりあえず「*合切袋《がっさいぶくろ》」に放り込《こ》んでおく。「何の役に立つのか今は言えないが、いずれ役に立ちそうな気がするもの」に反応する能力の有無が生死にかかわることがある。

*石原裕次郎《いしはらゆうじろう》が太平洋単独航海に挑《いど》んだ*堀江謙一《ほりえけんいち》青年を演じた『太平洋ひとりぼっち』という映画《えいが》の中に印象深い場面があった。マーメイド号に乗り込んで出航するとき、堀江青年は①床《ゆか》に落ちていた小さな板切れを海に棄《す》てようとするのだが、思いとどまる。そのうち何かの役に立ちそうな気がしたからである。

しばらくしてヨットは嵐《あらし》に襲《おそ》われる。船室の船窓《せんそう》のガラスが破《やぶ》れ、そこから海水が浸入《しんにゅう》してくる。

堀江青年は片手《かたて》で穴《あな》を抑《おさ》えながら、片手で必死にあたりを探《さぐ》る。すると板の切れ端《はし》に手がかかる。それを窓《まど》にあてがって釘《くぎ》でばんばん打ちつけると浸水は止まった。

この板切れを棄てようとしたときに、「これ、そのうち何かの役に立つんじゃないかな」という思いがふと胸《むね》に浮《う》かんだことで、堀江青年は命を救われた。

という*エピソードを映画で見たのが今から四五年ほど前の話で、そのときに「このエピソードはなんだかきわめて重要な教訓を含《ふく》んでいるように思うが、今の僕《ぼく》にはそれがどういう教訓かわからない。でも、とりあえず記憶《きおく》しておこう。そのうち何かの役に立つかもしれないし」と小学生の私《わたし》は思ったのである。（思ったわけじゃないけど、忘《わす》れなかったのである。）そのまま映画のことを忘れて半世紀近くたって、ある講演会で、「*ブリコルール」の例として適当なたとえ話はないかな……と思っているときにこのエピソードを思い出したのである。

この映画的記憶は映画を観てから四五年経ってようやく「役に立つ」状況に*遭遇《そうぐう》したわけである。「そのうち」というのはこれくらいの時間の幅《はば》を含むのである。

*閑話休題《かんわきゅうだい》。

というわけで、「情報化する人」というのは、そういうふうに出会うすべてのものを「そのうち何かの役に立つかもしれない」と脳内《のうない》にどんどん溜《た》め込んでゆくのである。

不思議なもので「これは絶対に覚えておかなくてはならない」ことを記憶するにはけっこうな手間ひまがかかるのであるが、「そのうち何かの役に立つかもしれない（し、何の役にも立たないかもしれない）」ことを記憶するには何の努力も要さない。だって、ことの定義上、そこで記憶されるのは、それを忘れたとしても、忘れたことさえ忘れられるようなことだからである。

だから、「そのうち役に立つかも」と思っているものは脳内にいつのまにか溜まってゆく。それこそ*ボルヘスの「バベルの図書館」的な*スケールで増殖《ぞうしょく》してゆく。

ところが、②その有用性や実利性が熟知《じゅくち》されている「これは絶対覚えておかなくてはならない」ことはなぜか脳内にとどまってくれないのである。まさに、その有用性や実利性が熟知されているがゆえに、

| | |
|---|---|
| 時間の目安 | 25分 |
| 難しさ | ★★☆ |
| 学習日 | 月　日 |
| 3問中 | 問正解 |

「これはいったい何の役に立つのだろう?」という問いの*センサーが、そういう情報についてはまったく作動しないからである。だって、もともと有用であることがわかっており、世間の人々も「有用である、価値《かち》がある」と太鼓判《たいこばん》を押《お》しているのである。何が悲しくて自力で、それに「こんなふうにも使えます!」というような用途《ようと》を探《さが》してあげる必要があろうか。*デスクトップ・パソコンは「漬物石《つけものいし》代わりにも使える」というようなことを*アナウンスしても、誰《だれ》もほめてくれない。

しかし、知性の*パフォーマンスが爆発的《ばくはつてき》に向上するのは、「その有用性が理解できないものについて、これまで誰も気づかなかった、それが蔵《ぞう》している潜在的《せんざい》な有用性」を見出《みいだ》そうとして作動するときなのである。自分が何を探しているのかわからないときに自分が要《い》るものを探し当てる能力、それが知的パフォーマンスの最高の様態である。あらかじめ*リストにあるものを探すなら誰でもできる。自分が何を必要としているのか判《わか》らないときに、「これ」が役に立つと判定できるのは、自分の存在《そんざい》のかたちをそのとき書き換《か》えたからである。

（内田樹《うちだたつる》「邪悪《じゃあく》なものの鎮《しず》め方」より）

＊ 死活的＝生死にかかわる様子。　合切袋＝色々なものを入れておくための袋。
石原裕次郎＝映画俳優《はいゆう》。　堀江謙一＝冒険家《ぼうけんか》。
エピソード＝話の本筋《ほんすじ》にはかかわらないが、興味をひく短い話。
ブリコルール＝ありあわせで何かを作り上げる人。　遭遇＝不意に出あうこと。
閑話休題＝話を元にもどすときの言葉。それはさておき。
ボルヘスの「バベルの図書館」＝作家ボルヘスが書いた小説に出てくる図書館。
スケール＝規模《きぼ》。　センサー＝何らかの状態を感じとって知らせる機器。
デスクトップ・パソコン＝机《つくえ》の上で使うための個人用のコンピュータ。
アナウンス＝知らせること。　パフォーマンス＝性能や機能。
リスト＝ある目的のために、必要なものを書き出した一覧表《いちらんひょう》。

**問一** ――線①「**床に落ちていた小さな板切れ**」は、この文章の中でどんなものの例として挙げられていますか。文章中から三十二字で探《さが》し、初めと終わりの五字をぬき出しなさい。（句読点も一字にふくみます。）

～

**問二** ――線②「**その有用性や実利性が熟知されている『これは絶対覚えておかなくてはならない』ことはなぜか脳内にとどまってくれない**」とありますが、この理由を、「センサー」「パフォーマンス」という言葉を使って説明しなさい。ただし、二つの言葉はどんな順番で使ってもかまいません。

**問三** 〰〰線部「**情報化する人**」について、あなたはどんなことを考えましたか。次の〔注意〕にしたがって書きましょう。

〔注意〕
○ 全体を二段落《だんらく》構成とし、400字以上500字以内で書きましょう。
○ 前半の段落には、「**情報化する人**」とはどんな人のことなのか、文章全体の内容をふまえて、筆者の考えをまとめましょう。
○ 後半の段落には、前半でまとめた内容について、あなたが感じたこと、考えたことを書きましょう。

→解答用紙P.36

第六章　生き方

# 4 貢献

時間の目安　25分
難しさ　★★☆

学習日　　月　　日
4問中　　問正解

◇ 次の文章を読んで、あとの問いに答えましょう。

私《わたし》たちは小さいころからあらゆる機会に評価されてきました。ですから、いい評価をされると、それだけで最終目標を達成したと思いがちです。しかし、それは間違《まちが》いなのです。

例えば学校での評価、テストの点数があります。算数で百点をとった、すごい！　百点だ！　バンザイ、そう言って①あたかもそれが最終目標のように思ってしまいがちではないでしょうか。

しかし、点数を取ることが勉強することの目標なのでしょうか？　算数で百点をとったから目標達成、ということでしょうか？　それはまったく違います。点数を取った後が問題なのです。その算数の知識と能力を使ってどのような職業に就《つ》き、そこでどのようにその才能を活《い》かし、素晴《すば》らしい製品を作ったり、新しいシステムを作ったりして、社会に＊貢献《こうけん》していくか、自分も生きがいを発見し、社会をもっと幸せにしていくか、本来はそれこそが最終目標なのです。点数や評価は中間地点にすぎません。

テストや評価を踏《ふ》み台にして実力をつけて、実力がついたらそれをなんらかの形で使っていこう、ということなのです。点数ではなくて実力が問題です。その実力も「評価」されるためのものではなく、実際に使っていくための実力です。

ところが私たちは、勉強するのは点数をとるためで、算数のテストが終われば「もう算数のことは忘《わす》れよう」ということになりがちです。次の試験は国語だから、算数で覚えたことはもうどうでもよくて、今度は国語の勉強をしようとか考える。あるいは、勉強するのは入試のためだから、入試に通ってしまえばあとはどうでもいいと思ってしまう。つまり評価が最後にある、最終目標であると思ってしまっているのです。

問題は、あなたがどう評価されるかではないのです。その力をあなたが社会の中でどのように使っていくかが大切なのです。学校で評価されたことよりも、それからあとで、社会的人間として社会のほうにいかに投げ返していくかということです。

例えば、調理学校でがんばって勉強するのは、素晴らしいコックや板前になって、美味《おい》しい料理を作る実力をつけるためです。美味しい料理は人を幸せにします。調理師学校の成績がいくら良くても、料理コンクールで一位になっても、毎日作る料理がまずければどうしようもないでしょう。「学ぶ」ことは、成績のため、評価のためではないのです。もちろん、いい成績を取ろう、いい評価をもらおうということは、［A］する励《はげ》みになります。ですからテストのためにがんばったり、コンクールにチャレンジするのはとても大切なことです。しかし、そうやって実力をつけ、それを「活かす」ことに意味があるのです。評価のためだけの「死んだ」成績ではなく、「活きた」実力こそが大切なのです。

評価をもらうことがいちばん重要なのではありません。全ての分野で百点をとることが必要なのではなくて、自分が命を懸《か》けてやるぞと決めたこと、それをやりたいと思って続けていく中で、評価を＊ステップにして［B］をつけていくことが大切なのです。

評価よりも自分が成長していくこと、評価よりも貢献することが重要なのです。

それは「かけがえのなさ」についても同じことです。だれだって自分がかけがえのない人間だと思いたいでしょう。しかし、自分はかけがえのない人間だ、素晴らしい人間だと思いたい、そのことによって自分の自己愛《じこあい》を満たしたい、ということが目標になってしまっては、それは「死んだ」成績と同じです。

②私はかけがえのない存在《そんざい》だ、バンザーイ、はい終了《しゅうりょう》、ではあまりに*こっけいだと思いませんか。しかし私たちは、あなたはかけがえのない人間だ、愛されるに足る人間だというふうに言われて、自分が評価された、そして目標が達成されたというように誤解《ごかい》してしまいがちなのです。テストでいい点数が取れたときのようにです。

テストでいい点数を取ったときのように、それは喜ぶべき事です。しかし、問題はその後なのです。私は愛されるに足る存在だ、素晴らしい人間だ、かけがえのない存在だ、ああ良かったと思い、そのあとは何もしない、それはあまりにもかたよった*心理主義というべきでしょう。

（上田紀行《うえだのりゆき》「かけがえのない人間」より）

＊ 貢献＝ある物事や社会のために役立つように力をつくすこと。
ステップ＝ここでは踏み台のこと。
こっけい＝ばかばかしいこと。
心理主義＝さまざまな問題を人間の心の状態にもとづいて考える立場。

**問一** ――線①「**あたかもそれが最終目標のように思ってしまいがちではないでしょうか**」とありますが、筆者が考える「最終目標」とは何ですか。具体的に説明している一文を文章中から探《さが》し、初めと終わりの五字をぬき出しなさい。（句読点も一字にふくみます。）

［　　　　　］～［　　　　　］

**問二** 文章中の□A・Bにあてはまる言葉を、文章中からそれぞれ漢字二字でぬき出しなさい。

A［　　］　B［　　］

**問三** ――線②「**私はかけがえのない存在だ、バンザーイ、はい終了、ではあまりにこっけいだと思いませんか**」とありますが、本当の意味で「**かけがえのない存在**」になるには、どんなことが必要だと考えられますか。筆者の考えをふまえ、「**踏み台**」「**社会**」という言葉を使って書きなさい。ただし、二つの言葉はどんな順番で使ってもかまいません。

［　　　　　　　　　　］

**問四** あなたは、「**勉強することの目標**」について、どのように考えますか。次の〔注意〕にしたがって書きましょう。

〔注意〕
○ 適切に段落《だんらく》分けをして、400字以上500字以内で書きましょう。
○ この文章の筆者の考えにもふれたうえで、あなた自身の考えを書きましょう。

→解答用紙P.36

# 5 環境による生き方

時間の目安　25分
難しさ　★☆☆
学習日　月　日
3問中　問正解

◇ 次の文章を読んで、あとの問いに答えましょう。

私《わたし》の子どもの頃《ころ》、友達だったミッちゃんの家は、郊外《こうがい》の住宅地《じゅうたくち》にその頃建ちはじめていた、西洋館と呼《よ》ばれていたものだった。そのような家には洋間《ようま》といわれる部屋が一つあって、壁《かべ》が広くて、小さな出窓《でまど》がついている。ようかんとショートケーキをくっつけたような感じの家だった。その洋間の壁の隅《すみ》に背中《せなか》をまるめてすわると、穴《あな》のなかにすっぽり収《おさ》まって、守ってもらっているようで気持ちがよかった。私の生家《せいか》は純《じゅん》日本風でこういうところがなかった。寄りかかるとしたら、柱か、不安定なふすましかない。それに東西に続く表と裏《うら》の長い廊下《ろうか》は庭に向かっていつも開けっ放しで、空気は内も外もなく流れ、音も、おしゃべりも、いざこざも出たり入ったりしていた。*やなぎの下で手をだらりと下げてぼーっと立っているだれかさんも、いつなんどき入ってくるかもわからない。そんな造りだった。でも言いかえれば、そんな人たちの存在《そんざい》をいつでも感じながら暮《く》らしていたともいえる。

気候風土の違《ちが》いもあって、いわゆる西洋風の家と日本の家の建て方には、おおきな違いがあった。いまは生産システムが近代化されて、その差がなくなっているけれども、以前は西洋の家はまず壁を囲むように建て、屋根をのせる。日本の家はというと、柱を立てて、屋根をのせ、柱のあいだを移動可能な間仕切《まじき》りで囲む。したがって開口部が大きい。一方は壁の家で、もう一方は柱の家なのだ。①壁族、柱族といったらいいだろうか。この建て方の違いはそこに住む人にいろいろな影《えい》響《きょう》をあたえているのではないだろうか。

「私はここにいる」といったときの「ここ」はきっとおなじ「ここ」ではない。壁に囲まれていると、むこうはすぐとなり……もしかしたら自分のなかにまで入りこんでいる。壁のなかではだかれているように快適だから、むこうのなにがいるかもわからないような暗がりとはあまり付き合いたくない。そしてこっち側がしだいに価値《かち》あるものになり、生まれたときから囲まれていた壁を境にして、分けるという意識が強くなっていく。

「自分をつかまえる」とか「自分探《さが》し」とかいって、このごろよく*アイデンティティというものが問題になるけど、壁族と柱族ではおのずと現れてくる自分も違ってくるのではないだろうか。他者とくらべて違う自分を発見していくのと、他者をとりこみながら自分を発見していくのとでは、中身はずいぶん違ってくるような気がする。一言ではなかなかいえないことだけれども、魔法《まほう》というものの考え方も違ってくるように思う。壁族では魔法はその時代の価値観で、何がいいことで何が悪いことかを分けるために利用されてきた。いつもその間になんらかの戦いがあった。魔女もそれに巻《ま》きこまれて、火のなかに投げこまれるような運命をたどることになってしまったのだ。

また、神ともいえるおおいなる力の捉《とら》え方も違ってくるように思う。外も、内もないような柱族の暮らしでは、いいことも悪いこともくるくると変わる。おそろしいものも、ときにはやさしい。こんな自然が身近にあれば、神様も分けて一つとはきめられない。本にも、雲にも、岩にも、神様は顔をのぞかせるのだ。そのときどきでひいきにしたり、しなかったりする。こんなところでは、善《ぜん》はもしかしたら悪かもしれず、悪はもしかしたら善かもしれない。

それで、「人生いろいろ」といって重大な問題があやふやになったりすることもある。でも強い自己《じこ》主張にぎりぎりと追いつめられたようなことにはあまりあわないですむかもしれない。その反面、強い自己主張に引っ張られてしまうこともある。いいかげんなようだけど、どちらがいいとも悪いともいえない。いったいいいとか、悪いとか決めることなどできるのだろうかと思ってしまう。そのときどきで助けになってくれるのは、人に与《あた》えられている想像力という力ではないだろうか。これに精一杯《せいいっぱい》働いてもらって、自分の場所を見つけ、心を自由にして、人と気持ちを交あわせながら、なるべくおだやかにいきていきたいと思う。そんなわけで、私には比較《ひかく》し、そぎ落として、自分を見つけるより、ぐちゃぐちゃいっしょが心地《ここち》よい。②やっぱり……私は柱族だなと思ってしまう！

（角野栄子《かどのえいこ》「ファンタジーが生まれるとき」より）

＊ やなぎの下で手をだらりと下げてぼーっと立っているだれかさん＝幽霊《ゆうれい》のこと。
アイデンティティ＝ここでは、変わらずに存在し続ける自分のこと。

**問一** ――線①「壁族、柱族」とありますが、これらについて次のように説明するとき、［　］A・Bにあてはまる言葉を、それぞれ五字以上十字以内で文章中からぬき出しなさい。

・壁族＝壁が主体の家に住む人たちのこと。自分とまわりの世界を明確に分けながら暮らし、［A］自分を発見していこうとする。

・柱族＝柱が主体の家に住む人たちのこと。常にまわりの世界の存在を感じながら暮らし、［B］自分を発見していこうとする。

A

B

**問二** ――線②「やっぱり……私は柱族だな」とありますが、筆者は、自分のどのような考え方についてこのように述べているのですか。次のように説明するとき、［　］にあてはまる言葉を、「善悪」「おだやか」という言葉を使って書きなさい。

**開放的で外と内の区別があやふやな「柱の家」での暮らしのように、自由な心で想像力を働かせながら［　］いきたいという考え方。**

**問三** この文章の内容をふまえて、「環境《かんきょう》と人」という題で作文を書きましょう。ただし、次の〔注意〕にしたがいなさい。

〔注意〕
○ 題名、氏名は書かずに一行目から書きましょう。
○ 適切に段落《だんらく》分けをし、360字以上400字以内で書きましょう。
○ 初めに、この文章の筆者の「環境と人」についての考えをまとめ、次にあなた自身の考えを書きましょう。

→解答用紙P.37

第六章 生き方

# ⑥ 好奇心

時間の目安 25分
難しさ ★★☆
学習日 月 日
4問中 問正解

◇次の文章を読んで、あとの問いに答えましょう。

さいきんの*脳生理学《のうせいりがく》などのあたらしい学問がおしえてくれるところによると、人間の頭脳は、ほとんど無限に情報を*蓄積《ちくせき》することのできるだけの容量をもっている、という。もしも、人間の情報蓄積のいれものである頭脳が、小さな容量しかもっていないのなら、情報はあふれ出してしまうだろうが、じっさいには、底の深い大きないれものなのであるから、いくらいれてもだいじょうぶ。だから、とりわけ、人生のなかでもっとも精神活動のしなやかな青年期には、まさに「何でも見てやろう」の心がまえで、なんでも見、なんでも聞き、なんでも食べてみたらいい。そんなところで、控《ひか》え目になっていたのでは困《こま》る。大いに、情報については、欲張《よくば》りであってよい。

しかしこのことは、われわれおとなの世界では、しばしば忘《わす》れられがちである。というのは、幼児期《ようじき》や少年期とちがって、人間はおとなになると、大いに分別くさくなり、ややもすれば、「何でも見てやろう」の精神を失いがちだからである。なるほど、われわれは、小学生のころまでは、なんでも知りたがった。親からうるさがられるほど、これは何、これはなぜ、というふうに、あらゆることがらについて好奇心《こうきしん》にみちた質問を発した。親だの先生だのは、そういう質問攻《ぜ》めにあって、困るほどであったりもした。いわば、外界のあたえてくれる、さまざまな情報を、息をもつがせず、せっせと頭のなかに汲《く》み上げてくるひたむきな姿勢《しせい》がここにはあった。

ところが、中学から高校にかけて、人間は微妙《びみょう》な時期をむかえる。簡単《かんたん》にいえば、一種のはにかみのようなものがうまれ、あからさまな好奇心の発動がすくなくなるのだ。これは何、なぜ、という、あの子ども時代の*旺盛《おうせい》な好奇心に、*抑制《よくせい》がかかるからである。幼《おさな》いころには、知らない、ということがすこしも心理的に負担《ふたん》になったりはしないが、十代のなかばになると、知らない、ということが恥《は》ずかしい、という気持ちをよびおこすのだ。ほんとうは知らないのだけれど、知らない、というとひとに笑われるのではないか、という不安がある。だから、①知らないのに、知っているようなフリをする。要するに好奇心にフタをしてしまうのだ。

知らないことを、すなおに知らない、といい、知る努力をすれば、情報の蓄積は子ども時代とおなじように、ぐんぐんふえていくだろう。ところが、「知らない」というひとことを言えないために、ほんとうはふえてゆくはずの情報がふえない。むかしから、「聞くは一時の恥《はじ》、聞かぬは一生の恥」というコトワザがある。「知らない」ということばを口にするのは、恥ずかしいことかもしれないが、知らないくせに知ったようなフリをしていることは、一生知らぬままにすごすということであって、したがって「一生の恥」というわけだ。

むき出しの好奇心にブレーキをかけて、はっきり「知らない」といえず、そして、それを恥ずかしい、と思うようになるのは、それだけ自我《じが》意識が確立した、ということにほかならないわけだから、いちがいに、それをわるいことだ、とは思わない。しかし、知りたいという欲求をおさえて、知ったかぶりをする、というのは人生の生き方として、大きなマイナスなのではないか。頭のなかには、まだ、いくらでも情報は入る余裕《よゆう》がある。好奇心にブレーキをかけるのは、けっして*賢明《けんめい》なことではないのだ。

だが、こうした知ったかぶりは、まだよい。さらに困るのは、②二十歳《はたち》そこそこで、世界のことはすべてわかった、という*増長慢《ぞうちょうまん》になってしまう人たちである。それは、ひとえに現在の日本での教育制度、あるいは教育観とかさなりあった問題なのかもしれないが、学校教育がおわると同時に、情報の吸収《きゅうしゅう》をぴったりととめてしまう人がすくなくない。つまり、知るべきことは、すべて、学校で知りつくしてしまった、というまちがった思いこみが、これらの人びとを支配しているのである。しかし、すこしかんがえてみればわかることだが、学校を卒業したから、それで現代の人間の知っていなければならないすべてがおしまい、といった観念は、むしろ*滑稽《こっけい》だ。学ぶべきこと、おぼえるべきことは、無限である。人間の向学心、あるいは好奇心は、その無限の世界にむかって、いつも積極的にかかわりあっていなければならない。ほんのちょっぴりの知識を学びとったから、といって、*ごう慢になったら、そのとき、③人間の精神は成長を停止したのだ、といってもよい。

（加藤秀俊《かとうひでとし》「独学のすすめ」より）

＊脳生理学＝人間の考えや感情などを、脳のはたらきから解明しようとする学問。
蓄積＝たくさんたくわえること。
旺盛＝活動力が盛《さか》んである様子。
抑制＝おさえとどめること。
賢明＝かしこくて、判断が適切であること。
増長慢＝未熟《みじゅく》であるのに、自分を過信しておごり高ぶる様子。
滑稽＝ばかばかしいこと。思わず笑ってしまうようなおもしろいこと。
ごう慢＝おごり高ぶって他人を見下すこと。

**問一**　――線①「知らないのに、知っているようなフリをする」とありますが、この様子を表す言葉を文章中から六字でぬき出しなさい。

□□□□□□

**問二**　――線②「二十歳そこそこで、世界のことはすべてわかった、という増長慢になってしまう」とありますが、なぜこうなってしまうのですか。理由を次のように説明するとき、□にあてはまる言葉を文章中から三十八字で探《さが》し、初めと終わりの五字をぬき出しなさい。

現在の日本での教育制度や教育観のせいもあって、□にとらわれてしまうから。

□□□□□　～　□□□□□

**問三**　――線③「人間の精神は成長を停止したのだ」とありますが、こうならないためには、どのようなことが必要なのですか。筆者の考えをふまえ、文章中の言葉を使って書きなさい。

（　　　　　　　　　　）

**問四**　あなたは、「好奇心と学び」についてどう考えますか。この文章の筆者の考えをふまえ、次の〔注意〕にしたがって書きましょう。

〔注意〕
○ 適切に段落《だんらく》分けをして、400字以上500字以内で書きましょう。
○ あなた自身の体験をまじえて、考えたことを書きましょう。

→解答用紙P.37

第六章　生き方

# 7 原点

時間の目安　25分
難しさ　★☆☆
学習日　　月　　日
3問中　　問正解

◇次の文章を読んで、あとの問いに答えましょう。

子供《こども》の頃《ころ》、私《わたくし》は虫が大好きな昆虫《こんちゅう》少年だった。最初は蝶《ちょう》。捕虫網《ほちゅうあみ》を握《にぎ》りしめて、じっと目当ての蝶が飛来するのを待った。暑い夏の日。蝶はなかなかやってこなかった。今日はあきらめて帰ろうととぼとぼその場を離《はな》れかけ、もう一度振《ふ》り返ると、高い梢《こずえ》のあいだを縫《ぬ》うように蝶が飛び去って行くのが見えた。蝶には通り道とそこを通る特定の時間帯がある。

また別のあるとき、目を皿のようにしてミカンの葉の裏《うら》に産みつけられたアゲハチョウの卵《たまご》を探《さが》した。黄色く光る小さなその卵を枝ごとそっと持ち帰った。スケッチと短い文章からなる観察記録を毎日つけた。卵から孵《かえ》った黒い幼虫《ようちゅう》は、まず卵の殻《から》を食べ、そして一心にミカンの葉を食べる。何回も脱皮《だっぴ》してその都度、大きくなる。黒い幼虫は、鮮《あざ》やかな緑色になる。その肌《はだ》の文様《もんよう》にはすでにアゲハチョウの翅《はね》の予感が宿っている。

蝶への興味はやがてもっと硬質《こうしつ》の美しさへの*希求にとってかわる。あこがれたのはルリボシカミキリだった。小さなカミキリムシ。でもめったに採集できない。その青色は、どんな絵の具をもってしても描《えが》けないくらいあざやかで深く青い。こんな青は、*フェルメールだって出すことができない。その青の上に散る斑点《はんてん》は真っ黒。高名な書家が、筆につややかな漆《うるし》を含《ふく》ませて一気に打ったような二列三段《だん》の見事な丸い点。大きく張り出した優美《ゆうび》な触覚《しょっかく》にまで青色と黒色の互《たが》い違《ちが》いの文様が並《なら》ぶ。私は①息を殺してずっとその青を見つめつづけた。

君が好きなものが、たとえば鉄道だってそれは全然かまわない。君はきっと紙の上に点と線を書きつけて路線図を描くだろう。山手線《やまのてせん》だろうが常磐線《じょうばんせん》だろうが駅名はいつの間にかすべてすっかりそらんじている。そのうち君は、ある鉄橋を渡《わた》る列車の写真を撮《と》るために、地形図や時刻表《じこくひょう》を*丹念《たんねん》に調べ始める。鉄道の歴史や廃線《はいせん》のあとを知るために図書館に行って本や資料を探す。

図書館の書庫に降《お》りて、本棚《ほんだな》の隅《すみ》にようやく探していた本を見つける。開くと埃《ほこり》の匂《にお》いがする。裏表紙《うらびょうし》をあけてみる。そこに貼《は》られている貸し出し票《ひょう》の日付印。なんと君は十年ぶりの借り手だ。誰《だれ》にも読まれず書庫の*澱《おり》のなかに眠《ねむ》っていた本。それを今、君が手にする。なんとなくうれしくなる。それは君がちゃんと道を踏《ふ》んでいる確かな証拠《しょうこ》だ。十年前、この道をたどった誰《だれ》かと同じように。

あるいは君は、ある日の夕方、ふと空を見上げると沈《しず》みかけた夕陽《ゆうひ》に照らされてたなびく雲が流れてゆくのを眺《なが》めるときがある。ちぎれた細い雲の先の空は、もう群青色《ぐんじょういろ》におおわれて、青がすっかり濃《こ》くなっている。そこに君は小さな星がまたたいているのに気づく。またたく星は、風にかきけされそうだけど、わずかな輝《かがや》きは失われることがない。でもその光は果てしなく遠くにある。君はその時の、そんな気持ちを忘《わす》れないでいてほしい。それは時を経て、くりかえし君の上にあらわれる。それはいつか読んだ小説の中にもあったし、*山崎《やまざき》まさよしの歌の中にもある。あるいは一千二百年前の万葉集《まんようしゅう》の中にでも。

調べる。行ってみる。確かめる。また調べる。可能性を考える。実験してみる。失われてしまったものに思いを馳《は》せる。耳をすませる。目を凝《こ》らす。風に吹《ふ》かれる。そのひとつひとつが、君に世界の記述のしかたを教える。

私はたまたま虫好きが*嵩《こう》じて生物学者になったけれど、②今、君が好きなことがそのまま職業に通じる必要は全くないんだ。大切なのは、何かひとつ好きなことがあること、そしてその好きなことがずっと好きであり続けられることの*旅程が、驚《おどろ》くほど豊かで、君を一瞬《いっしゅん》たりともあきさせることがないということ。そしてそれは静かに君を励《はげ》ましつづける。最後の最後まで励ましつづける。

ルリボシカミキリの青。その青に震《ふる》えた感触《かんしょく》が、私自身の*センス・オブ・ワンダーだった。そして、その青に息をのんだ瞬間《しゅんかん》が、まぎれもなく私の原点である。私は虫を集めて何がしたかったのだろう。それは今になるとよくわかる。フェルメールでさえ作り得ない青の由来を、つまりこの世界のありようをただ記述したかったのだ。

（福岡伸一《ふくおかしんいち》「ルリボシカミキリの青」より）

＊ 希求＝強く願い求めること。
フェルメール＝十七世紀オランダの画家。美しい青色を用いることで知られる。
丹念＝心をこめてていねいに行う様子。
澱＝液体の底にしずみ、たまったかす。
山崎まさよし＝現代の日本の歌手。
嵩じて＝より強くなって。
旅程＝旅の道のり。
センス・オブ・ワンダー＝不思議なもの、美しいものにふれたときの感覚。

**問一** ——線①「**息を殺してずっとその青を見つめつづけた**」とありますが、この体験は、筆者にとってどんなものですか。次のように答えるとき、□にあてはまる言葉を文章中から二字でぬき出しなさい。

**生物学者である現在につながる、自分の□。**

**問二** ——線②「**今、君が好きなことがそのまま職業に通じる必要は全くないんだ**」とありますが、「好きなこと」について、筆者はどのような考えを述べていますか。次のようにまとめるとき、□にあてはまる言葉を、Aは文章中から九字でぬき出し、Bは文章中の語を参考にして二字で書きなさい。

**好きなことを持ち、それについて自分なりに考えたり行動したりすることで A がわかる。また、好きなことを持ち続けると豊かで充実《じゅうじつ》した時間を過ごせ、それが生きていくうえでの B となる。**

A

B

**問三** あなたは、自分の好きなもの、好きなことを通してどんなものを得たことがありますか。次の〔注意〕にしたがって書きましょう。

〔注意〕
○ 全体を二段落構成とし、360字以上400字以内で書きましょう。
○ 前半の段落には、あなたが好きなもの、好きなことを通して何かを得た体験について、具体的に書きましょう。
○ 後半の段落には、前半に書いた内容について、あなたが感じたこと、考えたことを書きましょう。

→解答用紙P.38

第六章 生き方

# 8 職業

◇次の文章を読んで、あとの問いに答えましょう。

*高度成長は、日本を変えました。今のアフガニスタンやイラクのような状態から出発した日本は、赤ん坊《ぼう》や幼児《ようじ》が簡単《かんたん》には死なない社会を作り上げました。それは簡単なことではありません。確かに犠牲《ぎせい》もありました。もっとも大きな犠牲は環境破壊《かんきょうはかい》です。工業化を進め、宅地《たくち》の造成に加えて、たくさんのダムや道路やトンネルを造ったので、美しかった自然が破壊されました。しかし、だからといって、高度成長が全体として間違《まちが》っていたわけではないと思います。破壊され、汚《お》染《せん》された環境は、これから長い時間をかけて修復していかなくてはなりませんが、わたしたちは、高度成長によって、さまざまな豊かさと可能性を手に入れたのです。

そして、1970年代のどこかで高度成長は終わりました。電気製品や、住宅や家具や自動車が、驚異的《きょういてき》に売れ続けた時代が終わったのです。どうしても欲《ほ》しいものがあり、生活に必要なものが足りなかったから、爆発的《ばくはつてき》な*需要《じゅよう》があったわけです。今はだいたいすべての家にテレビがあるはずです。日本人全員が先を争ってテレビを買い求めた時代は終わったのです。日本人全員が欲しがる商品は、携帯《けいたい》電話とパソコンが最後ではないかと言われています。そうやって経済《けいざい》の状態が変わると、企業《きぎょう》の経営や、*雇用《こよう》のシステムも変わり、社会全体に変化が訪《おとず》れます。しかも、80年代の終わりには、世界のシステムの根本にあった資本主義と社会主義の対立である冷戦が終わり、またインターネットなどの通信革命《かくめい》が起《お》こって、世界全体に変化の波が押し寄せました。

| | |
|---|---|
| 時間の目安 | 25分 |
| 難しさ | ★★☆ |
| 学習日 | 月　日 |
| 3問中 | 問正解 |

テレビや新聞でみなさんも知っているとおり、①今の日本は*不況《ふきょう》です。どうして不況になったのでしょうか。日本経済がダメになったのでしょうか。それは違います。高度成長が終わって、日本社会は大きく変化しました。また冷戦後世界も大きく変わりました。しかし今でも、日本のほとんどのシステムは、高度成長期のままです。つまり内外の変化に対応できていないのです。変化に対応できていないのは、システムだけではありません。人びとの考え方・意識も、どこかで高度成長期を引きずっています。それは日本人と日本社会にとって強烈《きょうれつ》な体験で、しかも成功体験なので、その考え方・意識を変えるのは思っているほど簡単ではないのです。

たとえば、経済の影響《えいきょう》で、経営の方法や、雇用の形が劇的《げきてき》に変化しました。高度成長のころは、ほとんどすべての企業が大変な利益を得ることができたので、ある会社に入社した人は、だいたい一生その会社で働くのが常識でした。利益があったので*リストラする必要がないし、商品や製品は爆発的に売れ続けたので、毎年毎年新入社員が必要でした。今は、違います。非常に変化が激《はげ》しく、企業間の競争も厳《きび》しいので、一つの会社で一生勤《つと》める、という原則が崩《くず》れようとしています。どこか大きな会社に入社できたらもう安心、という時代ではなくなっています。大企業でも、倒産《とうさん》したり、借金を*棒引《ぼうび》きにしてもらったり、税金を注入してもらったりする会社がたくさんありますから、中小企業はもっと大変です。公務員はどうでしょうか。官《かん》庁《ちょう》や役所は国や自治体が経営しているのでだいじょうぶだろう。そう思うのは、間違いです。これからは、借金を返せなくてパンクする自治体が増えます。また国家財政は火の車ですから、いずれ公務員は大量に減らされ、残った人も給料がカットされ退職金ももらえなくなるという時代が来るかもしれません。

いい大学に行って、いい会社や官庁に入ればそれで安心、という時代が終わろうとしています。それでも、多くの学校の先生や親は、「勉強していい学校に行き、いい会社に入りなさい」と言うと思います。勉強していい学校に行き、いい会社に入っても安心なんかできないのに、どうして多くの教師や親がそういうことを言うのでしょうか。それは、多くの教師や親が、どう生きればいいかを知らないからです。勉強していい学校に行き、いい会社に入るという生き方がすべてだったので、そのほかの生き方がわからないのです。

②どう生きるか。それはむずかしい問題です。いろいろな考え方があるでしょう。しかし、ここに*シンプルで、わかりやすい事実があります。それは、すべての子どもは大人になって、何らかの仕事で生活の糧《かて》を得なければならないということです。社会的な*ケアが必要な重い障害《しょうがい》を持つとか、重い*ハンディがある子どもにしても、必ず何かできることがあるものです。子どもはいつか大人になり、仕事をしなければいけないのです。仕事は、わたしたちに、生活のためのお金と、生きる上で必要な充実感《じゅうじつかん》を与《あた》えてくれます。お金と充実感、それはひょっとしたら、この世の中でもっとも大事なものかもしれません。

（村上龍《むらかみりゅう》「13歳《さい》のハローワーク」より）

＊ 高度成長＝1960年代の日本で起こった、急激《きゅうげき》な経済成長。
需要＝ものやサービスを求めること。　雇用＝人をやとうこと。
不況＝経済に活気がない状態。　リストラ＝従業員《じゅうぎょういん》をやめさせること。
棒引き＝なかったことにすること。　シンプル＝単純《たんじゅん》な様子。
ケア＝世話。手助け。　ハンディ＝立場上、不利になる条件。

**問一** ――線①「今の日本は不況です」とありますが、筆者は、日本のシステムのどんな点に原因があると考えていますか。文章中の言葉を使って書きなさい。

**問二** ――線②「どう生きるか」とありますが、この問題について、筆者はどのように考えていますか。次のように答えるとき、□にあてはまる言葉を文章中から三十六字で探《さが》し、初めと終わりの五字をぬき出しなさい。

高度成長期の考え方や意識が通用しなくなり、答えを出すことは難《むずか》しくなっているが、□ということだけは事実である。

□□□□□～□□□□□

**問三** この文章を読んで、あなたは「仕事」についてどんな考えを持ちましたか。次の〔注意〕にしたがって書きましょう。

〔注意〕
○ 全体を三段落《だんらく》構成として、400字以上500字以内で書きましょう。
○ この文章の内容にふれたうえで、それをもとにして発展《はってん》させたあなたの考えを書きましょう。

→解答用紙P.38

第六章 生き方

# 9 将来・未来

時間の目安 25分
難しさ ★★★
学習日 月 日
4問中 問正解

◇ 次の文章を読んで、あとの問いに答えましょう。

今まで一度も行ったことがない場所に初めて行くということを考えてみよう。そのような時、私《わたし》たちは今まで経験したことの中から、何が起きるか予想する上で役に立つ要素を見つけようとする。過去の記《き》憶《おく》を組み合わせて、その未知の場所の有り様を思い浮《う》かべようとするのである。

未来を見通そうとすることは、すなわち、過去を振《ふ》り返ることと関係している。昔のことをよく覚えているからこそ、それらの体験の要素を組み合わせることで、これから起こることを予期することができる。未来を知るためには、過去をよく把握《はあく》しなければならないのである。

だからこそ、①「*温故知新《おんこちしん》」（故《ふる》きを温《たず》ねて新しきを知る）ということわざが真実となる。過去を知ることと、未来を*志向することは逆の*ベクトルを向いているようであるが、脳《のう》の中では両者は大いに関連し合っているのである。

ところで、人間以外の動物も、未来を予想してそれに備えることができるのだろうか。

人間は、頭の中で自分があたかも現在とは異《こと》なる時間にいるように想像し、その時の様子を思い浮かべる「*タイム・トラベル」をすることができる。幼稚園《ようちえん》の頃《ころ》のことを思い出して、あたかも自分がその時に戻《もど》ったかのように考えを巡《めぐ》らせたり、これから起こることを思い描《えが》いたりして、いきいきとその仮想を体験することができる。

では、人間以外の動物は、果たして人間のように「タイム・トラベル」をすることができるのだろうか。何しろ言葉を喋《しゃべ》らないので、聞いてみるわけにもいかない。結局、客観的な行動を観察して、あたかも未来を予想しているかのように振《ふ》る舞《ま》っているかどうか確かめてみることしかできない。

そのような検証は、案外難《むずか》しい。日常生活の中での素朴《そぼく》な実感において、動物があたかも未来を予想しているかのごとく行動しているような場合でも、そうである保証はないのである。

たとえば、犬が餌《えさ》をもらう時間になって餌の*トレーの前に座《すわ》ったとしても、「これから餌が来る」ということを予想してそれに備えたと断定することはできない。単に、食事の時間の前に起こる環境《かんきょう》の中の様々な変化を「トレーの前に行く」という行動と結びつけて、結果として餌がもらえているだけのことかもしれないからである。だから、動物が未来を予想できるかどうか検証する実験には、②様々な工夫《くふう》が要《い》る。

近年、*カケスが未来に備えることができるということを示す実験が報告された。カケスには、余った餌を土の中に蓄《たくわ》えておくという習性がある。この性質を利用して、カケスが未来を予想してそれに備えることができるかどうかを検証したのである。

実験では、カケスを二つのグループに分けた。一つのグループは、朝になると餌がふんだんにある*ケージに移された。一方、もう一つのグループは、朝になると餌がないケージに移された。

このような生活リズムに慣らされた後で、隠《かく》すことのできる餌（松の実）を夜の時間帯にたっぷり与《あた》えると、「朝食なし」のケージに入れられていたカケスたちは「朝食あり」のケージに入れられていたカケスたちに比べて、より多くの餌を土の中に蓄えるという行動に出ることが確認《かくにん》された。

カケスたちが、「明日は朝ご飯の出ないケージに入れられるから、蓄えておかなくては」と思ったかどうかはわからない。言葉を持たないカケスたちには、そのような心の「タイム・トラベル」をする能力はないだろう。

それでも、カケスたちは、あたかも未来を予想してそれに備えているような行動に出た。言葉があろうがなかろうが、未来に備えることは生きる上で大事だからこそ、進化の過程でカケスたちは③そのような能力を身につけてきた。

人間にとって、未来を予想することは脳の最も大切な働きの一つであるが、最近はどうか。「地球温暖化《おんだんか》」などの複雑で大きな問題について、十分な予想はできているか。

カケスでさえ、明日の朝ご飯に備えて餌を蓄えることを知っている。人間は、より高度なことができるはずだ。目の前のことばかりにとらわれず、過去や未来に大いに「タイム・トラベル」するのがよい。

（茂木《もぎ》健一郎《けんいちろう》「それでも脳はたくらむ」より）

＊ 温故知新＝過去のことを学び直すことで新しい考えを引き出すこと。
志向＝意識や考え、気持ちがある方向に向かうこと。
ベクトル＝物事の向かう方向。
タイム・トラベル＝ここでは、過去や未来に考えをめぐらすこと。
トレー＝料理の入った皿などをのせる洋風のお盆《ぼん》。
カケス＝鳥の一種。
ケージ＝動物を閉《と》じこめておくための、おりやかご。

**問一** ――線①「**『温故知新』（故きを温ねて新しきを知る）ということわざが真実となる**」とありますが、なぜそう言えるのですか。「**体験**」という言葉を使って書きなさい。

**問二** ――線②「**様々な工夫が要る**」とありますが、カケスに対する実験では、どのような工夫がされていますか。その説明にあたる段《だん》落《らく》を文章中から探《さが》し、初めの五字をぬき出しなさい。

**問三** ――線③「**そのような能力**」とは、どのような能力ですか。カケスの取った行動が具体的にわかるように、文章中の言葉を使って書きなさい。

**問四** この文章の内容をふまえて、「**未来に備える**」という題で作文を書きましょう。ただし、次の〔注意〕にしたがいなさい。

〔注意〕
○ 題名、氏名は書かずに一行目から書きましょう。
○ 適切に段落分けをして、400字以上500字以内で書きましょう。
○ 初めに、この文章の筆者の考えをまとめ、次に、「**未来に備える**」ことに対するあなたの考えを書きましょう。

→解答用紙P.39

# 解答・解説

**解答例**

**問一**　A：エネルギー
　　　　B：廃棄物

**問二**　有限な資源を再利用すること

**問三**

　筆者によれば、文明の基本とは、エネルギーを使って廃棄物を出しながら人間が生活していくことである。その生活を少しでも便利にしていくのが文明の歩み（成長）であり、あともどりはできない。そうした文明の成長に不可欠なのがエネルギーだというのだ。

　私は、あともどりはできないにしても、文明の歩みをおそくしたり、歩く方向を修正したりすることは可能だと思う。筆者が言うように、資源の再利用に知恵をしぼり、消費の速度を下げていくのだ。「桃太郎」の時代にもどることはできなくても、これまでのように便利さや効率化だけを追い求めて進むことは、やめるのである。ものをつくったり、電力などのエネルギーをつくり出したりするうえでも、再利用できる材料や製法を考えることが必要だろう。今までのやり方では限界が見えてきたからこそ、大きな危機感を持って、文明の成長のスピードや方向性を変えていくべきなのだ。

**解説**

**問一**　「文明の基本的な姿《すがた》」については、このあとで説明されている。そのまとめとなっている一文「どんなに質素な生活を送るにも、エネルギーが必要であり、……『廃棄物《はいきぶつ》』が生じる。」に着目すると、Aに「エネルギー」、Bに「廃棄物」があてはまることが分かる。

**問二**　あとの「だとすれば、どうしたらいいのか。」で始まる段落《だんらく》に、「破滅《はめつ》」をさけるために必要なことが述べられている。指定字数にも注意すること。

**問三**　段落構成についての注意をしっかり守って書くこと。後半には、筆者の考えに対する自分の考えを書くこと。解答例では、文明の成長は「あともどりはできない」という筆者の主張に対して、「歩みをおそくしたり、歩く方向を修正したりすることは可能だ」という考えを述べている。

**解答例**

問一　川の恵みを受けて

問二　科学的には明らかにされていないが、海に生きている生物の様子から、水質が悪くなっていると判断できるという考え。

問三　川の水質の悪化は、山や森の状態の悪化に関係があること。

〔別解〕川の水質の悪化には、山や森の状態の悪化が関係していること。

川の水質の悪化と、山や森の状態の悪化には関係があること。

問四

　水口さんは、木を植えて山を生き返らせることで、多くの生物がすむ豊かな川や海を取りもどそうとしたのだと思う。だから、「山に木を植えたい」と言ったのだ。よいカキを育てるにはもちろん豊かな海が必要だが、そのためには、海にそそぎこむ川や、川が通ってくる山も豊かである必要がある。すべてが自然の中で結びついているからこそ、海という一部だけでなく、まわりの自然からととのえていく必要があると考えたのだろう。

　山に木を植えても、急には生長しない。水口さんの考えが実を結ぶにも、長い時間がかかる。しかし、遠回りに見えても、それが最も効果的な方法なのだろう。人間が他の生物の命をうばい、自然の姿を変えてしまうのは短期間であっても、生物を呼びもどし、失われた自然を取りもどすのには時間がかかるのだ。私たちは、自分たちや未来の人たちのためにも、これ以上、豊かな自然をこわさないようにしなければならない。自然の一部をこわすと、まわりの自然も次々にこわれていく可能性があるのだから、軽はずみに化学物質を流したり、開発をすすめたりするのはやめなくてはならない。自然をこわした結果は、結局自分たちにはね返ってくるのだ。

**解説**

問一　前の「カキは、川の恵《めぐ》みを受けているんです。」を指している。

問二　このあとの水口さんの言葉の中の「科学的には……そうします」に着目する。

問三　「川」と「山」や「森」とが関連していることをとらえる。

問四　段落数や字数に関する指定を守って書く。後半の段落《だんらく》には、文章の内容をなぞるだけではなく、自分なりの考えを書くこと。解答例では、山に植えた木が成長するまでには時間がかかることにふれた上で、「自然をこわさないようにしなければならない」という考えを述べている。最後の一文は、その考えの理由にあたる。

# 第一章　環境　③　エネルギー

## 解答例

**問一**　いったん体温が下がると次に動き出すまでに時間がかかる変温動物とちがって、いつでもすぐに動き出せるように進化した結果、外気温より高い体温を保つために、大量の代謝エネルギーが必要になったから。

**問二**　変動する自然とは切り離された恒常的な環境

**問三**

　私は、人間は今後、エネルギーを節約する生活をするべきだと考える。それには、二つの理由がある。一つ目の理由は、エネルギーには限りがあるということだ。たとえば石炭や石油などの地下資源は、使えばなくなってしまう。長持ちさせるためには、節約しなければならない。二つ目の理由は、エネルギーの使いすぎは、地球温暖化などの環境問題を引き起こすということだ。快適な環境をつくろうとしてエネルギーを使った結果、環境が悪化してしまったら、何にもならない。

　エネルギーを節約するために大切なのは、先進国の人々が、生活の仕方を改めることだ。筆者が述べているように、自然とは切りはなされた生活環境をつくるには、たくさんのエネルギーが必要となる。反対に、自然にしたがった生活をすれば、それほどエネルギーは使わずにすむ。もちろん、今すぐに原始時代の生活にもどることはできない。しかし、たくさんの人々がエネルギーを節約しようとして、少しずつでも生活の仕方を改めたなら、全体としては非常に大きな効果が得られるだろう。私も今後は、「必要以上にエアコンを使わない」というように、なるべくエネルギーのむだを省くように心がけていきたい。

## 解説

**問一**　まず、変温動物の持つ欠点をおさえる。次に、その欠点を克《こく》服《ふく》した恒温《こうおん》動物の体温が「外気温より高い」こと、そのため大量の「代謝エネルギー」を必要とするようになったことを述べる。

**問二**　現代の人間が、どのような環境《かんきょう》を拡大しようとしているかを読み取る。前に「変動する自然とは切り離《はな》された恒常《こうじょう》的な環境を拡《ひろ》げ……」とある。

**問三**　前半の段落《だんらく》には、自分の考えに加え、その「理由」も書くように指示されている。解答例では、二つの理由を「一つ目の……」、「二つ目の……」と、順序立てて述べている。後半の段落には、前半の段落内容を実現するために「大切」だと思うことを書く。「もちろん、今すぐに原始時代の……」という一文では、予想される反論にも配慮している。

## 第一章　環境　④　エネルギーと自然

**解答例**

問一　A：外気に触れること
　　　B：エネルギー

問二　自然をからだでじかに感じる生活の中で、みんなに共有されてくり返されることで生活のリズムになる、特有なやわらかいひびきを持つことば。

問三

　現代の私たちの暮らしは、年間を通じて外気にふれることが少なく、エネルギーを使って空間の快適さをつくり出そうとするものである。そしてそれは、私たちの生活のリズムをつくってきた季節感や天気を、からだでじかに感じにくくなった生活でもある。このような生活を続けていると、私たちは本当にヒトという生物として生きていけるのだろうかと、筆者は心配している。

　私は、筆者の心配はもっともだと思う。人間も生物の一種である以上、自然からはなれすぎては色々な不都合が起こってくるはずだからだ。しかし、だからと言って、エアコンを使うのを完全にやめればよいとも思わない。ここ数年、夏に熱中しょうでたおれたりなくなったりする人も多くいると聞く。エアコンを適切に使わないと、その予防にならないからだ。また、そもそも人間は、自分たちの開発した技術によって、外界をより暮らしやすく変えていくことができる生物だ。だから、エアコンを全く使わないのではなく、エネルギーをもっとかしこく使う方法を考えるべきだと思う。エネルギーのむだ遣いをやめて、より上手にエネルギーを使うようにしつつ、自然に反しすぎない生活を目指すべきだ。

**解説**

問一　「そういう生活」が、現代の日本人の生活を指していることをおさえる。第一段落《だんらく》の「私《わたし》たちはほぼ春夏秋冬、外気に触《ふ》れることの少ない暮《く》らしをしはじめた」や、第四段落の「関心はお天気よりもむしろ……エネルギーのほうに移ってゆく」に着目する。

問二　第五段落の後半部から、本来の「挨拶《あいさつ》ことば」についての筆者の考えが読み取れる。

問三　段落構成についての注意をしっかり守って書くこと。また、前半の段落については、「快適さ」「季節感」という言葉を使うようにという語句指定があることにも注意。指定された語句は、必ず使うこと。後半の段落には、自分の考えを書く。具体的に書くのが望ましい。解答例では、エネルギー使用の具体例として「エアコン」を挙げている。

**解答例**

問一　地球以外で人が住むのに現実的だといわれているのが

問二　Ｂ：第二の地球

Ｃ：テラフォーミング

問三　Ｄ：火星の１日はほぼ２４時間である

Ｅ：火星には大気がある

Ｆ：重力が地球と近い

問四

私は火星に住むことに賛成である。なぜなら人間にとって火星に移住することは大きな科学の進歩を証明するすばらしい成果であり、生物として生き残るために環境に適応する手段の一つだからである。

もちろん、火星に移り住むことが将来成功したとしても、人口増加や環境汚染といった根本的な問題が解決されたわけではないため、私たちは引き続きこれらの問題に向き合わなければならないだろう。しかし、全員が地球に住み続けることができないという危機に直面したとき、新たな可能性として火星への移住が選択としてあるなら、それを選ぶことは合理的な判断だと思う。一見夢のように思える話でも調査をしたり、環境を作り替えたりする努力をすることが問題を解決するきっかけになることは度々あるし、人類は長い歴史の中でそのように発展し、生き残ってきたからである。

380　360

**解説**

問一　第二段落の最初の文に着目する。――部①のあとで地球に環境を似せやすいことを証明していることから、なぜ住みやすい場所が火星なのかという問題提起が適切である。

問二　Ｂ：第四段落の最後の文に、「地球と火星の環境を似せて」とあるのに着目する。Ｃ：第五段落一文目に着目すると「火星の環境をつくり替える」という意味の「テラフォーミング」が当てはまる。

問三　――部の後の第十～十三段落の内容から考える。文字数が限られているため、要点がまとまった文を参考にする。

問四　第一段落には人口増加や環境汚染など移住計画が必要になった背景が説明されており、第二～三段落ではそれをうけて社会が今どのような状況なのかが読み取れる。これらをふまえて自分がどのように感じたのか、理由とともにまとめることができれば賛成・反対どちらの立場でも説得力のある解答になるだろう。

**解答例**

問一　自然や環境〜てしまった

問二　限られた自然を上手に利用し、環境に悪いことをしない、自分たちの環境を壊さない、という、すぐれた生き方。

問三

これまでの科学は、人間が安全に便利に、そして快適に暮らすために役立ってきた。たとえば、暑さ、寒さをやわらげるためのエアコンや、遠くまで人や物を運ぶことのできる自動車など、全て自然を研究し、まだ知らないことを知ろうとする科学の力をもとに開発されたものだ。しかし、それらが自然環境を壊してきたことも事実だ。そして今、環境の悪化が世界的に大きな問題となっている。

　私は、これからの科学は、環境の保全を目標にするべきだと考えている。現実に、その方向に進もうとする科学の研究が始まったとも聞いている。たとえば、風力発電や太陽光発電など、自然にやさしい科学技術の研究などだ。この文章に書かれたランタン村の人々の生活は、環境を大切にする素晴らしい生き方だと思う。しかし、地球上のすべての人がランタン村の人々と同じ生活を送ることは難しい。だからと言って、環境を壊す生活を続けていくこともできない。そこで、私は、各自ができるだけ環境のことを考えた生活を送りつつ、それでも足りない分を、科学の力で補う、新しいタイプの生活を目指さなければならないと考える。未来の科学は、そんな生活を可能にするものであってほしい。

**解説**

問一　筆者の気持ちは、次の段落《だんらく》で説明されている。指定の字数にも注意して、問題で示された文と照らし合わせ、空白部にあてはまる言葉をぬき出す。

問二　「学ばなければいけない」とあるので、ランタン村の人たちのすぐれた点をまとめる。直前の段落中の「僕《ぼく》たちよりはるかにすぐれた生き方」「限られた自然を……生き方」を組み合わせてまとめる。

問三　「科学と環境《かんきょう》」という題からそれないよう気をつける。段落数と、それぞれの段落に書く内容が指定されているので、それを守ること。「文章の内容をふまえるように」という指定はないが、参考にするとよい。解答例では、前半の段落でも後半の段落でも、自分の考えを説明するために具体例を出している。このように、具体例を示すと説得力が増《ま》す。

**解答例**

問一 生きる権利

問二 人間は他の生物と「共生」することが望ましいが、現実には他の生物の膨大な死がなければ人間は生きていけないという矛盾。

問三

　他の生物との「共生」を進めるためには、私たち一人一人が「すべての生物が生きる権利をもっている」と考え、むやみに生き物を殺さないようにすることが必要だと思う。先日、テレビで、野生のサルやイノシシが畑をあらすので農家の人が困っている、というニュースを見た。こうした場合も、「動物を殺さずに畑から遠ざけるにはどうしたらよいか」と考えて工夫することが大切だ。もちろん簡単なことではないが、最初から無理だと思っていたら「共生」はできない。問題にかかわる一人一人が「サルやイノシシにも生きる権利がある」と考えて知恵をしぼっていけば、解決策を見つけ出すこともできるはずだ。

　何かの問題が起きた場合、その問題にかかわる各個人の努力はもちろん大切だが、それだけでは解決できない場合もある。大規模な土地の開発事業などでは、個人の意識や取り組みだけでは他の生物を守ることはできないだろう。このような場合は、そこに生きる生物の命がきちんと守られるよう、専門家を集めて調査・研究をしたり、法律や制度を整えたりといった取り組みが必要になる。個人の力には限界があるので、社会全体で他の生物との「共生」を目指していくべきだと思う。

**解説**

問一 「時計を逆回し」とは、時代の流れとは反対の方向に向かっているということである。三つあとの段落《だんらく》の「他の生物との『共生』へと時計の針《はり》は回ってきたのだ」に着目すると、この時代の流れが「他の生物にも『生きる権利《けんり》』を尊重《そんちょう》し、共生しようとする動き」であることが分かる。

問二 「この」などの指示語は、原則として前で述べた内容を指す。直前の二段落の内容をまとめる。「矛盾《むじゅん》」とは、「食いちがっていること」という意味。

問三 「他の生物との『共生』を進めるために必要なこと」について書く。「具体的な事例をまじえて」という指定にも注意。「必要なこと」は、個人個人に必要なことでもよいし、社会全体で取り組むのが必要なことでもよい。解答例では、どちらも書いている。

**解答例**

**問一** ムササビの生活をささえる大木や雑木林、一本のカキの木など、ムササビの背後にある自然の価値。

**問二** 動物たち〜うな社会

**問三**

　私は、基本的には筆者の意見に賛成だ。特に、文章の最後の一文になっとくできる。筆者の言うように、野生の動物が身近にいることで、その動物自身の価値だけでなく、その背後にある自然の価値まで知ることができると思うからだ。しかし、野生動物と共存できる町を作っていくためには、難しい問題もある。動物が人間をおそう場合もあるからだ。実際に、野生のクマやサルが人間をおそったというニュースを時々耳にする。こうした問題が起きないような工夫さえ可能ならば、野生動物との共存は、人間にとっても動物にとってもよいことだと思う。

　野生動物とかかわるにあたって大切なことは、人間が動物に構いすぎないことだと思う。野生動物にむやみにエサをあたえたりしていると、動物の方から人間に向かってきたり、おそってきたりすることもあるそうだ。だから、筆者が言うように、人間と動物が混在していつつも、互いにあまり意識せず自由にふるまっているくらいがちょうどよいのだと思う。また、町の中に、野生動物が生活できる場所を用意しておくことも大切だ。動物の本来のすみかである山や森を残しておけるなら、それが一番だろう。動物がにげこんだり休んだりできる場所があちこちにあり、本来の生活に近い形で暮らせるならば、動物が人間をおそってくる問題も起こらないのではないか。野生動物との共存を目指すなら、町づくりのあり方から考える必要があると思う。

**解説**

**問一** 直後の一文「ムササビの生活をささえる大木や……価値《かち》も見えてきます」と、次の段落《だんらく》中の「背後《はいご》の自然の価値を……知っていくことができる」を組み合わせて答えを作る。

**問二** この文章では、最初の段落に筆者の考えが簡潔《かんけつ》にまとめられている。「どのような社会を理想としているのですか」という問い方に合わせて、「……社会」の形になるよう、字数指定にも注意してぬき出す。

**問三** 段落構成が指定されているので、必ず守ること。第一段落の後半と第二段落には、自分の考えを書く。筆者の意見を土台にするのはよいが、そのままではなく、必ず自分独自の考えを述べること。

**解答例**

**問一**　A：日本人のマナー
B：えさが不足している

**問二**　生態学的に貧しくなっている北海道で暮らすキタキツネに、豊かな未来を約束するにはどうすればよいのかがわからず、決して明るくないキタキツネの前途を心配しているから。

**問三**

　私は、この文章を読んで、私たちはもっと自然を守るための努力をしなければならないと強く感じた。自然が豊かに思える北海道においてさえ、農薬散布などが原因で多くの小動物が減っているという。他の地域においてはなおさらだろう。何でも人間中心に考えて他の生き物を殺し、自然の姿を変えてしまうような活動は、すぐに改めるべきだと思う。
　このまま放っておいたら、取り返しのつかないことになる。自然をこわしてしまうと、結局は自分たちにもはね返ってくるのだ。やはり、自然を守るための努力は不可欠だと思う。たとえば農薬については、費用や効率だけを考えるのではなく、使用量を最小限にしたり害の少ない薬に変えたりすることも大切ではないか。虫や小動物にとって住みにくい場所は、いずれ人間にとっても住みにくい場所になるだろう。自然を守り、他の生き物と人間が共に健康に暮らせる方法を探していくことが、豊かな未来につながると思う。

400　360

**解説**

**問一**　直後の「野生動物に対する日本人のマナーがよくなり……」から、Aに「日本人のマナー」があてはまると分かる。また、筆者の「これだけの深い山でもえさが不足しているのかしら？」という考えの中の「えさが不足している」がBにあてはまる。

**問二**　直前の「その前途《ぜんと》は決して明るくないようである」、直後の「この愛らしいキタキツネたちに、豊かな未来を……よいのか」を組み合わせて答えを作る。

**問三**　〔注意〕に「段落《だんらく》数は二つ以内」とあるので、二段落以内で書く。また、「この文章を読んで」とあるので、文章の内容にふれつつ、自分の考えを書くこと。解答例では、文章中に書かれていた「北海道でも小動物が減っている」という事実を取り上げている。

**解答例**

**問一**　同じ自然界に生かされている仲間

**問二**　レモンが葉の両端を反り返らせ、葉全体を皿のようにして水のしずくを湛えていることに気づき、レモンもブナと同じように、はっきりした生きる意思を持っていると感じたから。

**問三**

　私は、人間と植物がたがいにメッセージを交換し合うということはあり得ると思う。一年生の夏休み、観察用に育てていたアサガオを、私がうっかりしてしおれさせてしまったことがあった。しかし、母が様子を見ながら置き場所を変えたり水をあたえたりと手助けしてくれたおかげで、何とかかれさせずに花をさかせることができた。植物好きの母は、植物が発するメッセージをきちんと受け取ったうえで世話するからこそ、上手に育てられるのだろう。植物のほうも、母の気持ちにこたえようとがんばっているのかもしれない。

　私たちは、人間以外の生き物とコミュニケーションをとるというと、ペットなどの動物だけと思いがちだ。しかし、同じ生きているものとして、植物と心を通い合わせることもできるのかもしれない。植物の多い場所にいると心が落ち着くということがあるが、これも、私たちが知らず知らずのうちに植物から何らかのメッセージを受け取っているからなのだろうか。この文章に出てきた山の人や筆者、そして母のように、植物をよく見て、そこからメッセージを読み取れる人は、やわらかくて優しい感じがする。私も、そんな人たちに近づけたらいいなと思った。

**解説**

**問一**　「木の仲間だけではない」とは、木が木の仲間だけではなく、人間とも会話するという意味。その会話について、「同じ自然界に生かされている仲間として、何とか力になってくれようとしているのかもしれない」とある。

**問二**　直前の「ブナと同じように、レモンも水を受けようと葉を動かしたのだ」が理由を表している。また、ブナの木が水を受けるために葉を動かすことについて、筆者は前の部分で「生きる意思ではなかろうか」と述べている。

**問三**　段落《だんらく》数と、各段落に書く内容が指定されている。特に前半の段落に「見聞や体験」を書くように指定されているので、必ず守ること。解答例では、アサガオを観察した体験を述べている。

後半の段落には、自分の考えを書くこと。

**解答例**

**問一** メスを呼ぶため

**問二** 日本のセミの鳴き声にはメロディーや「歌詞」があり、たくさんのセミが大合唱をするようにいっせいに鳴くという鳴き方をする。

**問三**

私は、日本の自然には、様々な変化に富んでいるという特色があると思います。日本の多くの地域にははっきりとした四季があるので、同じ場所でも四季ごとに自然の風景が変化するのです。また、日本は南北に長い国なので、同じ時期でも地域によって自然の姿にちがいがあります。冬は深い雪におおわれてしまう北の地方と、冬でもほとんど雪が降らない南の地方とでは、同じ国とは思えないほどのちがいがあるのです。

このように変化に富んだ自然は、日本の大切な財産です。美しい自然の景色は私たちの目を楽しませ、心をいやしてくれます。しかし、これらの自然は、放っておけば未来まで残せるというものではありません。私たち自身の手で守っていかなければならないのです。いま私たちが見ているのと同じ、あるいはそれ以上の自然を未来の人たちも見られるように、自然をこわさないこと、こわれかけた自然を取りもどすことが大切だと思います。

400 360

**解説**

**問一** ファーブルは「セミたちはメスを呼《よ》ぶために鳴くのではなく」と考えたが、それは「まちがった推論《すいろん》だった」とある。ここから、セミは「メスを呼ぶため」に鳴くということが読み取れる。

**問二** 「京都の自宅《じたく》のまわりのセミの大合唱」や「日本のセミのようなメロディーも「歌詞《かし》」もない」から、日本のセミの鳴き声や鳴き方をとらえる。

**問三** 段落《だんらく》に関する指定はないが、360字~400字ならば、二~三段落程度が適切。また、日本の自然が持つ特色を「具体的」に書くよう指定されていることに注意する。解答例では二段落構成として、第一段落には日本の自然の特色として、「変化に富んでいること」を述べ、第二段落では、それについて考えたことを述べている。

**解答例**

**問一**　藤丸は作者から見た言い方で、藤丸さんは本村さんから見た言い方だという違いをはっきりさせるため。

**問二**

　この文章では、自分の理解が及ばないものや異なる部分を遠ざけようとするのではなく、知性や理性、思いやりをもって、受け入れていこうとする向き合い方がかかれている。

　私は、このような「ちがい」がない場合、新たな発想が生まれなくなるという問題が起こると思う。なぜなら、自分とちがう考えがなければ、その考えはそれ以上よくならないからだ。さまざまな考え方があるからこそ、私たちはお互いに話し合い、より良い発想にすることができると思うからだ。

　そのような機会は、今後の学校生活でも起こると思う。例えば、みんなでひとつのものを作り上げる文化祭などでは、みんなが同じアイデアしか持ち合わせていなければ、そこから新しいものは生まれない。すると、見に来る人たちに目新しさや面白さは感じてもらえない。そのような場面では、みんなが自分のアイデアを気楽に言い合えるような空気を作るようにしたい。より多くの「ちがい」があることが、新しい発想を生み、結果としてみんながひとつになれると思う。

**解説**

**問一**　「藤丸」は作者の視点から物語全体を客観的に表す際の呼び方であり、「藤丸さん」は本村が藤村に対する尊敬をこめた心の中の呼び方である。

**問二**　段落構成およびそこで書く内容はすでに提示されているのだが、設問の求めていることをしっかりと把握することが重要である。第一段落では「ちがい」に対する向き合い方をまとめること、第二段落では「ちがい」がなく、みんなが同じになってしまった場合、どのような問題が起こると思うか、第三段落では学校生活の中で「ちがい」を生かして活動していくとしたら、どのような場面で、どのような言動をとるか、というように、かなり細かく指定されている。つまり、キーワードが使われていても、求められた内容とズレがある場合は大きな減点になるということである。

## 解答例

問一　親しい間柄ほど起こりやすい

問二　第三者に自分の強さや正当性をアピールする

問三　A　加害者　　B　傍観者

問四

　この文章によると、二者間のトラブルが発端で相手に攻撃を加えている段階では、まだいじめではない。攻撃する側が、第三者に自分の強さや正当性をアピールするために相手を攻撃するようになったとき、ヒト固有のいじめになる。いじめが定着しパターン化するのは傍観する第三者がいるからで、問題解決のキーワードは傍観者だというのである。

　いじめがヒトの社会にあってサルの世界にないのは、ヒトが高度な知能を持っていることの表れかもしれない。ヒトは複雑な思考や感情を持っていて、他者との関係もこみ入っているからだ。しかし、もちろん、いじめがあることを当たり前とし、許していいわけではない。いじめで喜ぶ人、苦しむ人など、いないほうがいいに決まっている。私は、いじめをなくすには、この文章の筆者が述べているように、傍観者の層をなくすことがカギになると思う。私たちの小学校でも「いじめを見過ごさない」ことを合い言葉にしているが、担任の先生もおっしゃったように、何もせずに見過ごすのはひきょうだし、それがいじめを加速させることも多いと思う。高度な知能を持つヒトだからこそ、その知能を、いじめをなくすために使っていくべきではないか。

## 解説

問一　空白部の直前の「二者間のトラブルは」が手がかりとなる。同じ段落《だんらく》の初めに「二者間のいさかいは、親しい間柄《あいだがら》ほど起こりやすい」とある。

問二　次の段落で「いじめ関係」が始まる過程が説明されている。

問三　Aには、いじめる側の者、つまり「加害者」があてはまる。Bにはいじめを見る客席にいる者、つまり「傍観者《ぼうかんしゃ》」があてはまる。

問四　段落構成、字数などに関する指定に注意して書くこと。前半の段落には、いじめは第三者の存在《そんざい》を前提としたものなので「傍観者」が問題解決のキーワードになるという筆者の考えをまとめる。後半の段落では、自分なりの考えを述べること。解答例では、「高度な知能」を「いじめをなくすために」使うべきだという考えを述べている。

**解答例**

問一　この世には目に見えない世界があることを、頭で理解するのではなく、顕微鏡を使って現実として確認すること。

問二　A　小さな生き物
B　生態系の要

問三

　私はこの文章を読んで、「自然は目に見えるものだけで成り立っているわけではない」ということを知った。生態系で最も基本となる部分には無数の小さな生き物たちがいて、かれらが全体を支えている。小さな生き物たちこそ「生態系の要」であり、「豊かな世界の主役」だというのである。

　私は今まで、このような視点を持ったことがなかった。理科の授業で顕微鏡を使って小さな生き物を見たことはあるが、そこまで深くは考えなかった。また、最近は自然の大切さを伝える文章やテレビ番組にふれることも多いが、これらではたいてい、目につく動物や植物のことだけが取り上げられている気がする。だから、肉眼では見えない生き物のことには関心が向かなかったのだ。しかし、考えてみれば、生き物の世界は、小さなものから大きなものまで、すべてがつながってできている。すべてのもととなる小さな生き物が、水や土の中でほかの生き物のえさとなったり、さまざまな役割を果たしたりしてくれなければ、生き物の世界は成り立たないのだ。この文章の「ぼく」のように、目に見えないものにも関心を持ち注意を向けることが、きっと科学的な視点というものなのだろう。

**解説**

問一　次の段落《だんらく》にある「要は、顕微鏡《けんびきょう》を使って……確認《かくにん》することを」を「……こと。」の形の一文にまとめる。

問二　「ぼくたちが直接知覚する以上のもの」とは、顕微鏡を使わなければ見えない「小さな生き物」たちのこと。文章の中ほどで、筆者はそれを「生態系《せいたいけい》の要《かなめ》」と呼《よ》んでいる。

問三　指定をきちんと守って書くこと。前半の段落には、文章から読み取った内容を書く。肉眼では見えない小さな生き物こそ豊かな世界の主役であり、生態系の要である、という筆者の主張を中心に書くとよい。後半の段落には、自分の考えを書くこと。解答例では、筆者の主張をふまえ、これまでの自分をふり返った上で「目に見えないものに関心を持ち注意を向けること」が「科学的視点《してん》」だという考えを述べている。

**解答例**

問一　ひどい変形

問二　ハクトウワシは、絶滅寸前だと騒がれた時でも千つがい以上が繁殖していたのに対して、シマフクロウは、五つがいほどしか繁殖していなかったにもかかわらず、営巣地での伐採が進められようとしていたから。

問三

　私は、筆者の考えになっとくした。なぜなら、人間が地上で生きていくために必要な水も空気も食べものも、すべて自然のめぐみが元となっているからだ。自然がこわれると、きれいな水や空気がなくなる。すると、農業や漁業が成り立たなくなり、人間は食べものを得られない。それが続けば、人類という種は絶滅するだろう。自然をはかいすることは、人類みずからの絶滅を招く行動なのだ。

　自然をこわすのは人間だが、その結果は、人間だけにはね返ってくるのではない。自然がこわれたとき、まずえいきょうを受けるのは自然界の動物や植物たちだ。「一種くらい絶滅しても問題ない」という考え方はまちがいで、ある一つの種が絶滅してしまえば、そのまわりの動物や植物にもえいきょうする。なぜなら、自然界はすべてのものが関係し、調和し合って成り立っているからだ。

　私たちは、自分たち人間が長く生きのびるために自然を守ろうというのではなく、自分たちが地上の動植物の命も左右する存在なのだという自覚を持って、自然を守っていかなければならない。もっと身のまわりの風景や動植物の変化に注意をはらい、自然がこわれることに危機感を持つべきだと思った。

**解説**

問一　空白部の前に「絶滅《ぜつめつ》させれば」とある。これに対応する文章中の部分を探《さが》すと、「絶滅させれば自然はひどい変形に苦しみ」とあるのが見つかる。

問二　直前の二つの段落《だんらく》の内容を、「ハクトウワシ」と「シマフクロウ」の差が明確になるようにまとめる。

問三　400字〜500字ならば、二〜四段落程度が適切。自分の考えだけでなく、その「理由」を書くよう指定されていることに注意する。解答例では、まず、筆者の考えに「なっとくした」という結論《けつろん》を述べ、「なぜなら……」の部分で理由を説明している。その後、自分の考えをさらに発展《はってん》させ、「自分たちが地上の動植物の命も左右する存在《そんざい》なのだという自覚を持って、自然を守っていかなければならない」という独自の考えを述べている。

**解答例**

**問一**　手付かずの予想がそこにある事実を教える

**問二**　素数が無限にあるのと同じように、双子素数が無限にあるのかどうかという問題。

**問三**

　二つの表現は、数字の世界に対する親近感を呼び起こすものだと思う。数字を人間にたとえたり、数字の世界を実在の世界に置きかえたりした表現だから、そんな印象を受けるのだろう。「博士」は、難しい話をわかりやすく、とっつきにくい内容を親しみやすく教える名人だ。日常生活からかけはなれた数字の世界の話でも、こんなふうに表現されれば、少し身近に感じられる。「私」や「ルート」も、そんな気持ちで「博士」の話を聞いていたのではないか。

　また、「博士」は初めから全部を説明せず、聞き手に考えさせようとしている。こんなふうに教えられたら、話に対する集中力が増すし、学んだことも頭に残りやすいだろう。私が出会った中にもそういう先生がいたので、聞き手のことがよくわかるのだ。何か新しいことについて学ぶときは、自分の頭の中にイメージが広がれば興味もわくし、よく覚えられる気がする。この先、中学生、高校生になると学校で学ぶ内容も難しくなるだろうが、できるだけ自分なりにイメージを広げて、楽しく学んでいきたい。そしていつか、「博士」のように、何かを自分なりの表現で人に教えられる人になれたらいいな、と思った。

**解説**

**問一**　博士が「分《わ》からない」と表現する意味については、次の段落《だんらく》で述べられている。その内容を問題で示された文と照らし合わせる。

**問二**　砂漠《さばく》を旅することが、素数を探《さが》すことのたとえであることをおさえる。「砂漠を見通そうとするかのように」は、素数に関する問題に思いをはせている様子を表している。

**問三**　400字～500字ならば、二～四段落程度が適切。解答例は二段落構成で、第一段落で二つの表現を「数字の世界に対する親近感を呼《よ》び起こす」ものだと述べ、「博士」を「とっつきにくい内容を親しみやすく教える名人」としている。第二段落では、「博士」の教え方を述べながら自分の将来像に話題をつなげている。このように自分の問題として論じるのは、問題を深く考えることにつながる。

**解答例**

**問一**　だれも来ない、葉の落ちたハンノキの林にいってみたら、リスの子たちがどこかでゆらゆら眠っているかもしれないという幻想的な思いにかられたから。

**問二**　植物たちは、暖かい寒いなどという表面的なことではなくちゃんと季節を知っており、冬であっても、人知れず春や夏にむけた準備をしているということ。

**問三**

　ぼくにとって、自然の中にあって季節を感じさせるものは、何といってもセミの鳴き声だ。四年生の夏休みにセミの自由研究をしたので、それ以来、特に気をつけて聞いている。
　つゆ明けから鳴き始めるのはニイニイゼミ。「ジーッ」という地味な鳴き声だが、これを聞くと夏が来たことを感じる。その次は、アブラゼミやクマゼミの鳴き声だ。アブラゼミはニイニイゼミよりも大きく太い感じの声で、「ジリジリジリ」と鳴く。クマゼミはやかましくて、「ワシャワシャワシャ」のように聞こえる。これらが朝からにぎやかに鳴いていると、まさに夏まっさかりという感じがする。そんな時期が過ぎて夏休みも終わりに近づくと、ツクツクボウシが鳴き出す。これは名前の通り、「ツクツクボーシ、ツクツクボーシ」とはっきりした声で鳴く。これが聞こえ始めると、楽しかった夏の終わりを感じ、さびしいような残念なような気持ちになる。
　夏のセミだけでなく、秋の虫の声もおもしろい。日本には四季があるのだから、目でものを見るだけでなく、耳で音を聞いたり鼻でにおいをかいだりすることで、季節の変化をより強く、より細かく感じることができると思う。

**解説**

**問一**　二つあとの段落《だんらく》の後半部「葉の落ちたハンノキの林に……訪《おとず》れてみようとしたのである」をまとめる。理由を述べるので、「……から。」の形で終わるようにする。

**問二**　最後の段落の「植物たちは……ちゃんと季節を計っているのだ」に着目する。植物が季節を計っていることの例として、その前の段落にスズメノエンドウやビワの例が挙げられているので、それもふくめて、「……こと。」の形でまとめる。

**問三**　自然の中にあるものから季節を感じとった体験を書く。体験は、できるだけ具体的に書く方がよい。また、「初め」「中」「終わり」を意識して三段落で書くようにという指定を、きちんと守って書くこと。「初め」「中」「終わり」は、「序論《じょろん》（書き出し）」「本論」「結論（まとめ）」と考えればよい。

**解答例**

**問一**　(1)「知りたい」と思う気持ち
(2)不思議な快さや満足

**問二**

　作者は、自分の経験や好きな文章を通じて「知ること」と「知られること」を比べて、「知りたい」という気持ちと「知ることによる快さや喜び」が大事であると書いている。

　私は、「知ること」で感じる喜びを大事にしていきたいと思う。合格のための知識を増やすことも大切だけれど、勉強していて面白くないこともある。しかし、自分が不思議に思ったことや面白いと思ったことは時間を忘れて調べるし、何よりも分かったあとにとてもうれしくなる。だから私はそのために「なぜ」と感じた経験を大事にしたい。

　「なぜ」と思ったときには、あとまわしにせず、まずは頭の中でゆっくりと考えるようにするべきだと思う。すぐに調べるよりも、まずは自分なりの考えをつくりたい。そうする方が、たとえ自分の考えがまちがっていても、わかったときの「なるほど！」という納得がうれしく感じるからだ。この感覚を日々の学校で授業や試験のための勉強に生かしていきたいと思う。

**解説**

**問一**　「知ることと、知られることのちがい」は、「知られること」について直接説明している部分はないが、本文の第三段落で「知ること」の具体例を挙げ、それと対比することで間接的に説明される。「自発的な欲求」と「必要性や義務感からの要求」という違いであるといえる。

**問二**　段落構成について細かい条件が出ていることに注意する。形式的な段落構成は考える必要はなく、文章の論理性、段落の適切なつながり、文章の内容で採点されるということである。第一段落で本文の内容を簡潔かつ正確にまとめ、第二段落と第三段落で「大事にしたいこと」と「具体的な行動」が論理的に関連されていることが重要である。

**解答例**

問一 A 意識　B 個人的

問二 脳には同時にさまざまな処理を行う複数の回路が存在していて、それらが同じ外部世界について、それぞれ異なった解釈をするということ。

問三

　筆者は、見えているものがすべてだとし、それがいつでも正しいと思いこむ私たちの性癖を、単なる思い上がりにすぎないと述べている。筆者がこう述べるのは、見えているものとして意識に上ってくる解釈は、並行処理を行っている脳から編み出された結果のごく一部にすぎず、しかも現実の外部世界と一致しているとも限らないからだ。

　私は今まで、脳の仕組みや、目から入った情報がどう処理されるかなどは全く知らなかったので、自分の目でとらえたものの正誤など考えたこともなかった。しかし、「錯視」の例では簡単にだまされてしまったし、目で見てわかったつもりになっているものも、実は本当の意味でわかっていない可能性があるということを知った。一つ疑問に思ったのだが、意識に上る解釈の内容や脳の誤解釈の起こり方は、いつでも、どんな人でも全く同じなのだろうか。脳の回路処理に個人差はないのだろうか。もし、多少個人差があるのだとしたら、同じ社会で多くの人間がいっしょにやっていくのは非常に大変なことだと思われる。ただ一つ言えるのは、自分が意識上でとらえたものがすべてではない、と知ることができてよかったということだ。ふだん、私たちは色々なものを目で見たり耳で聞いたりし、それらの一部だけを意識上でとらえている。脳の誤解釈からはのがれられないそうだが、自分の解釈が「個人的な真実」に過ぎないのでは、と思い直すことだけならできそうだ。

**解説**

問一 「違《ちが》う長さ」は錯覚《さっかく》であり、「個人的な真実」である。文章の中ほどに「実際、目から入った光情報は……意識の上に現れます。これが……『個人的な真実』です」とある。

問二 指定されている三つの言葉を必ず使って答えること。「回路」は、直前の段落《だんらく》中にある。「外部世界」「解釈《かいしゃく》」は、文章の中ほどの「つまり外部世界の解釈が……食い違っているのです」で使われている。

問三 段落構成に関する指定に注意すること。後半の段落には、自分の考えを書くこと。解答例では、文章を読んで新たに知ったことについての感想が述べられている。

**解答例**

問一　日頃、秘仏〜思い描く。

問二　普段は見ることのできない「秘仏」とにていて、想像力をはたらかせることによって、「なにかわからない」存在に備わる美しい生命力を感じることができるもの。

問三　ニコロ・パガニーニの演奏を聴いて美しい天使を想像し、希望とともに生命力を感じたから。

問四

　この文章の筆者は、音楽を聴くことの本質が、目に見えない「なにか」を「いかに想像するか」という点にあり、それが「生きる」ということにつながっていくと述べています。つまり、筆者にとって、音楽とは「聴覚に優るとも劣らぬ想像力の重要性と、『なにかわからない』存在に備わる美しい生命力を感じること」なのです。

　たしかに、音楽は目に見えないものです。しかし、人は音楽を聴いて心の中にいろいろなことを想像します。美しい音楽を聴いて美しい風景を想像したら、そのことによって、私たちは生きる力を得られるのかもしれません。それが、筆者の言う「美しい生命力を感じとること」の意味でしょう。

　また、筆者は、「人の心も、お互いに見ることの決してできない『絶対秘仏』である」と述べています。人の心も音楽と同じように、目に見えないものなのです。そこで、私は、音楽を聴いてなにかを想像するということは、その音楽を作った人の心を想像することでもあると考えました。この文章にははっきり書いてありませんが、筆者も、この考えに賛成してくれるのではないでしょうか。その音楽を作曲した人、演奏する人、歌う人。その人々の心は、目に見えません。しかし、音楽を聴き、その人々の心を想像することで、私たちは、その人々とつながることができます。だから、私は、音楽を人と人とをつなぐものでもある、と考えます。

**解説**

問一　「具体的に表している連続した二文」という指定に注意する。

問二　「本体は、見えない。〜生命力を感じることでもある。」という部分をまとめる。

問三　最後の段落《だんらく》の内容に着目する。「生に他ならなかった」とは、「生命力を感じた」という意味。

問四　500字〜600字ならば、三〜五段落程度が適切。筆者の考えを説明するだけでなく、自分の考えもしっかり書くこと。

**解答例**

問一 二つの窓の大きさを変えて遠近法を利用し、二つの窓が現実の距離より離れて見えるようにするという工夫。
床の間の壁のへりを、直角にしないで、土を円みがあるように塗ることで、距離の焦点が合いにくくするという工夫。

問二 現実がフィクションになる

問三 現実の茶室にいながら、現実ではない「どこか」に自分がいるように感じさせること。

問四

この文章の筆者は、千利休の作った茶室を、現実を「非現実の空間に演出」したものだという。このことから想像すると、筆者は、現実を作り変えることによって、その作品にふれる人々にフィクションを感じさせることをよいことと考えているようだ。

この考えは、私がこれまで持っていたフィクションについての考えとは、ずいぶんちがっている。私は、これまで、フィクションは現実ににせて作るもので、フィクションだと人に思われてはいけないものだと思っていた。たとえば「写生」するときは、なるべく現実そのままを写し、フィクションだと感じさせないようにする。それがフィクションの基本だと思っていたのだ。ピカソのように非現実的な絵であっても、それは、印象を強めるための手段であって、フィクションをあえて感じさせるという方法があろうとは思っていなかった。しかし、考えてみれば、私たちは、非現実の世界を楽しむために、旅行で知らない場所に行ったり、高級なレストランへ行ったりする。だから、見る人を楽しませるために、フィクションを感じさせる作品を作るという方法はありうるのだと考えた。

**解説**

問一 「手前と向こうと、……」から「……狭《せま》い茶室は、狭く感じられなくなる。」までの三つの段落《だんらく》で、説明されている。「窓《まど》」と「床《とこ》の間の壁《かべ》のへり」の二つに分けてまとめる。

問二 最後の段落に「茶室に遠近法を取り入れることで……現実がフィクションになる」とある。

問三 最後の段落中の「茶室という現実空間に……非現実の空間にいるようになる」、「ここではない『どこか』に自分がいることを感じる」を組み合わせる。

問四 〔注意〕に書かれている指定を守って書く。前半の段落には、茶室には現実をフィクションにする工夫がなされているという点を中心に、筆者の考えをまとめる。後半の段落には、それをふまえて自分の考えを書く。

**解答例**

**問一**　素材が事実であることはまちがいないが、事実をいくつ並べても真実が現れるとは限らないということ（の例）。

**問二**　A　部分　B　華やかなパリの雰囲気

**問三**

　私はこの文章から、「事実を素材にした映像であっても、真実が現れるとは限らない」「映像を撮った人の伝えたかったことが、見る人にそのまま伝わるとは限らない」ということを読み取った。映像はわかりやすくて説得力をもつが、全体から部分を切りとったものにすぎない。にもかかわらず、部分のほうが全体よりも大きな説得力を持ちやすいために、さまざまな問題が起こるのだ。

　これらのことを、私たちは、映像を見るときに忘れてはならない。特に、テレビなどのニュースを見るときには、注意しなければならないと思う。ある事件や問題が取り上げられたとき、映像にあるものがすべてではなく、そこに映らなかった人やもの、風景もあるということをわかっておくべきなのだ。また、その映像が、どんな意図で撮られたものかも考えてみる必要がある。私は、これから何かの映像を見るとき、これらのことを常に意識するようにしたい。

360　400

**解説**

**問一**　直前の段落《だんらく》の最後にある「映像《えいぞう》表現にいつもつきまとう問題」の例。この「問題」の内容は、さらに前の「素材が……現れるとは限らない。」という二文で述べられている。

**問二**　「私《わたし》の友人のカメラマンの話ですが、……伝わらないかもしれなくなったのです。」という二つの段落の内容を、問題で示された文と照らし合わせる。

**問三**　360字～400字ならば、二～三段落程度が適切。解答例は、二段落構成。第一段落で、「文章から読み取ったこと」として二つの内容を挙げ、第二段落では「映像」について自分が考えたこととして、テレビなどのニュースを見るときに「注意しなければならない」ことを論《ろん》じている。このように、筆者の考えを土台に自分なりの視点《してん》を持つことが大切である。

**解答例**

**問一**　未知の読み

**問二**　思考力を使い、想像力をはたらかせ、わからないことを、自分の頭を使って解釈すること。

**問三**　内容が、読む者の理解を超えているので、ベータ読みで読まなければならないのに、アルファ読みで読もうとしたから。

**問四**

　この文章の筆者は、読書には既知のことを読むアルファ読みと、未知のことを読むベータ読みの二種類があると述べています。そして、思考力を使い、想像力をはたらかせ、自分の頭を使って解釈しながら未知のことを読み取るベータ読みこそが「本当の読書」だ、と考えています。

　この筆者の考えには、賛成できるところもあるし、賛成できないところもあります。読書に、アルファ読みとベータ読みの二種類がある、という考えには、賛成です。また、未知のことを読むベータ読みが本当の読書ではない、とも思いません。しかし、ベータ読みだけが本当の読書だとする考えには、私は賛成できません。既知のことを読むアルファ読みにも、よいところがあると思うのです。私は、一度読んで内容を覚えている小説をもう一度読み返すことが、よくあります。筆者の考えによれば、これはアルファ読みにあたります。私は、これを無意味な読書だとは思いません。なぜなら、そうすることで感動が深まるからです。だから、アルファ読みにも、ベータ読みと同じくらい大きな意味があり、そのどちらもが本当の読書であるというのが、私の考えです。

**解説**

**問一**　自分の知らない、未知のことがらを読むための読み方である「ベータ読み」は、「未知の読み」と名付けられる。なお、「既《き》知《ち》」と「未知」は、対義語。

**問二**　「ベータ読み」をするために必要なことは、終わりから二つ目の段落《だんらく》の「ベータ読みをするには……ベータ読みです。」の部分で説明されている。

**問三**　すぐあとの段落「それは、内容が、読む者の理解を……わからないのです。」で理由が説明されている。「……から。」で終わるようにまとめる。

**問四**　筆者が「ベータ読み」を「本当の読書」としていることをおさえて、前半の段落に筆者の考えをまとめる。後半の段落には、自分の考えを書く。筆者の考えに全て賛成する必要はないので、自分なりの考えがあれば、それを述べる。

**解答例**

**問一**　巣をひっぱり上げられて、逃げ場を失ったくもの運命に似た立場に、自分も置かれていると思ったから。
　動かない漢字の世界をのがれて、動く昆虫の世界に入ってゆきたかったから。

**問二**　祖父の声につれて復唱することで知らず知らず漢字に親しんだおかげで、大人の書物をよみ出す時に、文字に対する抵抗がなく、読書が容易になったこと。

**問三**

　この文章の筆者は、子供のころ、祖父から漢籍の素読を習った。その内容は、とても難しかったようだ。そのせいか、決して楽しく熱心に学んでいたとは言えない。しかし、そんな漢籍の素読を、筆者は「決してむだだったとは思わない」と述べている。それは、この訓練のおかげで漢字に慣れることができ、その後の読書が容易になったからだという。

　この文章を読んで、私は、「わからない読書も役に立つことがあるのか」というおどろきを感じた。私は読書が好きだ。しかし、これまでに何度か、難しくてわからないので、本を読むのをとちゅうでやめてしまったことがある。しかし、今は、それらの本をもう一度読んでみようと考え始めた。この筆者が言うように、今は内容がわからなくても、いつか別の形で役立つことがあるかもしれないからだ。読書とは、今全てがわからなくてもいいものだ。そう思えば、今後はもっと気軽に楽しく読書に取り組むことができそうだ。

400　360

**解説**

**問一**　これよりあとで「『大学《だいがく》』を習っている最中に、さむらいぐものことを思い出したのは、どうしてだったろうか」と問いを立てて、そのあとの段落《だんらく》で二つの理由を想像している。

**問二**　すぐあとの文から「大きな収穫《しゅうかく》」の説明が始まり、最後の一文でまとめている。その最後の一文「ただ、祖父の声につれて……事実である。」の内容を「……こと。」の形に直して答える。

**問三**　段落数や字数についての指定を守って書くこと。「この文章の内容にふれ」とあるので、まず文章で述べられていることをまとめて上で、それについて考えたことを書く。解答例では、筆者が漢籍《かんせき》の素読《そどく》を習う様子や、それを「決してむだだったとは思わない」という筆者の考えにふれた上で、自分の考えを発展《はってん》させている。

**解答例**

**問一** たがいに関〜ことの幸福

**問二** エ

**問三** 湖面が夜空と同じように黒く、そこに星が映っているので、夜空と湖面の境界がわからない。

**問四**

河合先生は、読書は効率よく役立つことを吸収するためのものではなく、たがいに関係がなさそうに思えたものがつながることの幸福を手にするためのものだと考えている。そして、そこから新たな要素が生まれると言っている。

私も、この河合先生の考えに賛成だ。もちろん、何か急いで知りたいことがあって、そのために読書をするということもあるだろう。これは、「今すぐに役立つ読書」だ。私は、そうした読書がいけないとは思わない。しかし、今すぐには役立たなくても、河合先生の話の中の古びたネジのように、「いつか思いがけないときに役立ち、読者を幸福にしてくれる読書」というものもあると思う。

また、私は、「今すぐに役立つ読書」と「いつか役立つ読書」のほかに、もう一つの読書があると思う。以前、卵を生む変わったほにゅう類であるカモノハシについての本を読んだことがある。カモノハシの知識が何かの役に立つとは思えない。また、役に立たなくてもかまわないと、私は思う。なぜなら、その本を読むこと自体が、私にとって喜びであったからだ。このように、読むこと自体が喜びであるような読書もある。

400 500

**解説**

**問一** 河合先生は、読書で得られるものをネジにたとえられている。そのネジが「たがいに関係がなさそうに思えたものがつながることの幸福」をもたらしたのである。

**問二** たとえを理解しやすくするために、「漆《うるし》」や「梨子地《なしじ》」の説明をしている。

**問三** 直前の「境界はどこだ。……つながっているんだ?」から、わからないのは夜空と湖面の境界であることが読み取れる。理由は、さらに前の部分に書かれている。

**問四** 400字〜500字ならば、二〜四段落《だんらく》程度が適切。指定に合わせて、はじめに読書に対する河合先生の考えをまとめ、次に自分の考えを書く。また、自分の読書の体験を書くよう指定されていることにも注意。体験は、できるだけ具体的に書く方がよい。

**解答例**

**問一** こうありたい

**問二** 読む本を決めて読書を強制されるのでなければ、どんな自分になりたいかという未来形の自分を、自分自身で決めることができるから。

**問三** よりよい未来に進むために、相手に未来を預けること。

**問四**

　私は将来、ペットの病気を治すじゅう医になりたいと考えている。私は、イヌ、ネコなどの動物が大好きだからだ。現代では、ペットは家族の一員だと言われている。人々は、ペットに愛情を感じたり、ペットから心をなぐさめられたりしている。私は、そうして人々とともに暮らすペットたちの健康を守るために働きたい。それは、大切な仕事だと思う。そのためには、まずいろいろな動物について書かれた本を読み、動物についてのはば広い知識を身につけたいと考えている。また、医学についての本も読むつもりだ。

　じゅう医として働くということは、動物だけを相手にすればいいということではないと思う。ペットの飼い主である人間と交流することも必要になる。そうした人々から私自身が信頼されなければ、良いじゅう医にはなれないだろう。だから、私は、人間の心のあり方や人間関係のあり方について書かれている本も読んでみようと考えている。

360　400

**解説**

**問一** 前後の内容から、筆者が、本の中には「未来の理想的な自分」が映《うつ》しだされると考えていることがわかる。前の段落《だんらく》中の「こうありたいと思っている未来形の自分」という同じ意味の言葉がある。

**問二** 同じ段落の後半にある「だれでも未来の自分は自分自身で決めたいと思っている」に着目して考える。「……から。」の形で書く。

**問三** 一つ前の段落中の「信頼《しんらい》するということは、相手に未来を預けることだ」、「よりよい未来を生きたいから」などに着目してまとめる。

**問四** 360字～400字ならば、二～三段落程度が適切。まず「どのように成長したいか」について述べ、そのために「どのような読書をしたいか」を述べる。両者がしっかりつながるように書くこと。

**解答例**

問一　敬語を多くつかったりかんたんにしたり

問二　ていねいで気持ちがいいと感じる好みを持っている

問三　家の中で自分の両親やしんせきを相手に話す場合。

問四

　この文章の筆者は、「～させていただく」という言い方を、お客を相手にする職業では、昔より敬語をたくさんつかうようになってきていることの例として挙げている。そして、「ドアを閉めさせていただきます」という言い方には、「ちょっとていねいすぎてウルサイ感じ」がすると感想を述べている。

　私は、この「～させていただく」という言い方には、「あなたのおかげで」という、相手への感謝の気持ちがかくれていると考える。だから、「お休みさせていただきます」には、「お客様のおかげで店をやっていけますし、お休みもとることができます。ありがとうございます」という気持ちがこめられていることになる。そういう意味で、「お休みさせていただきます」という言い方に、私は不自然さは感じない。しかし、「ドアを閉めさせていただきます」の場合は、少し不自然さを感じる。乗車しているお客様への感謝をこめた言い方かもしれないが、その感謝とドアを閉めることのつながりが弱い。それが、不自然さを感じる理由だと思う。しかし、「ドアを閉めます」は、勝手に閉めてしまう感じがして、少し乱暴だとも感じる。この場合、「ドアが閉まります」というのが最も良いのではないだろうか。このように、敬語は、使い方によって細かなちがいが出てくるところが難しい。私は、今後もっともっと敬語について学びたい。そして、相手や場面にふさわしい敬語を使えるようになりたい。

**解説**

問一　直前の段落《だんらく》の内容から考える。

問二　あとの部分に「ていねいで気持ちがいいと感じる人がいるから」とある。また、そうした感じ方を、筆者は最後に「日本人の好み」と呼《よ》んでいる。

問三　前の部分にある「自分の両親やしんせきに対して……いません」、「家の中でまったく敬語《けいご》をつかわなくなってきている」を組み合わせて答える。

問四　段落についての指定を守って書くこと。また、「～させていただく」という言い方の具体的な使用例を挙げること。使用例は、自分が考えたものでもよい。また、解答例にはないが、自分の体験をまじえて書いてもよい。

**解答例**

**問一**　日本人は、方言や敬語、女性語・男性語など、多くの言い方を複雑に使いわけることができ、それは海外の人から見ると何カ国語も話せるのと同じだということ。

**問二**

　筆者は、日本語が、言い方を複雑に使い分けることによって、ト書きがなくてもだれのせりふか理解できる言語であることを、「非常におもしろいものにしてくれている」ことだと考えている。
　私の生活を非常におもしろいものにしてくれていることとは、祖母が教えてくれる迷信だ。「朝に見たクモはにがす」や「茶柱が立つとえん起がよい」など、昔の人は色々なものを信じていたことが表れていておもしろい。

200　180

**解説**

**問一**　第一段落を読むと、グロータースさんは「日本人はいろいろな人と、違った言葉で話す」ことを「語学の天才」と表現していることが分かる。第二、三段落には、日本人は話す相手によって方言や敬語を使い分けていたり、また性別によっても話す言葉が違っていたりすることが書かれ、この複雑な使い分けは、海外の人からみると、「三カ国語くらいの言葉を使い分けているのと同じ」ようなものなので、「語学の天才」と言えるのである。

**問二**　筆者がどのようなことを「非常におもしろいものにしてくれている」と考えているのかは、――②の前に書かれているので、それを簡潔にまとめればよい。「あなたの生活を非常におもしろいものにしてくれていること」については、本文のように、言葉に関わることにすると書きやすいだろう。

**解答例**

問一　才能

問二　うまくなってから人前で発表しようというやり方では上達せず、才能がなくても下手で人に笑われても、人前でどんどん発表することで、才能があってあまり勉強しない人よりも上達するということ。

問三　恥ずかしい〜が肝心だ。

問四

　この文章を読んで、昔の人が書いた古典作品の中にも、現代の私たちの生活に通じるものがあることを知った。兼好がこのように書いたということは、その時代にも、「物事が上達しない」とか「自分は下手だからはずかしい」などとなやむ人が多かったということだろう。大きな時代のへだたりがあっても、人のすることや思うことに大した変わりはないのだとわかった。

　現代に生きる私にも、やはり「上達」についてのなやみがある。地域のチームでやってきた、ミニバスケットボールについてのなやみだ。私はほかの子よりも運動神経が悪いのか、試合形式の練習や本番の試合では、ほとんどかつやくすることができない。だから、どうしても苦手意識を持ってしまい、ますます消極的なプレーになってしまうのだ。でも、そうやってしりごみしていては、いつまでたってもうまくならない。たとえはずかしくても、上手な人の中で一生けんめい練習を積んでいかなければ、きっと上達できないのだ。私は中学校でもバスケットボールを続けていこうと思っているが、この文章の筆者や大昔の吉田兼好という人から、大きなヒントとはげましを得たような気がした。

400　500

**解説**

問一　次の段落《だんらく》が、この部分の古文の解説になっているので、照らし合わせて、「骨《こつ》」にあたる言葉を探《さが》す。

問二　「それは語学学習だけではない」の「それ」が指す前段落の内容をまとめる。語学学習以外にもあてはまるよう、「話す」などの言葉を他の学習にも使える言葉に書きかえる。

問三　「恥《は》ずかしさをかなぐり捨《す》てること」ではない。それよりあとの「恥ずかしい自分はあるが……思いきってやってみることが肝心《かんじん》だ。」という一文が、筆者の考えを最もよくまとめている。

問四　二〜四段落程度で書くのが適切。この文章では、古典作品に書かれた内容が現代にも通じることが書かれているので、そのことをふまえた上で自分の考えを書く。解答例のように、体験を具体的に書くとよい。

**解答例**

問一　その意味や正体については未知の状態で、既知の物の見方ではすらすらと書けないのが当然だ

問二　死

問三　生命を通じてではなく、死を通じて

問四

　この文章には、二つの経験が筆者の中で結びつき、一つの詩として表現される過程が書かれていた。二つの経験は、他人から見ると、全く関係がないようにも思える。私は、詩を書く人はこんなにも物事を深くとらえるものなのか、ふつうなら見過ごしてしまうことも心の中にとどめておき、それを言葉での表現につなげているのか、と感心してしまった。

　詩というものは限られた言葉による表現なので、やはり表現する側は頭をひねるのだろう。しかし、これは読む側にも言えることで、読者もまた、限られた言葉から作者の思いや伝えたかったことを想像し、理解しようとして頭をひねる。私はふだん、詩の言葉が表そうとする深い部分までは読み取りにくいと感じることが多い。言葉の表面上の意味はわかるし、何となく気になって印象には残るのだが、心にぴたっとおさまらないのだ。

　もしかしたら、詩を読むときにも「時の熟すのを待つほうがいい」場合があるのではないか。自分に何か新たな経験があって、そのことと詩の言葉とが結びついたとき、作者の表そうとした深い意味がわかることもあると思う。この文章中の詩も、私が親になったとき、より深く理解し共感できる気がする。

**解説**

問一　詩に書けなかった理由は、次の段落《だんらく》で説明されている。「何かが新しい意味をふくみ、しかしその正体がわからない」＝「既知《きち》の事柄《ことがら》の中に未知の種子がこぼれた状態」であるため、「既知の物の見方ではすらすらと書けないのが当然」なのである。この内容をまとめる。

問二　「私《わたし》は自分の子どもに……死も一緒《いっしょ》に与《あた》えていた」とある。

問三　文章中の「人間が生命を意識するのは、生命を通じてではなく、死を通じてだという実感を持ちました」を、問題で示された文と照らし合わせる。

問四　指定を守り、文章の内容をふまえた上で「言葉による表現」について考えたことを書くこと。400字～500字ならば、二～四段落程度が適切。解答例では三段落構成として、「詩を読むとき」にまで話題を広げている。

## 解答例

**問一**　他者の反応から知ることのできる、自分の人柄や能力といった内面的な特ちょう。

**問二**

　筆者は、自分に自信を与えるようなこう定的な姿を映してくれる他者だけでなく、否定的な評価をくれる他者や、価値観や性格の異なる他者との出会いが大切だと考えている。

　私は、周りの意見に流されてしまうことがある。協調性があると言ってくれる人もいるが、もっと積極的な自分に成長したい。そのために、自分の意見を堂々と言える人や、私の流されやすさを指てきしてくれる人との出会いが大切だと考える。

## 解説

**問一**　「鏡映自己」については前半でよく説明されている。第一段落〜四段落に書かれている内容をうまくまとめられていれば正解。

**問二**　与えられた条件に注意して書くこと。第一段落には、筆者が大切だと思っている出会いについて書く。第十段落の一文目に書かれてあるようなことがまとめられていればよい。第二段落には自分のことについて書く。かならずしも実際に経験した内容でなくてもよいが、なるべく具体的に書くこと。自分の性格や能力など、内面的なことに対して肯定《こうてい》してくれる人、否定的に見てくれる人の両面にふれられるとよい。

**解答例**

**問一**　レジ係の仕事上の効率を最優先する

**問二**　血の通った人間ではなく、自分の行く手を阻んでいた邪魔な物体だと感じているから。

**問三**

筆者は、スーパーマーケットのレジに代表されるような「声を出すことが要求されない、または、はばかられる環境」に慣れてしまったことが原因で、人々がおたがいに話すべき場面でも「声を出すことを極端に避けるようになった」と述べている。今の日本では、声を出して会話する機会が少ないために沈黙に慣れてしまい、人々の口頭でのコミュニケーションの感覚が麻痺してきているというのだ。

私は、この筆者の意見に少し疑問を感じた。「声を出すことを極端に避けるようになった」というのは言いすぎではないだろうか。確かに、最近はメールやインターネットなど、声を出さずに用事をすませられることも増えている。しかし、多くの場面ではやはり人との直接的なやりとりが基本になっていて、「沈黙が当たり前」とまでは言えない気がするのだ。また、筆者が挙げた事例にも疑問がある。声を出さないことと他人を「物体」と思うことは、別の問題ではないか。たとえ声を出さなくても、しぐさや表情などで気持ちを伝えることはできる。声を出さないことが問題ではなく、自分側の都合や効率ばかりを優先し、相手側を思いやれない身勝手さこそが本当の問題だろうと私は思う。

**解説**

**問一**　初めは「聴覚障害者《ちょうかくしょうがいしゃ》のためのサービス」と思った筆者だったが、あとで、「レジ係の仕事上の効率を最優先《さいゆうせん》するための措置《そち》」だと結論《けつろん》づけている。

**問二**　「血の通った人間であると実感することができないのだろう」、「自分の行く手を阻《はば》んでいた邪魔《じゃま》な物体という意識だから」の二つの部分を組み合わせて、問題で指定された形に整える。

**問四**　「文章中に挙げられた具体例と関連づけながら」という指定に注意すること。文章中では「声を出すことが要求されない、または、はばかられる環境《かんきょう》」の例として、スーパーマーケットのレジが挙げられている。自分の考えを書く場合、必ず筆者の考えに賛成しなければならないわけではない。解答例では、自分が感じた疑問《ぎもん》について説明している。

**解答例**

**問一**　なにわ節的

**問二**　かつてのスポーツマンと同じように、日本国民の期待という重圧をものすごく意識しているが、それを忘れて乗り越えようとしているため。

**問三**

　オリンピック選手とは比べものにならないが、私にも「プレッシャー」を感じる場面がある。ずっと習ってきたピアノの発表会だ。多くの人が見守るなか、たった一人でステージに上がって演奏をするのだから、プレッシャーを感じないわけがない。今までがんばって練習してきたのだから力を出したい、みんなの前でまちがえてはじをかきたくない、などと考えてしまうのだ。

　しかし、いま思い返してみて気づいたのだが、私がプレッシャーだと感じておそれていたのは、ほかから受ける圧力ではなく、自分で自分にかけていた圧力なのかもしれない。ピアノの先生や家族からも応援されたりはげまされたりするが、それで感じる負担よりも、自分で自分を苦しめている部分のほうがずっと大きい気がする。周りをがっかりさせたくない、というより、自分が傷つきたくないだけなのだ。だとすれば、何とばかばかしいことだろう。自分でプレッシャーをかけることなどやめて、それこそ自分のために、その場を楽しめばいい。その方が、きっと指もうまく動くだろう。スポーツ選手のように、あえて「楽しもう」と自分に言い聞かせることで、よい結果にもつながる気がする。

**解説**

**問一**　新しいスポーツマンがまず出てきた個人競技の選手と対照的なチームプレーの選手についての説明に着目する。「どうしても……プレッシャーもあって、ついついなにわ節的になるのだ」とある。

**問二**　最後の「根は同じ」に着目すると、新しいスポーツマンも、かつてのスポーツマンと同じように、「日本国民の期待、という重圧」を意識している、という筆者の考えが読み取れる。その重圧を忘《わす》れ、乗り越《こ》えようとして、「楽しむ」という言葉を使うのである。

**問三**　400字～500字ならば、二～四段落《だんらく》程度が適切。「見聞や体験をまじえて」という指定に注意すること。見聞や体験は具体的に書くようにする。解答例では、はじめに体験を書き、次にそれについての考えを書いている。

**解答例**

**問一** 知らないというのをこの上ない恥辱としており、知らないというくらいなら、でたらめを教えるほうがましだと考えていたから。

**問二** 中国での使われ方とはちがって、日本では、「大半」という言葉が何割ぐらいをさすのかがはっきりきまっていないこと。

**問三** 「一を聞いて十を知る」利発さ

**問四**

　私には、日本人全体の言葉の使い方があいまいかどうかは判断できない。しかし、この文章に書かれていたように、語の定義が明確でないまま使っていることは確かにあると思う。また、「はっきりと言うのは上品ではない」「相手もわかっているから、はっきり言うのは失礼だ」というのも、わかる気がする。私自身は、無意識に日本人らしい言葉の使い方をしてきたのだろう。

　しかし、外国人と日本語で話す場合は、どうだろうか。あいまいな表現で、きちんと伝わるだろうか。私は、難しいのではないかと思う。ちがう文化の中で育ってきた人には、「日本人のつきあいのルール」は通用しないからだ。その人は、明確な表現ではっきり言うのが当たり前だと考えていて、日本人にもそうしてもらえると思っているかもしれない。日本人がはっきり言わないことを、逆に「失礼だ」と受け止める可能性もあるのだ。

　だれと、どういう場面で、何について話すかによって、望ましい言葉の使い方は変わると思う。もし、この文章の筆者が言うように、フロイスという人が見た数百年前から日本人の言葉の使い方が変わっていないとするならば、やはり改める必要があるだろう。

400 500

**解説**

**問一** 次の段落《だんらく》中にある「同国の知人の話」で理由が説明されている。この内容を「……から。」の形でまとめる。

**問二** 日本語と中国語の「大半」という言葉の使われ方、意味のちがいをまとめる。

**問三** 第三段落中に「『一を聞いて十を知る』利発さを相手に求めることこそ、……何よりの心づかいなのである」とある。

**問四** 字数や段落についての指定を守って書くこと。「初め」「中」「終わり」は、序論《じょろん》・本論・結論と考えてよい。文章では、「日本人はあいまいな表現を好む」ということを主張しているので、まずそれをとらえた上で、自分なりの考えを述べること。解答例では、「外国人と日本語で話す場合」にふれ、場面や話題によって言葉の使い方は変わるという考えに発展《はってん》させている。

**解答例**

**問一**　涼しさ

**問二**　貧しく

**問三**　昔の人が大事にした「つもり」とは、積極的に心を持ち出して主観的に現実を感じることであり、人間の工夫する知恵として大切なものだった。

**問四**

　この文章では、昔の日本人がしていた、夏をむかえる時の工夫が色々しょうかいされていた。すずしい「つもり」になることは、現実を主観的に感じようとする態度であり、人間の知恵として大切だったという。筆者は、最近は「つもり」が軽視されているように述べているが、私は、今の日本人だってこのような工夫をしていると思う。

　夏について言えば、最近は窓の外にすだれやよしずを使う家も多い。また、緑のカーテンというものもよく見かける。もちろん、節電を考えて実際に室温を下げるためにやっている人が多いのだとは思うが、中には、すずしい「つもり」になって季節を積極的に楽しもうという人もいるだろう。今の日本人にも、昔のように「つもり」を大事にする心は残っているのではないか。

　昔よりは季節感が減り、ゆとりのない世の中になったかもしれない。しかし、今の日本人も現代なりのやり方で、四季に応じた工夫をしていると思う。だから、人々から季節を楽しもうとする心がなくなったとか、人間が貧しくなったとは言えないのではないか。今の日本人だって季節の変化に無関心ではないし、それなりに楽しんでいると思う。

**解説**

**問一**　二つあとの段落《だんらく》の「つまりは……涼《すず》しくなったように感じるにすぎない。」から考える。「涼しくなったように感じる」は、「涼しさを感じる」で言いかえられる。

**問二**　次の段落の「どうだろう。……」から、この点についての筆者の考えが述べられている。終わりから二つ目の段落では、「人間を貧しくしているのではないか」とある。

**問三**　指定された四つの言葉が文章中でどう使われているかを確認《かくにん》しながら、筆者の考えをまとめる。

**問四**　400字〜500字ならば、二〜四段落程度が適切。また、「見聞や体験をまじえて」という指定に注意すること。解答例では、第一段落で文章の内容にふれつつ自分の考えを述べ、第二段落で「見聞」を示して、第三段落でまとめている。

**解答例**

**問一**　（当時の子供たちが一本のヒゴノカミを日常持ち歩くことで）刃物を使うという感覚を身につけ、刃物の危険や恐ろしさ、それで自分を傷つけたときの痛みなどを学習することができたこと。

**問二**　外的な規制や、とことん安全を保障することで、常に危険と隣り合わせのところで生きているひとびとの生命力が年ごとに衰えていくことは、大きな損失だと考えているから。

**問三**

　この文章の筆者によれば、日本は過保護な社会で、その傾向は年々強まっているという。今のようにどんな立場の人々にも規制をし、安全を保障しようとしていけば、人々の生命力は衰え、他人どころか自分さえも守れない人間が増える。子どものころから管理され、守られることに慣れていると、自立した大人になれないのではないか、というのである。

　私は、筆者の考えに、賛成とも反対とも言えない。子どもに対して、「危ないから」「かわいそうだから」などの理由で体験の機会を取り上げるのは確かに過保護であり、問題だと思う。しかし、それらとイベントとでは、話が別だ。多くの人がいっせいに集まるイベントでは、予想もつかない大事故が起きることもある。いっさいの危険をさけるために初めから中止にし、人々の楽しみをうばってしまうのは行き過ぎかもしれないが、けが人や死者が出ないようにできる限りの規制や安全対策を考え、実行に移すのは当然ではないか。これらは「保護」のレベルであり、「過保護」ではないと思う。個人が全く責任を持たない社会はいけないが、必要な保護もせず、「何が起きても個人の責任ですよ」と言う社会も、やはりちがうと思う。

**解説**

**問一**　「どんなことが」と問われているので、主語の「そのことは」の「その」が指している内容をまとめる。

**問二**　前後の「外的な規制や、あるいはとことん安全を保障《ほしょう》することで、ひとびとの生命力が年ごとに衰《おとろ》えていく」、「それによってスポイルされる生命力のほうがもっと大きな損失かもしれません」を「……から。」の形にまとめる。

**問三**　段落《だんらく》数や、その段落に書く内容の指定を守って書くこと。「賛成」「反対」「どちらでもない」のうちから自分の立場を選ぶように指定されていることにも注意。どの立場を選んでもよい。
　解答例では、「どちらでもない」の立場を選び、賛成できる点とできない点とを分けて書いている。

**解答例**

問一 毎日の事件や出来事、社会の動きの情報

問二 イ

問三 ア

問四

　かつての日本では多くの人が日常の中で新聞から情報を入手していた。しかし今は新聞を読まない人が圧倒的に増えてしまい、情報量の少ない人が、物事を気分や個人の好き嫌いで判断するようになってしまっていることを、筆者は問題だと考えている。

　私は自分の好みだけではなく、自分で入手した信頼できる情報をもとに物事を判断すべきだと考える。今の日本では多くの人が情報を入手する手段として新聞はもちろん、テレビやインターネットを活用している。そのため、さまざまな方法を使いながら信頼できる情報は何かをよく考えて判断し、責任ある言動を心がけることが大切であると考える。

280 260

**解説**

問一 「刻一刻移り変わる社会の情報」が具体的にどのような情報であるかは、直前の文に着目し、一八字でさがし出す。

問二 昨日、今日の情報がのっているわけではないのは本であり、新聞は常に新しい情報がのっていることからイはまちがい。その他のア、ウ、エは人々が新聞を読みたいと思っていた理由として適切である。

問三 今から二五〇〇年くらい前は紀元前四八〇年頃であるため、その頃の日本の様子として適切なものを選ぶ。紀元前四八〇年は縄文時代から弥生時代への移り変わる頃であり、この時に起こったこととして正しいのはアである。

問四 筆者が問題と考えていることについては第十二〜十五段落の内容をまとめる。自分の考えについては今の日本の状況をふまえて、今後自分が情報とどう向き合うかなどをまとめたい。

## 解答例

**問一**　家具や植木鉢

**問二**　他人に対し～むずかしい

**問三**　電車の中で、ひとりひとりが「他人の目を意識せずに好きなことをする」という若者ルールにしたがって行動しつつもそれほど逸脱したことはせず、車両全体では静けさや安全が保たれている光景。

**問四**

　私は、公共の場では、やはり他人の目を意識し、周囲に不快な思いをさせないようにふるまうべきだと思う。これは「若者」「大人」という世代に関係なく、共通して大切なことだ。また、これは、電車内だけでなく、いろいろな人が出入りする場所のすべてにおいて言えることだろう。私は以前、お店の前の地べたにすわりこむ若者や、人通りの多い道のすぐわきで花見をする大人のグループを見たことがある。「みっともないな。あんな大人にはなりたくない」と思った。しかし、だからと言って、もちろん私が注意できたわけではない。〝見ないふり〟をしただけだ。

　文章中にある『若者の法則』が当たり前になって、みんなが他人の目を意識しなくなったら、どんな世の中になってしまうだろう。限度を知らずにふるまう人もいて、「静けさや安全」が保てなくなる場合も出てくるはずである。不快さの感じ方は人によってちがうから難しい部分もあるが、要は、自分のふるまいが他人の目にどう映っているか、それぞれが考えながら行動すればいいのだ。公共の場においては、決して周囲に無関心にならないこと、自分を客観的に見てみることが、とても大切なのではないか。

## 解説

**問一**　第二段落《だんらく》に「たとえ満員電車に……家具や植木鉢《うえきばち》と同じ車両にいるという感覚しかない」とある。

**問二**　同じ段落のあとの「つまり……」よりあとの部分が、まとめとなっている。

**問三**　直接的には直前の「電車の中で……保たれている。」という一文の内容を指している。これは、「若者《わかもの》ルール」にしたがって行動しているが、「逸脱《いつだつ》」したことはしないために生まれる光景である。

**問四**　400字～500字ならば、二～四段落程度が適切。「公共の場でのふるまい」というテーマからずれないように注意する。また、「自分自身の見聞や体験をまじえながら」とあるので、見聞か体験に必ずふれること。解答例では、第一段落の後半で、自分が見聞きしたことを書いている。

**解答例**

問一　美しい部品

問二　硬い鉄の中にある変化する性質を理解し、それに合わせた力を加えるという作業。

問三

この「快感」とは、主人公の心が、試行錯誤しながらものづくりに取り組むうちに感じられるようになった「楽しさ」である。楽をして簡単に得られる満足とはちがい、自分で手を伸ばして取りにいかねばならない楽しさ――常に苦しみと共にあり、一筋縄ではいかない分、体のもっとも深いところから湧き立つような楽しさ、喜びである。

　これと似た感覚を、私はバレエの練習で感じることがある。新しい曲に取り組むとき、耳で聞く音と自分の体の動きがなかなか合わずに苦労するが、練習を重ねていくうちに、動きが体にたたきこまれる。すると、自然となめらかに動けるようになり、周りの人や音楽とも一つになれる。このとき、まさに快感を得られるのだ。練習はつらく苦しいこともあるが、その分、乗りこえたときに得られる楽しさ、喜びも大きい。私は、本当の意味での楽しさというのは、それを得るために努力を重ねた人にしか味わえないと思う。

**解説**

問一　空白部のあとに「をつくった亀井《かめい》」と続いているので、亀井のつくった部品がどんな部品だったかを確かめる。「第一……美しい部品だ」とある。

問二　直前の段落《だんらく》に「作業」について説明されている。「硬《かた》い鉄にも変化する性質が確かにある」、「その塑性《そせい》に合わせた力を加えれば」などに着目する。問い方に合わせて、「……作業。」の形にまとめる。

問三　問題の指定をしっかり守って書くこと。前半の段落には、――線③の「快感」がどんな感覚かを、文章の内容をとらえて簡潔《かんけつ》にまとめる。文章中の言葉を引用して書いてかまわない。後半の段落では、「体験をできるだけ具体的にまじえながら」という指定に注意。解答例では、「バレエの練習」で「新しい曲に取り組むとき」のことを具体的に述べている。

**解答例**

**問一** 三年男子委員たちが、千波を図書委員長にするということを本人抜きで決めていたこと。

**問二** 今期はいろいろ新しくやりたいことがあるが、委員会で提案するのは、委員長ではない方がやりやすいから。
自分よりも千波の方が、本のことを知っているから。

**問三** A ウ　B イ　C エ　D ア

**問四**

　私は、中学校では美化委員会で活動したいと考えている。なぜなら、私は常にきれいな教室、きれいな校舎で過ごしたいと感じているからだ。それに、小学五年の一年間、美化委員として活動したこともある。そのときの経験を中学校でも生かして、学校を快適な場所にするための活動をしたいと思う。

　学校全体をきれいに保つためには、美化委員の力だけではとても足りない。委員以外のみんなもマナーを向上させ、協力していくことが大切なのだ。だから、委員会活動では、クラスの仲間との協力関係を作ることに努めたいと思う。小学校でも、全校で美化活動に取り組むとき、活動の意味をまとめたリーフレットをクラスで配ったり学級会で協力を呼びかけたりしたために、うまくいった経験がある。だから、もし中学校で美化委員会の活動をする機会があれば、クラスのみんなに協力を呼びかけ、美化活動を盛り上げていきたいと思う。

400　360

**解説**

**問一** 「千波《ちなみ》を図書委員長にするという……本人抜《ぬ》きで決められていたのだ。」という一文に着目する。決めたのが「三年男子委員たち」であることがわかるよう、答えをまとめる。

**問二** 八木の「委員会で提案する……長谷川の方がいいと思ったんだ。」という言葉に着目する。この部分を二つに分け、「……から。」の形にまとめる。

**問三** 前後の主人公の行動や場面の展開に注意する。A・C・Dは直前の千波が考えている様子、Bは千波がうまく言葉にできない様子に注目する。

**問四** 段落《だんらく》構成や字数についての指定を守って書くこと。前半の段落では、「理由をふくめて」という指定に特に注意する。単に希望を書くだけではなく、必ず理由を書きそえること。後半の段落では、「これまでの経験をまじえて具体的に」という指定に従《したが》って、経験をまじえながらできるだけ具体的に書く。解答例では小学校での美化活動の内容を具体的に書いている。

**解答例**

**問一**　みんなで作ったモザイク絵をつなぎ合わせる作業がいよいよ始まるので、興奮している気持ち。

**問二**　勇一も、心が

**問三**　一番左上のモザイク絵は、自分たち一組の八班が作ったもので、勇一には特別な思い入れがあったから。

**問四**

　私は、小学校五年生のときの運動会で、クラス別リレーに出た。練習で、バトンの受けわたしがうまくいかない二人がいたが、本人たちはもちろん、先生や私たち他の選手もいっしょになって原因を考えたり別のやり方を教えたりするうちに、うまくいくようになった。このリレーにはクラス全員が関心を持ち、選手に選ばれなかった子も練習を見に来ておうえんしてくれ、とてもいいふんいきだった。本番の結果は残念ながら二位だったが、みんなえがおで終わることができた。

　私は、この体験から、最後まであきらめないことの大切さと、みんなで協力することの大切さ、楽しさを学んだ。クラス別リレーというのは個人競技ではなくチーム競技で、選手だけではなくクラス全員がメンバーである。みんなで一つの目標に向かって団結し、課題を乗りこえようとしたからこそ、そこから得るものも大きかったのだと思う。形は変わっても、この先、チームで何か一つのことに取り組む場面があるだろう。チームプレーでも、もちろん個人の努力が基本であるが、それ以上に、みんなが個人に無関心にならず、全体でチームを盛り上げるのが大切であることを忘れずにいたい。

**解説**

**問一**　この部分が、モザイク絵をつなぎ合わせる作業が始まった場面であることをおさえる。直後に「勇一《ゆういち》だけでない。……興奮《こうふん》していた。」とあるので、勇一が興奮していたことが読み取れる。

**問二**　直後の段落《だんらく》から、このときのみんなの様子がえがかれている。その中から勇一の様子を表す一文を選ぶ。

**問三**　文章の前半にある「勇一たち、一組の……作ったことになる。」という文から、勇一たちの班《はん》が「左上のモザイク絵」を作ったことがわかる。

**問四**　字数や段落に関する指定を守ること。解答例では、前半の段落に運動会にまつわる出来事を体験として書き、後半の段落には、その体験から学んだことを書いている。このように自分の成長につながる前向きなことを書くのが望ましい。

**解答例**

問一　親友で、相棒で、ライバルだ

問二　ブンが選抜チームをやめることを言うために、監督に会いに行こうとすること。

問三　理解

問四

　私は、小学四年生から、近所の空手教室に通っている。しかし、五年生の秋ごろ、続けるのがいやになった時期があった。なかなか強くなれず、自分は空手に向いていないのではないかと思っていたのだ。しかし、そんなとき、いっしょに通っている友人が「私も弱くてくやしく感じるときもあるけれど、続けていればきっと強くなれると信じているよ。せっかくここまでいっしょにがんばってきたんだから、もう少し続けてみようよ」とはげましてくれた。私はその一言がとてもうれしくて、もう一度やる気を出すことができた。

　私は、本当の友人とは、ただいっしょにいて楽しい、話が合うというだけでなく、たがいにはげまし合いながら、精神的に成長していける人のことだと思う。あのとき私に声をかけ、はげましてくれた友人は、私にとって本当に大切な存在だと今でも感謝している。ただし、私が一方的にたよったり、あまえたりしているのでは、本当の友人関係にはなれない。いつか私も、あのとき私がしてもらったように、友人をはげまして力になってあげたい。それが、相手の友情にこたえるということだと思う。これからも、友人との関係の中で、自分を成長させていきたい。

400

500

**解説**

問一　――線①から、ブンがモトのことを「親友で、相棒《あいぼう》で、ライバルだ」と思っているように、モトもブンのことをそう思っていることが読み取れる。

問二　美紀の「和泉《いずみ》くん、選抜《せんばつ》チームやめるって」や「今日、選抜の練習があるから監督《かんとく》に言うって」などから、ブンが何をしようとしているかをおさえる。

問三　ぬき出して答える問題ではなく、自分で言葉を考えて答える問題。――線③も――線④も、相手がどう考え、どう行動するかを確信をもって言い切っている。それだけおたがいに「理解」し合っているのである。

問四　「友人との心のつながり」というテーマからそれないように、指定にしたがい二段落《だんらく》で書く。体験を書く場合、解答例にあるように会話などを入れると、より具体的になる。

**解答例**

**問一**　ギャラリーが増えたことや、卵を割りそこねた子がまだいないらしいことのために、卵をうまく割れるだろうかという不安がさらに強くなり、すっかり落ち着きをなくした様子。

**問二**　まわりの子たちが、卵を割りそこねた「私」の気持ちなど考えずに、おもしろがってはやし立てたりしたこと。

**問三**　イ

**問四**

　私は父から、小刀の使い方を習ったことがある。「危ないし、えんぴつけずりの機械があるから、いいよ」と断ろうとした私に、父は「お父さんの子ども時代は、みんな使えたものだよ。それに、実際に使ってみて危なさを知っておくのも大事だよ」と言って教えてくれた。父が教えてくれたコツは、力を入れすぎないことと、一気にやらずに少しずつ形を整えていくこと。数日間練習した結果、私も何とかえんぴつをけずれるようになった。

　親は、長く生きている分、私の知らないさまざまなことを知っている。ふだんは、そんな当たり前のことも忘れてしまいそうになるが、こうして何かを習ってみると、改めて実感できる。親だけではない。そのまた親である祖父母や、自分より年上のきょうだいからも、学ぶことはあるだろう。勉強以外のことでも、自分の知らないことについて家族から話を聞いたり、教えてもらったりするのは楽しいし、役に立つ。家族で話すきっかけになるし、きずなを深めることにもつながるだろう。中学校に上がると私も今よりいそがしくなってしまうと思うが、これからも時々、家族から話を聞き、いろいろなことを学んでいきたい。

**解説**

**問一**　「舞《ま》いあがってしまった」は、落ち着きをなくした様子を表している。理由としては、「ギャラリーが増えたこと」と「卵《たまご》を割《わ》りそこねた子はまだいないらしいこと」が挙げられる。

**問二**　前後に書かれている筆者以外の子どもの様子をまとめる。

**問三**　イが適切ではない。家の台所でも失敗をしたという点は、文章の内容に合っているが、そのときの筆者は「またやってしまった」と自分を責めている。

**問四**　経験を書く第一段落《だんらく》では、解答例のように会話を入れるとより具体的になる。第二段落では、家の人から何かを習った経験が、自分にとってどんな意味を持つものになったかを書くとよい。解答例では「家族で話すきっかけ」、「きずなを深めること」などについて書いている。

**解答例**

問一　「なんだ、～気で考える

問二　いましばらくは少子化が続いても、そのうちに必ず変わってくると思います。

問三

　筆者は、家族を持ち、手間や面倒や苦労が増えたりすることにこそ、人生のおもしろみがあると考えている。現代は、たいていのことが機械やお金の力で解決できるようになったために、家族を持たず、面倒や苦労を回避して生きていこうとする人も増えてきた。しかし筆者は、そういう人生が本当にいいのかどうかをもっとみんなで論じる必要があると述べている。筆者自身は、そういう人生にはおもしろみがないと考えており、今後はそれに気づく人が増え、少子化が続いている状況も変わるのではないかと予想している。

　筆者の考えには、賛成できる部分と疑問に思う部分とがある。家族を持ったほうが人生のおもしろみがあるという考えには、私も賛成だ。苦労は増えても、家族を持ったほうがにぎやかで楽しい人生を送れると思う。しかし、家族を持たない人が増えた原因として、現代の人の結婚観、家族観だけを挙げている点には疑問を感じた。先日テレビで見たのだが、現代の若い人の中には、結婚したくても経済的な理由で難しい人、子どもを産みたくても様々な理由でできない人も多いようだ。多くに共通しているのは、仕事がいそがしすぎる、収入が安定しない、将来の生活に不安がある、ということらしい。そんな状態では、結婚や出産に前向きになれないのも無理はない。私は、多くの人が家族を持つ楽しさを感じられるようにするために、人々がより暮らしやすい社会を作っていくべきだと考える。

**解説**

問一　「そのこと」は直前の内容を指しているが、「そのことを知らない人」がどんな人なのかは、次の段落《だんらく》で具体的に説明されている。

問二　「面倒《めんどう》を回避《かいひ》して生きていくのはおもしろくない人生なのだとわかる」→「家族を持つという面倒をさけなくなる」→「少子化が止まる」という流れをとらえる。

問三　指定にしたがって、前半の段落には、筆者の考えをまとめる。筆者は、「家族を持つこと」を、「手間のかかる」、「面倒くさい」ことではあるが、そういう苦労の中に人生のおもしろみがあると考えている。後半には、自分の考えを書くが、必ず筆者の考えに賛成する必要はない。解答例では、賛成できる点と疑問《ぎもん》に思う点の両方を書いている。

**解答例**

問一　父親のいないさびしさ

問二　（さかあがりが成功した要因は、）自分の力と、男の掌で尻を押し上げてもらったことのどちらなのかということ。

〔別解〕（さかあがりが成功した要因は、）男の掌で尻を押し上げてもらったからではないこと。

問三　〈さかあがりの神様〉が助けてくれたおかげで、最後には自分の力でさかあがりができるようになったので、その喜びを何度も確かめ、味わいたいという気持ち。

問四

　真一が〈さかあがりの神様〉の助けを借りながらさかあがりを練習したように、私にも、できなかったことに挑戦した経験がある。それは、五年生のときにやった合唱大会の練習だ。私はソプラノのパートだったが、なかなか高い声がきれいに出ず、周りのみんなに対してとても引け目を感じていた。しかし、指導の先生が、クラス練習のあとでも気にかけて教えてくださったりしたおかげで、何とかみんなに付いていくことができるようになった。

　私は、真一の、くやしがりながらもがんばろうとする姿や、〈神様〉の言うことをすなおに聞き、そのまま受け入れている態度に感心した。なぜなら、私には、ものごとを「自分には無理だ」と早々とあきらめてしまうところがあるし、熱心に教えてくれる人に対しても、一歩引いて身構えてしまうところがあるからだ。その合唱の練習のときも、もっと自分からがんばろうとしたり、先生のおっしゃることを必死で聞いたりしていれば、上達が早かったかもしれない。何かに挑戦するときには、上手に教えてくれる人の存在も確かに重要だが、それ以上に、本人のがんばろうとする意志、すなおな態度が大切だと思う。私は、この文章を読んで、そう気づかされた。

**解説**

問一　第二段落《だんらく》の「寂《さび》しさは、ある」の寂しさは、「父親のいないさびしさ」である。

問二　真一は、男が掌《てのひら》で支えてくれたのではないかと疑《うたが》っていたのである。

問三　前の「それを確かめたくて」の「それ」が指す内容をとらえる。

問四　400字～500字ならば、二～四段落程度が適切。解答例では、第一段落に経験、第二段落に考えを書く二段落構成としている。小説や物語文では、登場人物の会話や行動から性格をとらえた上で、自分の考えを発展《はってん》させるとよい。

## 第五章　人とのかかわり　⑧　出会い

**解答例**

**問一**　漠然とした希望

**問二**　髪も黒いし～のだった。

**問三**　同級生に、自分の好ききらいについて宣言せずにいられた点。

**問四**

　私は、「人との出会い」には二つあると思う。一つは、単に人と顔を合わせたり知り合ったりすること。そしてもう一つは、人の考え方や人生の一部にふれるということだ。この文章の筆者は、まさに後者の「出会い」をしたと思う。ただの顔見知りにすぎなかったNさんとじっくり語り合ったことによって、相手の意外な一面を発見したからだ。「まじめ」だと思っていた子が実は「過激」だったなんて、どんなにびっくりしたことだろう。

　しかし、この体験は、筆者におどろきをもたらしただけではない。筆者はNさんとの会話によって、進路についての考え方、まわりからどう思われるかについての態度など、自身をふり返ることができたと思う。文章にははっきりと書かれていないが、大人びた考えを持つNさんに対して、自分は幼い、たよりないなどと考えたことだろう。そうした意味で、このNさんとの「出会い」は、筆者にとって大きな意味があったのだと思う。

　人の考え方や人生の一部にふれることで何かに気づき、成長のきっかけになることはあると思う。でも、チャンスを生かせるかどうかは自分次第ではないか。小学生から中学生になることで、これからの私にも、新たな人との「出会い」がある。今まで知らないタイプの人、自分とはちがう考え方に接することも増えるだろう。そんなときは、決して自分から心をとざすことなく、おどろきつつも楽しんで「出会い」をむかえたい。

500

600

**解説**

**問一**　将来《しょうらい》の職業に対する筆者の思いを表す言葉を探《さが》す。次の段落《だんらく》中に「作家になりたいという私のような漠然《ばくぜん》とした希望」とある。

**問二**　直前に「私《わたし》のような」とあるのに着目する。筆者が初め、Nさんをどんな人物と考えていたかを確かめる。

**問三**　Nさんの独自な点を確かめる。前の部分に「こういう音楽が好きだと同級生に宣言《せんげん》せずにいられたことに、もっと驚《おどろ》いた」とある。

**問四**　500字～600字で書く場合、三～五段落程度が適切。「人との出会い」というテーマからそれないよう気をつけること。「出会い」が持つ意味を自分なりに考えて書くとよい。解答例では、出会いを「成長のきっかけ」ととらえている。

**解答例**

問一　クラスのみんなでつくった千羽鶴を送ることで、クラスのみんなが入院している由香さんのことを忘れずにクラスの仲間だと思っており、病気とたたかう由香さんを応援しているというメッセージを伝えられると思う。

問二　①クラスの人たちは中学三年生であり、放課後は受験勉強と中間試験の勉強に力を入れなければならず、昼休みはバスケットボールのフリースロー対抗戦に夢中になってしまっているため。

②クラスの人たちは、由香さんの病気が治らないものですぐには退院しないため、千羽鶴の完成は延びても大丈夫だと思っているから。また、多くの人は由香さんのことをよく知らない人と思っているため。

問三

私がこのクラスの一員だったら、まず由香さんのお見舞いに行き、由香さんの様子とみんなで折ればあと何日で千羽鶴が完成するかをクラスメイトに伝える。みんなが熱心になれない理由は、由香さんのことをよく知らない人が多いこと、そして鶴より目の前の楽しいことややるべきことを優先させていることにある。由香さんがどんなに一人でがんばっているかを知れば、みんなも応援しようと思うだろう。また、具体的な日数を設定することで、数日間遊びをがまんすればみんなの応援を由香さんに伝えられることをわかってもらえると思う。

**解説**

問一　自分の考えを書かせる問いなので、千羽鶴をもし自分がもらったらどう感じるか、自分ならどんな気持ちで千羽鶴を折るかを考えて書くとよい。

問二　①西村さんたちは中学三年生であり、「受験勉強に本腰を入れる」時期にあること、中間試験が近づいていること、昼休みにはフリースローのクラス対抗戦が流行していることを本文から読み取ってまとめる。

②ミヤちんと瀬川ちゃんの会話に着目する。二人は、由香さんはすぐに退院できるような状態ではないため、千羽鶴づくりに時間がかかっても問題ないと思っていることがわかる。

問三　問二で書いたクラスの人が熱心に取り組まなくなった理由も参考にしながら、西村さん一人が負担をおわない方法を考えて書くようにする。

**解答例**

問一　「僕」はプレッシャーをはねのけようとする時に力が出るので、1区を走らせることでプレッシャーをかけ、追い詰めたほうがいいと考えているから。

問二　走りのことがわからず、威圧感のかけらもないために部員から怖がられることがなく、プレッシャーをあたえることができない存在。

問三　僕は誰かに

問四

　この文章の「僕」は、不調になやんでいたときに、自分の問題点を先生から知らされて苦しい立場に立たされた。認めたくない自分の弱点、あたえられた役割をきちんと受け止め、それに負けないようがんばっていかなければ、次の段階に進めないのである。

　このような試練がおとずれたとき、自分の力をためさず、にげてしまうという道もある。しかし、それでは自分を変えることはできない。私は四年生のとき、漢字検定にちょうせんした。この試練を通して、あきらめずにがんばることの大切さやかべを乗りこえたときの喜びを知ることができた。もし、初めからにげていたら、何も残らなかっただろう。

　試練からにげてしまえば、楽かもしれない。しかし、いつか、ちょうせんしなかったことをくやむのではないか。立ち向かった結果うまくいかなかったとしても、がんばった経験は、きっと役に立つ。初めからにげるより、立ち向かったほうがずっといい。この文章の「僕」は、自分の問題点を知りたくてなやんでいたのだから、自分をよくしたいという気持ちが強いと思う。だからきっと、この試練からにげることなく立ち向かい、自分の成長につなげていくと思う。

**解説**

問一　上原先生の言った言葉から、理由をとらえる。

問二　上原先生が自分のことを語った言葉をピックアップする。

問三　「疑問《ぎもん》に思ったのは……」とあるので、疑問文になっている部分に着目する。

問四　自分の見聞や体験をもとに、文章の内容を関連づけて書くこと。解答例では、漢字検定にちょうせんした体験をもとに、自分の考えを述べている。

**解答例**

問一　メモする習慣

問二　説明や実演にない内容まで補完してメモを取っておかないと、自分で正確に再現できないということ。

問三

　私は、人の話を聞くときは、自分なりに感じたり考えたりして、それを相手に示すことも大切だと思う。この文章中の例のように人から何かを教えてもらい、そのまま記憶して再現する必要があるときは筆者の言うとおりだと思うが、実際にはいろいろな場面がある。話は常に一方通行ではないし、聞き手が常に機械のような正確さを求められるわけでもない。例えば、私は以前、学校の宿題で地域の人にインタビューをした。あとで文章にまとめられるよう、話のポイントはもちろんメモに取ったが、それだけではない。相手の目を見て話を聞いたり、なっとくしながらうなずいたり、疑問に思ったことをあとで確かめたりするようにした。それが、話している相手の気持ちに応えることだと思ったからだ。

　下を向いてメモを取るばかりでは失礼にあたる場合もあるし、相手が、話の内容というよりも自分の気持ちをわかってもらいたくて話す場合もある。きょくたんな言い方をすれば、話の内容を正確に再現するだけなら、話を録音しておけばいいのではないか。話し手は、聞き手に伝えよう、わかってもらおうとして話すのだから、聞き手も、それに応じた聞き方をするのが本来の形だと思う。

400　500

**解説**

問一　第五段落《だんらく》で、話された内容を自分で成り代わって話すときに大切なのは「メモ力」「メモする習慣」であると述べられている。指定字数に合う「メモする習慣」をぬき出す。

問二　前の「このように説明されない動作……自分でできるようにはなりません」、「いろいろ補完《ほかん》しながら……正確には再現できないのです」などを利用して答えをまとめる。

問三　400字～500字ならば、二～四段落程度が適切。文章中にはない自分自身の体験をまじえて書くよう指定されている。解答例では、「地域《ちいき》の人にインタビューした」体験を書くことで、「人の話を聞くときは、自分なりに感じたり考えたりして、それを相手に示すことも大切だ」という主張の裏うら付けとしている。このように、作文中に書く体験は、自分の主張する考えと関連するものを選ぶ。

**解答例**

**問一**　何の役に立〜がするもの

**問二**　知性のパフォーマンスが爆発的に向上するのは、有用性が理解できないものの潜在的な有用性を見出そうとして問いのセンサーが作動するときであるが、有用性や実利性が熟知されていることに対しては、センサーがまったく作動しないから。

**問三**

　筆者の考える「情報化する人」とは、何かに出会ったときに「そのうち何かの役に立つかもしれない」と判断して脳内に溜め込んでおいて、それらを適切なときに生かせる人のことだろう。かれらは、自分の「問いのセンサー」を働かせて物事の潜在的な有用性を見ぬき、自分が何を必要としているのかわからないときでさえ、役立つものや必要なものを判定できる。身の周りのものに対して、常に高い知的パフォーマンスをしているのだ。

　これを読んで、身の周りのものを「情報化」していく力について考えさせられた。私たちの身の周りにはいろいろなものがあふれているが、そのままの状態では、まだ「情報」ではない。それらが役に立つかどうかを自分の知性で見ぬき、記憶したものを活用してこそ、本当の「情報」となるのだ。つまり、物事を情報として役立てられるかどうかは、本人の知性にかかっているのだ。今のところ、私は、テストや勉強のために「絶対に覚えておかなくてはならない」ことばかりを頭につめこんでいる。しかし、それだけではいけない。自分の目や頭で役立ちそうなものを判断して「情報化」し、それらを活用して生きていけるようになりたい。

**解説**

**問一**　「板切れ」の話は、第二段落《だんらく》の内容を説明するための具体例として挙げられている。そこで、第二段落から「何の役に立〜がするもの」をぬき出す。

**問二**　指定された「センサー」「パフォーマンス」が文章中でどのように使われているかに着目して、理由をまとめる。直接の理由は「問いのセンサーが作動しないから」であるが、これを知性のパフォーマンスが爆発的《ばくはつてき》に向上する場合と対比させて説明する。

**問三**　指定を守って書くこと。第一段落には、「情報化する人」とはどんな人のことか、筆者の考えに沿《そ》って書く。「出会うものを脳内《のうない》に溜《た》め込《こ》んでゆく」人、そして、それを何かの機会に生かせる人、という二点をおさえる。第二段落には、自分の「感じたこと、考えたこと」を書く。

**解答例**

**問一**　その算数の〜なのです。

**問二**　A　勉強　B　実力

**問三**　かけがえのない存在だと評価されたことを踏み台にして実力をつけ、それを社会の中で使っていくこと。

**問四**

　この文章の筆者によると、勉強することの最終目標はよい評価を得ることにあるのではなく、評価を踏み台にして実力をつけ、社会に貢献することにあるのだという。これまで、テストでの高得点や入試での合格を目指して勉強してきた私には、耳の痛い言葉だ。

　しかし、最終目標はそうあるべきでも、そこに向かうまでの小さな目標は、テストや入試であってよい気がする。学校で勉強する間は、テストや入試での評価を一つ一つ積み重ねていかないと、勉強の次の段階に進めないと思うからだ。また、文章中にあったように、よい評価を得ようとすることで、勉強する励みにもなる。大切なのは、「よい評価を得た」「ある程度の実力がついた」という小さな目標達成で終わらせず、その先の「実力を活かして社会に貢献する」ことまで見すえて目標を立て、勉強し続けるということだろう。

　勉強で身につけた実力を活かして社会に貢献することは、勉強させてくれた親や、教えてくれた先生、学校に対する恩返しだと思う。勉強した結果を、自分のためだけでなく、人のためや社会のためにも活かすことを大きな目標にして、これからの勉強をがんばっていきたい。

**解説**

**問一**　次の段落《だんらく》中の「その算数の……それこそが最終目標なのです。」という一文で、「最終目標」を具体的に説明している。

**問二**　学ぶことの目的ではないが、励《はげ》みになる、という意味で、Aには「学ぶこと」という意味の「勉強」が入る。第四段落の「点数ではなくて実力が問題です」から、Bに「実力」が入るとわかる。

**問三**　第四段落や第六段落の内容を中心にまとめる。

**問四**　400字〜500字ならば、二〜四段落程度が適切。解答例では、第一段落で筆者の考えをまとめ、第二・第三段落で、それをもとにした自分の考えを書いている。第二段落では、筆者の意見とは異《こと》なる内容を述べている。このように、筆者の考えとはちがう、自分なりの考えを書いてもかまわない。

## 第六章　生き方　⑤　環境による生き方

**解答例**

**問一**　A　他者とくらべて違う

B　他者をとりこみながら

**問二**　そのときどきで善悪を決め、人と気持ちを交あわせながら、なるべくおだやかにいきて

**問三**

この文章の筆者は、住む家のちがいによって、人の考え方や行動の仕方もちがってくるのではないかと述べている。家も環境の一つなので、環境次第で人は変わる、人は環境につくられるというのが筆者の考えだろう。

私も、そういう一面はあると思う。住む家だけでなく、まわりにいる人、いつも見ているものなどによっても大きく変わってくるだろう。ただ、人の性格や価値観は、環境だけでは決まらないのではないか。ほぼ同じ環境で育ったきょうだいが、全くちがうことだってあるからだ。また、いったん人格がつくられても、それが一生続くわけではないとも思う。生きていく中で少しずつ、そして絶えず変わり続けるものだろう。だから、環境は人をつくる要因の一つではあるが、すべてではないと思う。私は、まだ自分というものが十分に固まっていないが、ある程度大人になっても、変わり続けていきたい。あまり、自分というものを決めつけずにいたいのだ。

360　400

**解説**

**問一**　第四段落《だんらく》の「他者とくらべて違《ちが》う自分を発見していく」と「他者をとりこみながら自分を発見していく」を「壁族《かべぞく》」、「柱族」にふり分ける。「いつも開けっぱなし」の家で暮《く》らすのが「柱族」であることに着目する。

**問二**　直前の「人と気持ちを……おだやかにいきていきたい」を中心に考える。柱族は多くの「神様」を「そのときどきでひいきにしたり、しなかったりする」とある。「そのときどきで善悪《ぜんあく》を決める」ことに通じる。

**問三**　360字～400字以内ならば、二～三段落程度が適切。指定にしたがって、初めに筆者の考えをまとめ、次に自分の考えを書くこと。解答例では、第一段落で筆者の考えをまとめた上で、第二段落でそれとは異《こと》なる自分の意見を述べる二段落構成としている。

**解答例**

**問一**　知ったかぶり

**問二**　知るべきこ～た思いこみ

**問三**　向学心や好奇心を、無限にある学ぶべきこと、おぼえるべきことにむかって、いつも積極的にかかわりあわせること。

**問四**

　この文章の筆者は、学ぶべきこと、おぼえるべきことは無限にあるので、ずっと好奇心を持って学び続けるべきだと述べている。しかし、人間は成長するにつれて好奇心にフタをし、知ったかぶりや「増長慢」になってしまう。そしてそれが、情報の吸収や蓄積を止めてしまうというのだ。

　私にも思いあたる点はある。友達とのおしゃべりや授業で自分の知らないこと、知りたいことが出てきても、質問をためらってしまうのだ。小さいころは、やはり何のためらいもなく両親や姉に質問ばかりしていたが、最近は恥ずかしさや変なプライドもあって、「それは何？」「どうして？」とは言えなくなっている。好奇心を失ったとは思わないが、自分で調べたり考えたりせずに人に聞くのもちがう気がするので、質問しないのだ。

　私は、「世界のことはすべてわかった」などとは、とても思えない。今後も様々なことに好奇心を持ち続け、知識や考えを広げていきたいと思っている。好奇心を持って学ぶことは、いやいや学ぶよりもずっと身につくし、何より楽しい。たとえ人に質問しなくても、自分でこっそり調べたりひそかに考えたりして、楽しく学んでいきたいと思う。

400　500

**解説**

**問一**　「知ったかぶり」は、「知らないのに知っているかのようにふるまうこと」という意味。

**問二**　このあとで理由を説明している。「つまり」のあとが、そのまとめとなっている。

**問三**　直前の一文の内容を、問題の問い方に合わせて「……こと。」の形にまとめる。

**問四**　400字～500字の場合、二～四段落《だんらく》程度が適切。「好奇心《こうきしん》と学び」というテーマからそれないよう注意する。また、「体験をまじえて」という指定があるので、自分の体験したこと必ず書き入れること。解答例では、三段落構成とし、第一段落で筆者の考えをまとめ、第二段落で体験を書いて、第三段落で自分の考えを述べている。「好奇心と学び」というテーマなので、解答例のように、自分自身の学びについての前向きな気持ちを書くとよい。

**解答例**

問一　原点

問二　A　世界の記述のしかた

B　励み

問三

　私は、本を読むことが好きだ。幼いころから両親に連れられて図書館に行ったり本屋をのぞいたりしているうちに、ごく自然に好きになった。小説の本が特に好きで、いろいろ読んでいると、ぶたいとなっている国や時代、業界に興味が出てくる。私は、本を読むことを通して、「いろいろなことをもっと知りたい！」という心を持つことができた。

　子どもである私にとっては、本は、社会や世界をかいま見るための窓のような存在だ。たぶん、大人になってもそれは変わらないだろう。自分が一生のうちに経験できることは限られているが、本を読めば、何十百人、何百人分もの人生をのぞき見ることができるからだ。小学生のいま、読書を好きであることが将来の仕事に結びつくかわからないが、私は、職業とは関係なくてもしゅみとして、読書をずっと続けていきたい。読書が私の興味を広げ、知りたい気持ちをしげきし、人生を豊かにしてくれると思うからだ。

400　360

**解説**

問一　筆者は、最後の段落《だんらく》で再びこの体験にふれて、「その青に息をのんだ瞬間《しゅんかん》が、まぎれもなく私《わたし》の原点である」と述べている。

問二　Aは「そのひとつひとつが、君に世界の記述のしかたを教える」から、Bは「それは静かに君を励《はげ》ましつづける」から判断する。Bはぬき出し問題ではなく、「文章中の語を参考にして二字で」書く問題であることに注意。

問三　「好きなもの、好きなこと」を通して「得た」ものについて書くよう指定されている。好きなもの、好きなことだけではなく、必ず、そこから得たものについて書くこと。また、段落や字数についての指定を守ること。解答例では、好きなこととして読書を挙げ、そこから得たものとして『「いろいろなことをもっと知りたい！」という心』を挙げている。

**解答例**

問一　高度成長と冷戦が終わり、日本社会も世界も大きく変化したのに、日本のほとんどのシステムは高度成長期のままで、内外の変化に対応できていない点。

問二　すべての子～ばならない

問三

　この文章の筆者は、どんな子どもも大人になったら仕事を持ち、生活の糧を得なければならないと述べている。また、仕事は、生きていく上で重要な二つのもの――「お金」と「充実感」を与えてくれるとも述べていた。

　私は、これを読んで、身の引きしまる思いがした。これまで「自分の好きなことを仕事にしたい」とだけ考えてきたが、お金を得られないと生活できない、という当たり前の現実をつきつけられた気がしたからだ。しかし、それでもやはり、私は「自分の好きなことを生かして仕事をし、充実感を得る。その結果、生活するためのお金も得る」というのが理想の形だと考える。どちらかというと、お金よりも「好きなこと」や「充実感」を考えて仕事につくべきではないかと思うのだ。

　お金のことだけ考えて、好きではない仕事をがまんしてやるのでは充実感がなく、長く続けられないだろう。仕事を続けられなければ、結局お金も得られなくなる。でも、自分の好きな仕事なら充実感を持って長く続けることができ、お金を安定して得ることができる。もちろん、それを実現するのは簡単ではないだろうが、私は、将来理想的な働き方ができるように、少しずつ努力していきたい。

400　500

**解説**

問一　あとの「高度成長が……対応できていないのです。」をまとめる。「どんな点」と問われているので、「……点。」の形で答える。

問二　このあとの部分を、問題で示された文と照らし合わせ、あてはまる言葉を探《さが》す。

問三　段落《だんらく》や字数についての指定を守って書くこと。また、指定に合わせて、初めに文章の内容にふれ、次にそれをもとに発展《はってん》させた自分の考えを述べる。文章の内容は全てをまとめる必要はなく、一部にふれるだけでかまわない。解答例では、第一段落で筆者の「どんな子どもも大人になったら仕事を持ち、生活の糧《かて》を得なければならない」という考えにふれ、第二・第三段落で自分の考えを述べている。「理想的な働き方」を打ち出したところが、「発展」させた考えと言える。

## 第六章　生き方　⑨　将来・未来

**解答例**

**問一**　未来に起こることを予期するためには、過去の体験をよく把握し、それらの要素を組み合わせなければならないから。

**問二**　実験では、

**問三**　朝に備えて夜のうちに餌を土の中に蓄えるという、未来を予想してそれに備えるような行動を取れる能力。

**問四**

過去について把握し、それらの要素を組み合わせることで未来を予想することができる。未来に備えることは動物が生きる上で大事なので、高度な知能を持つ人間は、目の前のことばかりにとらわれず、過去や未来に大いに「タイム・トラベル」するとよい。これが、この文章の筆者の考えである。

　私も、未来に備えることは大事だと思う。そして、そのためには過去の経験を組み合わせて考える必要があるというのもよくわかる。たとえば、過去に失敗した経験を生かして次は失敗しないように備える、というのは大切なことだ。そこでカギとなるのは、どんな未来にしたいのか、未来ではどうありたいのかと考えることだろう。つまり、未来に対する意志を持つということだ。

　これは、個人の未来についても、文章中にあった「地球温暖化」のような人類全体の未来についても同じだと思う。意志を持ったところでその通りの未来にできるとは限らないが、未来に対する意志を持って現在を過ごすかどうかは、のちの結果にも大きく関わる気がする。よりよい未来のために備えるということは、未来をまじめに考えて現在をまじめに生きる、ということではないか。

**解説**

**問一**　直前の「だからこそ」に着目。「だから」は、理由と結論《けつろん》をつなぐ順接の接続語なので、それより前の「昔のことを……把《は》握《あく》しなければならないのである」が理由だとわかる。

**問二**　「検証」のため、カケスを二つのグループに分けて結果のちがいを見たのである。

**問三**　直前の一文を基本にして、文章の内容にそって、より「具体的」に述べる。

**問四**　400字～500字ならば、二～四段落《だんらく》程度が適切。指定に沿《そ》って、筆者の考えをまとめ、次に「未来に備える」ことについての自分の考えを書く。解答例では、第一段落で筆者の考えをまとめ、第二・第三段落で「未来に対する意志」という新しい論点を打ち出している。文章を土台に、自分なりの視点《してん》や論点を打ちだすと、内容が豊かになる。

書籍の内容についてのお問い合わせは右の QR コードから　⇒

※書籍の内容についてのお電話でのお問合せ、本書の内容を
超えたご質問には対応できませんのでご了承ください。

実戦力アップ！
**公立中高一貫校 適性検査対策問題集 作文問題 トレーニング編**

---

2021 年 8 月 10 日　初版発行
2024 年 11 月 15 日　4 刷発行
発行者　佐藤 孝彦
発行所　東京学参株式会社
〒 153-0043　東京都目黒区東山 2-6-4
〈URL〉　https://www.gakusan.co.jp
印刷所　日経印刷株式会社

---


ISBN978-4-8141-2079-6

左ページからの『解答用紙集』は取り外して使うことができます。

公立中高一貫校
入試シリーズ

# 公立中高一貫校
# 適性検査対策問題集
# 作文問題
# トレーニング 編

実戦力アップ!

文章を読んで書く作文
徹底演習!!

別 冊

## 解答用紙集

東京学参
gakusan.co.jp

第一章 環境
❶ 文明とエネルギー 問三
問題P.6～7

400 360

第一章 環境
❷ 森と海 問四
問題P.8～9

500 400

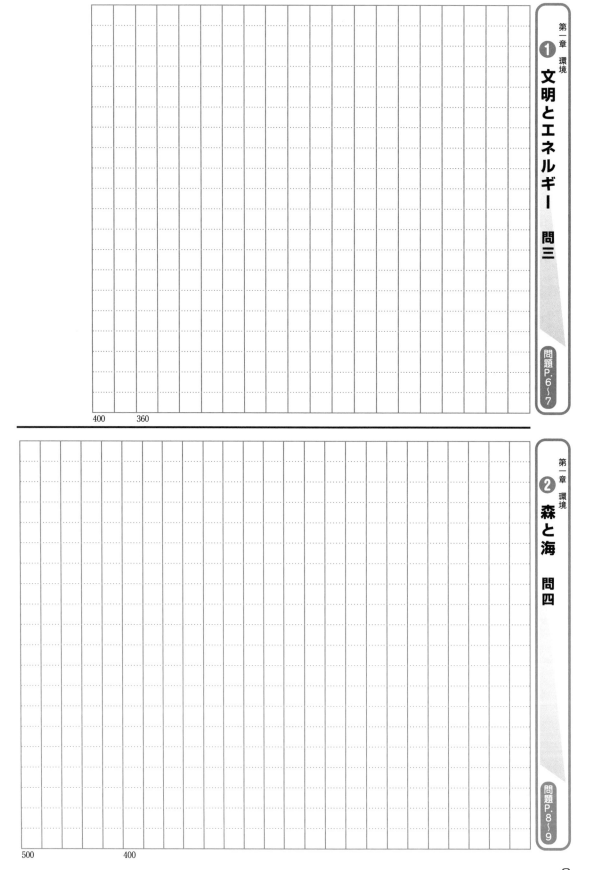

第一章 環境

3 エネルギー 問三

問題P.10〜11

500

400

第一章 環境

4 エネルギーと自然 問三

問題P.12〜13

500

400

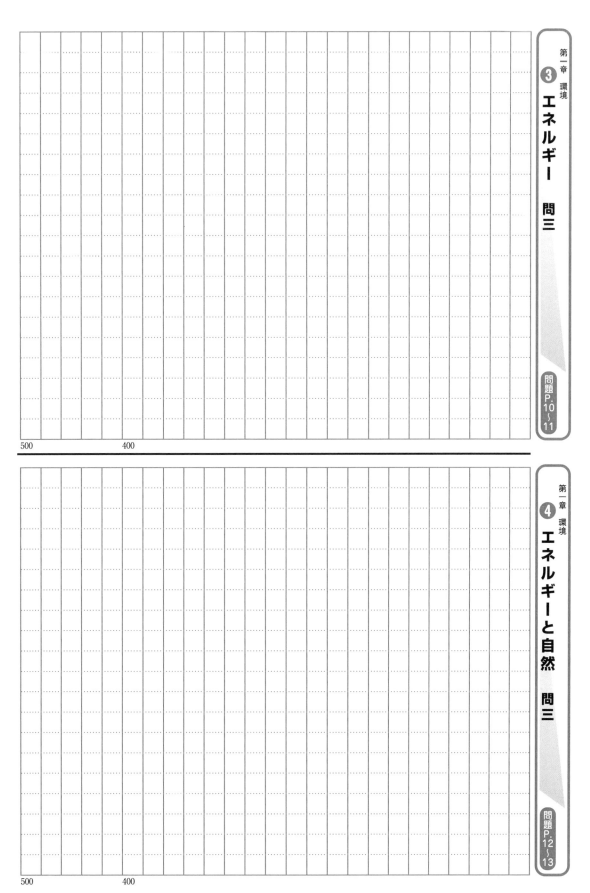

第一章　環境

❺ 地球と火星　問四

問題P.14～15

400　360

第一章　環境

❻ 科学と環境　問三

問題P.16～17

500　400

500

400

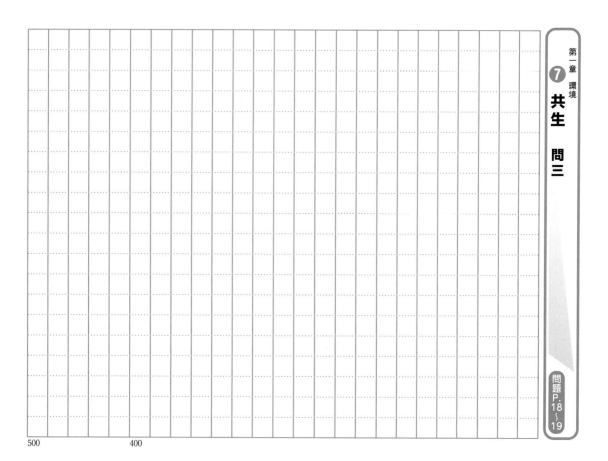

500

600

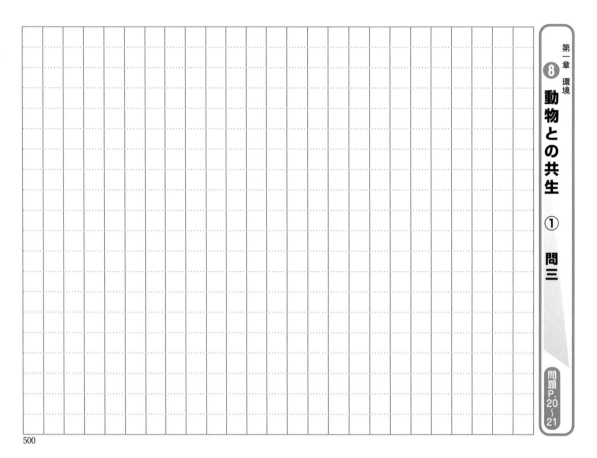

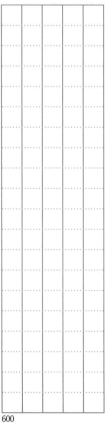

400 360

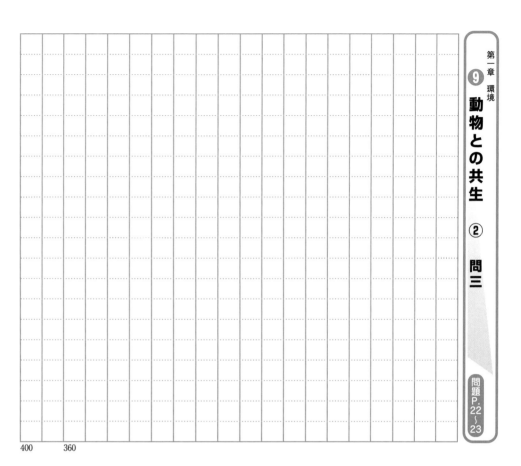

500　400

## 知識探検ナビ 1

◆「環境」というトピックスについて◆

地球温暖化はさまざまな異常気象を起こす要因とされています。そして、大気中の二酸化炭素が増えたことがその大きな原因とされています。

二酸化炭素は大気中にわずかに含《ふく》まれ、地球から出る熱を大気中に保つ働きをしています。つまり、温室のような働きをしているのです。

石炭や石油などの燃料を燃やした結果、多くの二酸化炭素が排《はい》出《しゅつ》されました。そのうえ、二酸化炭素を吸収し、酸素を出す木々が切り倒《たお》される森林伐採《ばっさい》によって、二酸化炭素が使われる量も減ってしまいました。

便利な生活を手に入れたための大きな代償《だいしょう》が地球温暖化などの環境破壊《はかい》を生みだしているのです。

環境について取り上げたさまざまな文章を読んで、環境問題について考えてみましょう。

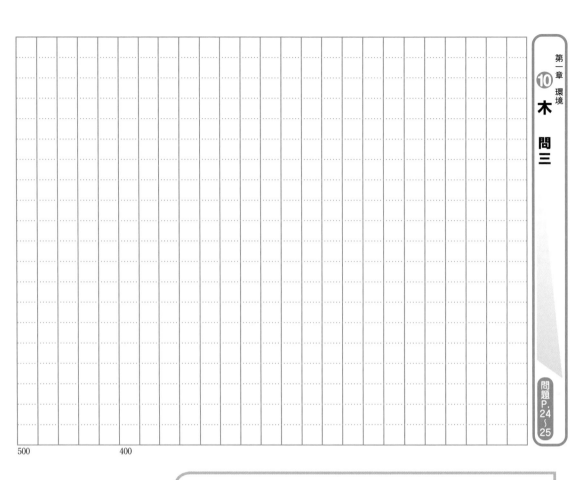

400 360

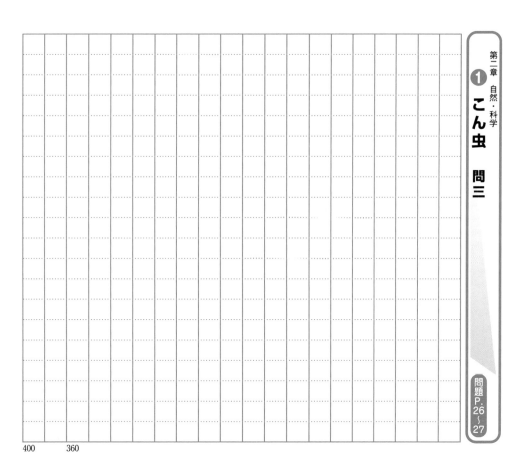

440 400

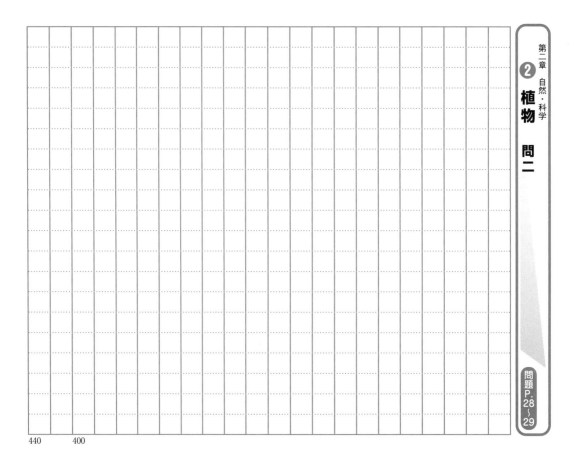

第二章　自然・科学

❸ 人間　問四

問題P.30〜31

500

400

第二章　自然・科学

❹ 小さな生き物　問三

問題P.32〜33

500

400

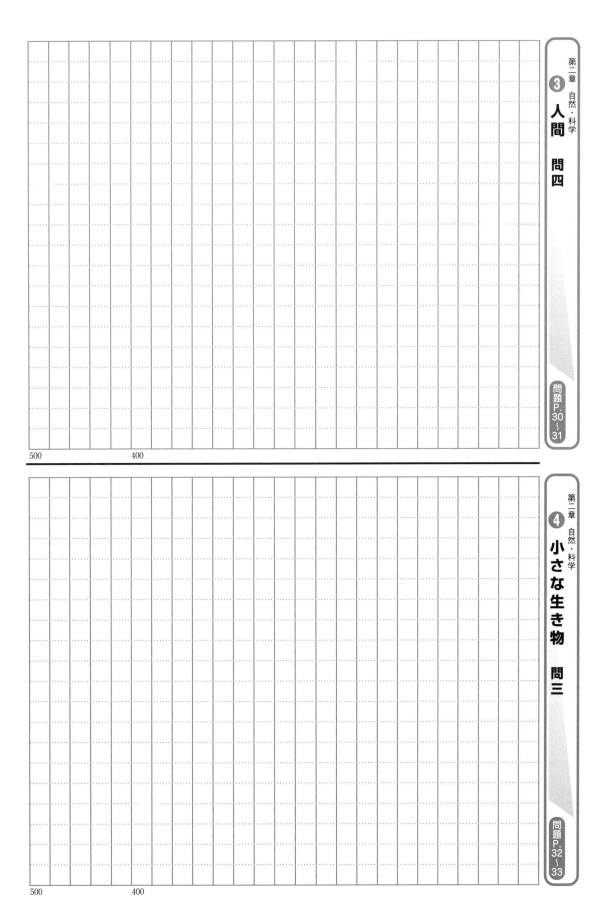

第二章　自然・科学

**5 絶滅　問三**

問題P.34〜35

500

400

第二章　自然・科学

**6 数　問三**

問題P.36〜37

500

400

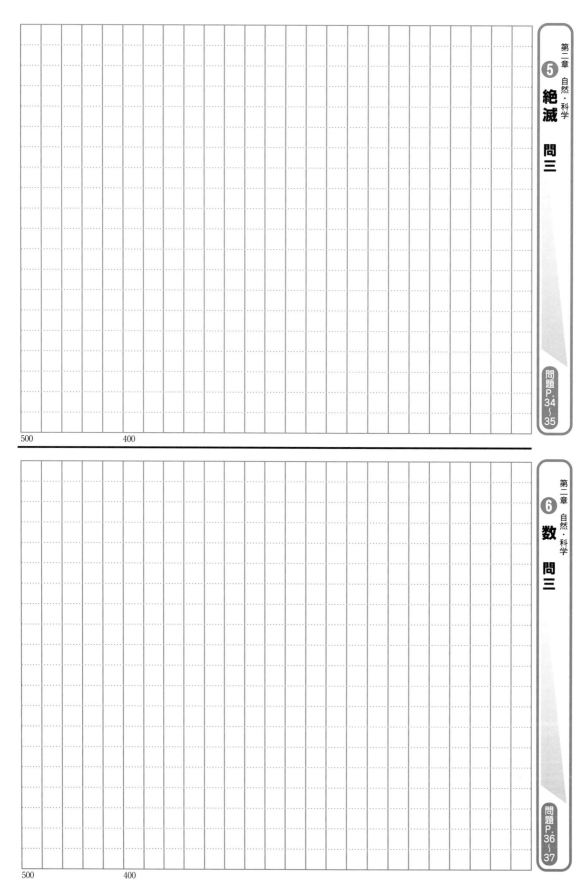

第二章 自然・科学
## 7 季節 問三
問題P.38〜39

500
400

第二章 自然・科学
## 8 動植物と人間 問二
問題P.40〜41

440
400

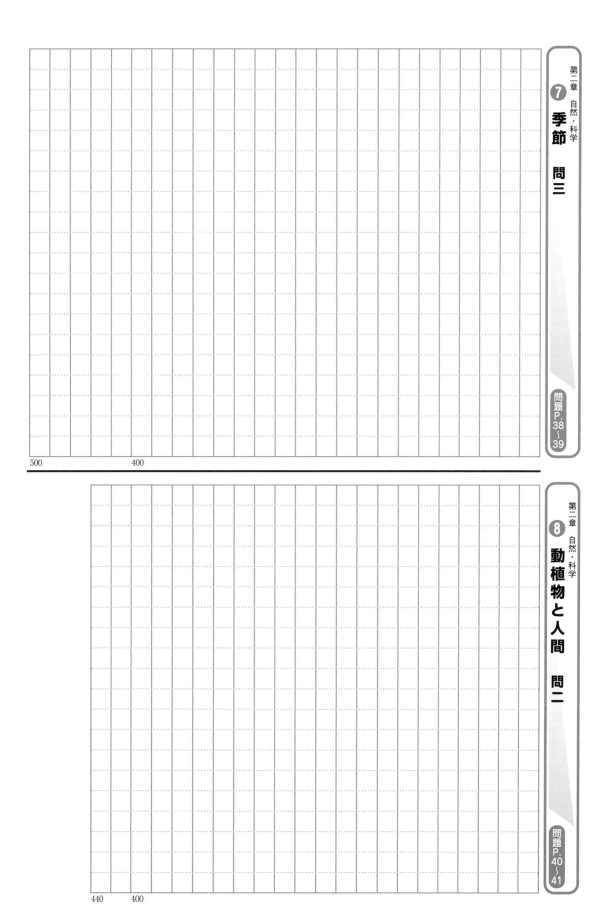

## 知識探検ナビ 2

◆「自然・科学」というトピックスについて◆

人間の大脳の中心近くには海馬《かいば》という部分があります。海馬とは、記おくや学習に関わる重要な器官で、その形が似ていることからタツノオトシゴの別名でもあります。

記おくには、しゅん間ですぐに忘れられる短期記おくと、覚えしまったら忘れない長期記おくの二種類があります。海馬は短期記おくを長期記おくとして維持《いじ》する役割を担っているのです。しかし、長い間ストレスを受け続けることで、海馬の細胞が壊れ、海馬そのものが小さくなってしまいます。ストレスは体や心だけではなく脳にも悪いえいきょうをあたえるのです。また、物忘れなどのしょう状がみられるアルツハイマー病の場合も、この海馬に異変が起こることがわかっていて、予防や病気を食い止める研究がなされています。

このような研究をはじめ、自然・科学を取り上げた文章を読んで、自然や科学について考えてみましょう。

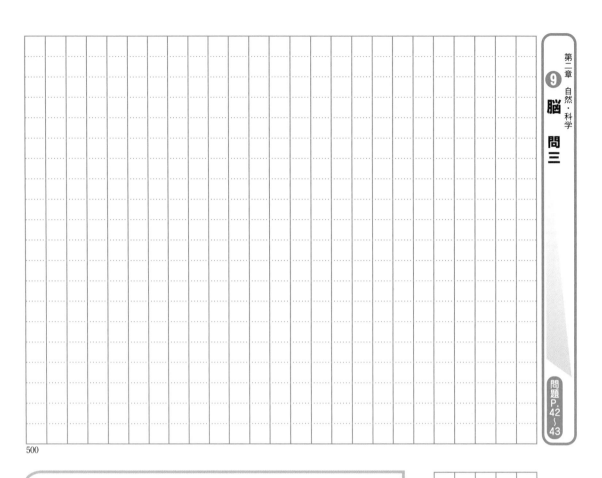

500

600

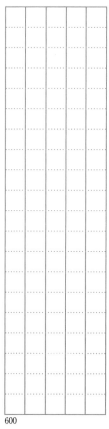

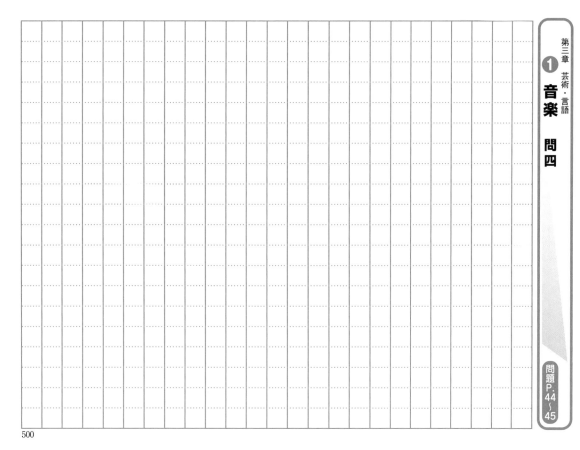

第三章 芸術・言語

❷ 芸術 問四

問題P.46〜47

500 400

第三章 芸術・言語

❸ 映像 問三

問題P.48〜49

400 360

第三章 芸術・言語

❹ 読書 ① 問四

問題P.50〜51

500 400

第三章 芸術・言語

❺ 読書 ② 問三

問題P.52〜53

400 360

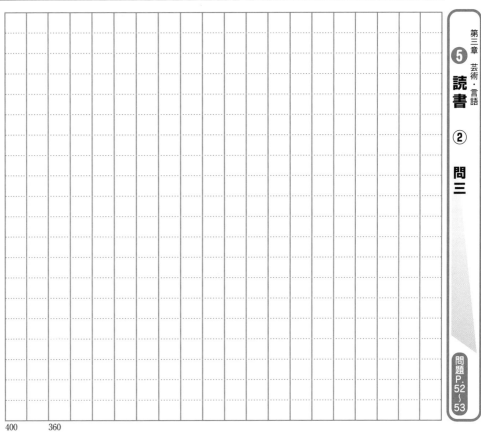

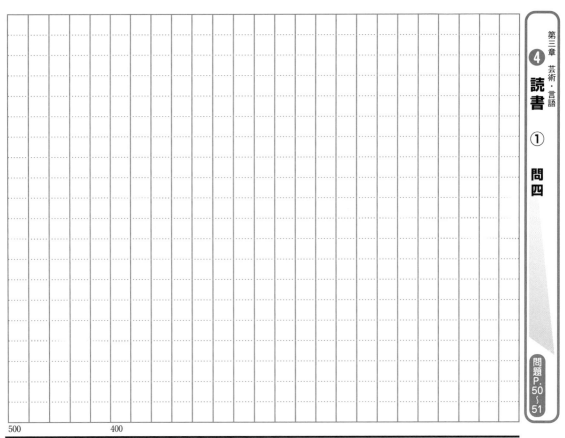

第三章　芸術・言語
6 読書 ③ 問四
問題P.54〜55

500
400

第三章　芸術・言語
7 読書 ④ 問四
問題P.56〜57

400
360

500

600

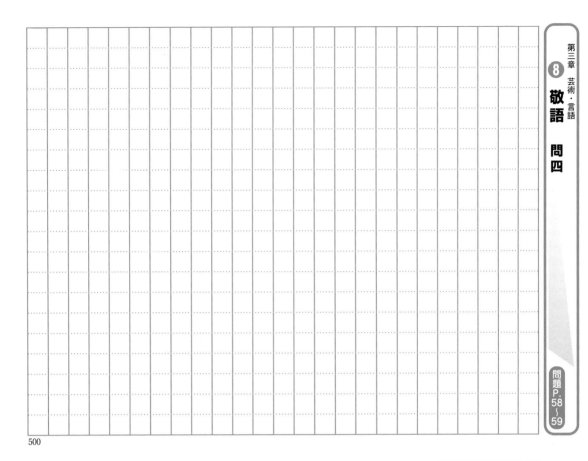

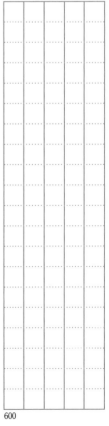

第三章　芸術・言語

9 言葉　問二

問題P.60〜61

200　180

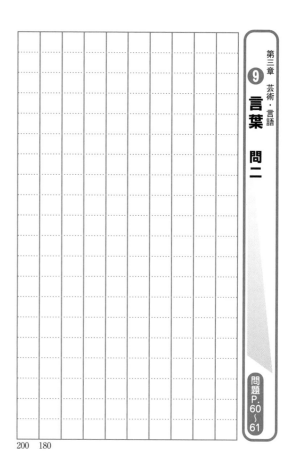

500　400

# 知識探検ナビ 3

◆「芸術・言語」というトピックスについて◆

日本一の高さをほこる富士山は、古くから芸術作品のモチーフや、信こうの対象として多くの日本人に親しまれてきました。たとえば、『万葉集』や『百人一首』では和歌の題材としてうたわれていますし、『竹取物語』や『伊勢物語』では物語の中の重要なモチーフとして度々登場します。

富士山は、これらのような文学作品だけでなく、絵画の題材としても多くの作品に取り上げられていることで有名です。江戸時代の浮《うき》世絵画家、葛飾《かつしか》北斎《さい》は『富嶽《ふがく》三十六景』という浮世絵《え》で、四季によって見え方が変わる富士山を様々な場所からえがきました。この作品は、ニューヨークのメトロポリタン美術館に所蔵されており、今も世界中の人に愛されています。また、『神奈川沖浪裏《おきなみうら》』という作品は波の間から富士山が見える大たんな構図で、十九世紀のオランダ画家ゴッホなど多くの画家をし激しました。

富士山をえがいた芸術作品は、海外にも大きなえいきょうをあたえました。ほかにも芸術・言語を取り上げた文章を読んで、芸術や言語について考えてみましょう。

500
400

問題P.64〜65

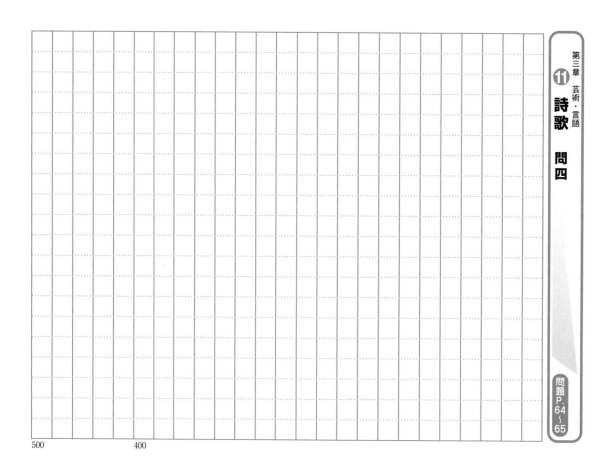

第四章 社会

❶ コミュニケーション ① 問二

問題P.66〜67

200 180

第四章 社会

❷ コミュニケーション ② 問三

問題P.68〜69

500 400

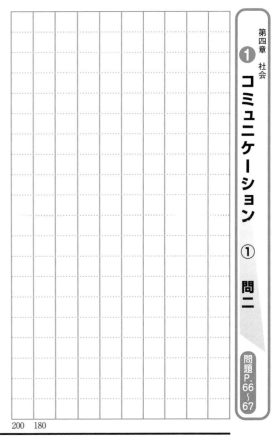

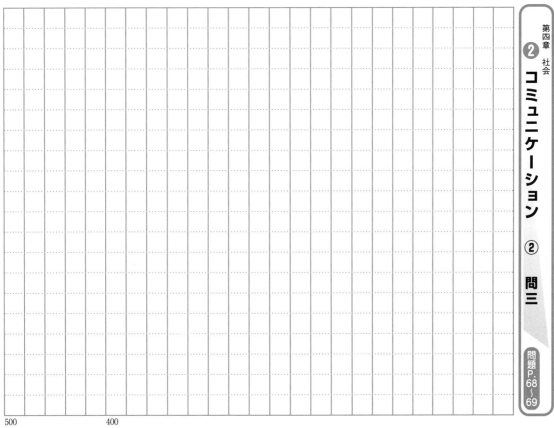

第四章　社会

❸ 日本の文化　問三

問題P.70～71

500

400

第四章　社会

❹ 日本人 ①　問四

問題P.72～73

500

400

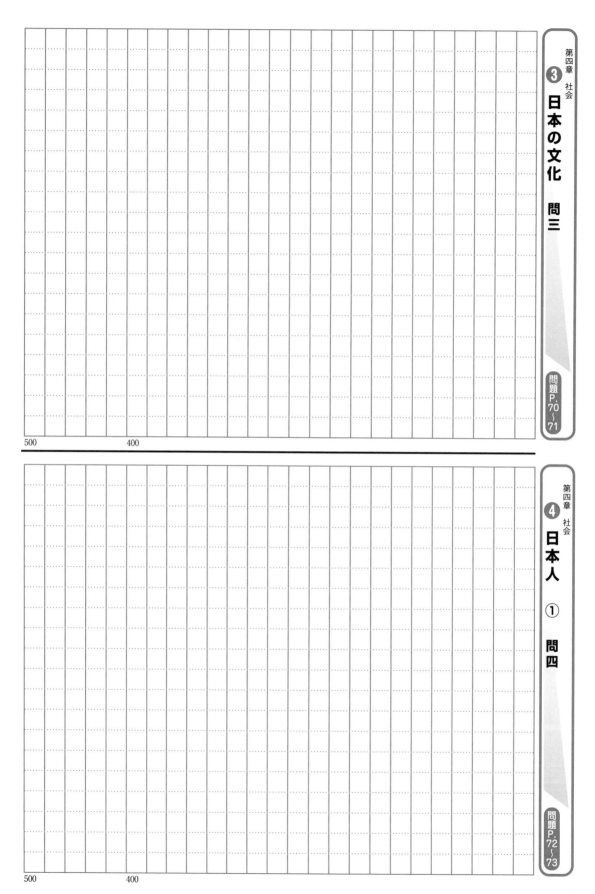

第四章 社会 5 日本人 ② 問四

問題P.74〜75

500 400

第四章 社会 6 過保護 問三

問題P.76〜77

500 400

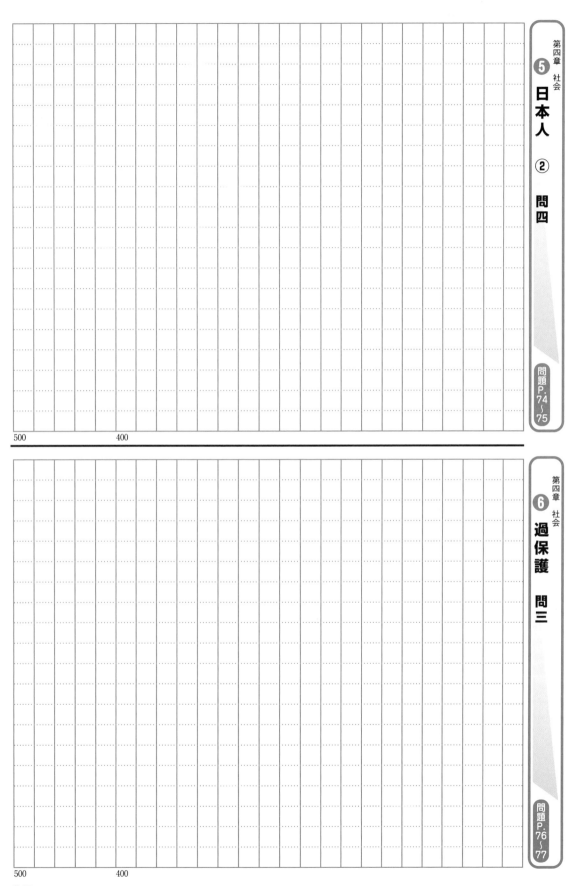

第四章　社会

❼ 情報　問四

300
260

問題P.78〜79

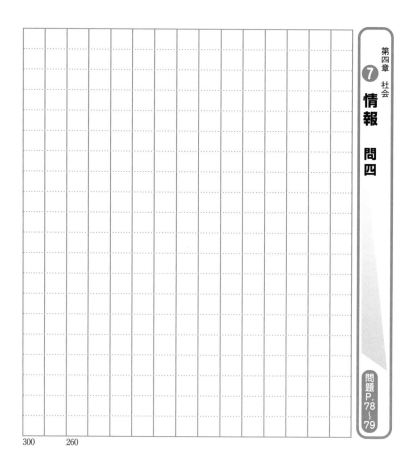

500　400

# 知識探検ナビ 4

◆「社会」というトピックスについて◆

美しい四季のある国、日本では、季節感を料理によって味わうことができます。「和食」は新せんな素材を使い、見た目にも美しい料理で、海外からも高い評価を受けています。二〇一三年には世界無形文化遺産にも登録されました。

そんな「和食」にかかせないものが白いお米です。日本で水田での稲《いな》作が始まったのは弥生《やよい》時代といわれています。しかし、お米の種は縄文時代からあり、畑で「陸稲《とう》」が育てられていました。田んぼで「水稲《とう》」を育てるようになってからは、品質も良くなりたくさんとれるようになったのです。日本では、稲《いな》作が始まってから長い歴史の中で品質改良や技術改良が重ねられ、私達が今食べているようなおいしいお米を作れるようになりました。

日本の文化をはじめ、社会について取り上げた文章を読んで、社会について考えてみましょう。

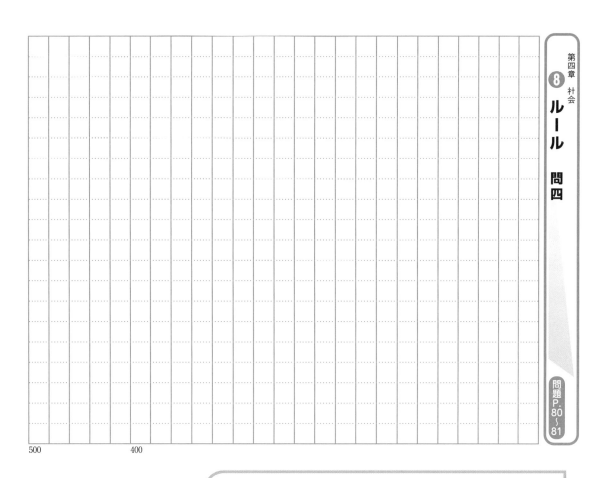

第五章　人とのかかわり

❶ 学校生活　①—部活動—　問三

問題P.82～83

400　360

第五章　人とのかかわり

❷ 学校生活　②—委員会—　問四

問題P.84～85

400　360

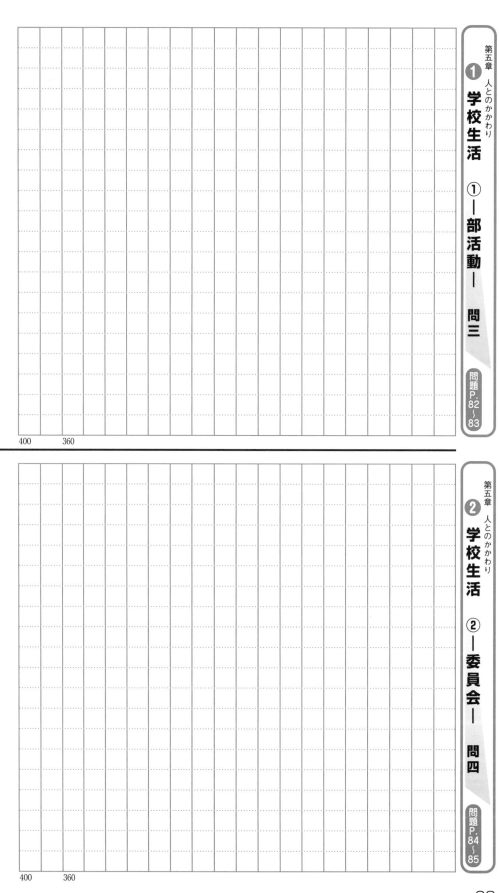

500
400

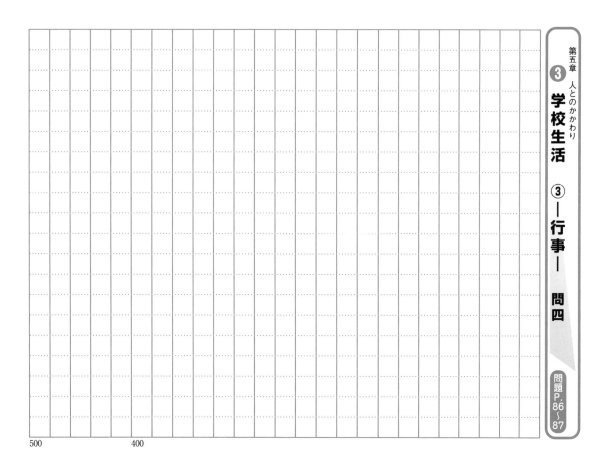

第五章　人とのかかわり

❹ 友達とのかかわり　問四

問題P.88〜89

500

400

第五章　人とのかかわり

❺ 親　問四

問題P.90〜91

500

400

500

600

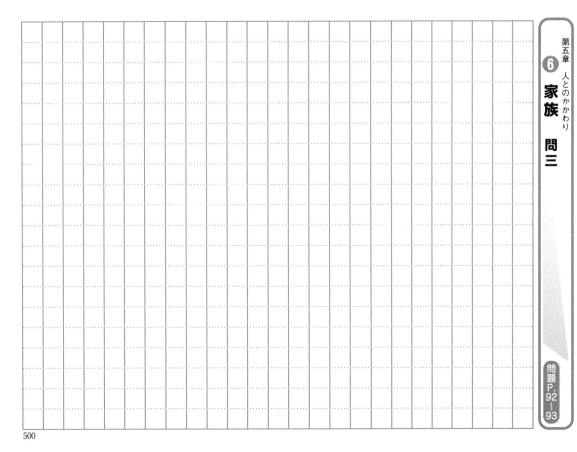

500

400

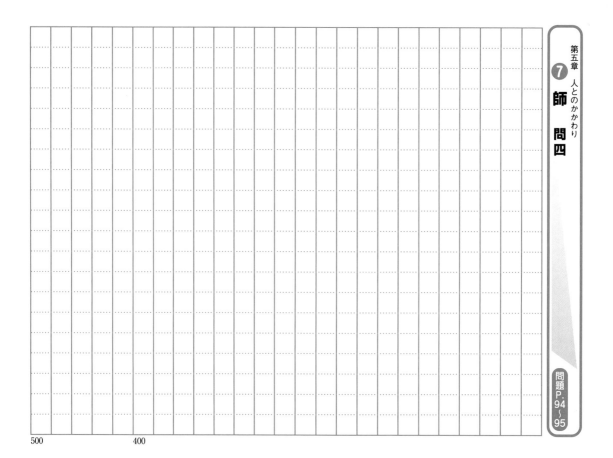

8 出会い　問四

問題P.96〜97

500

600

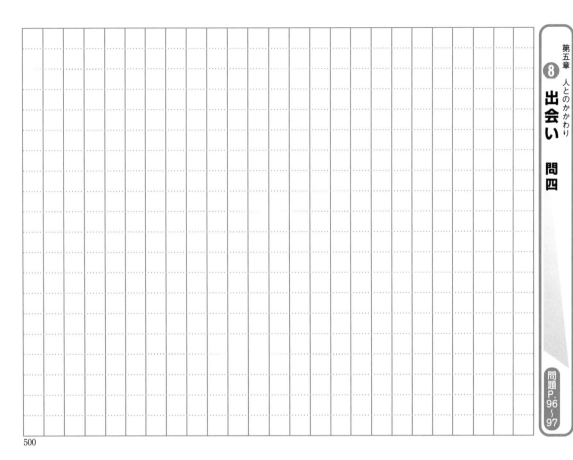

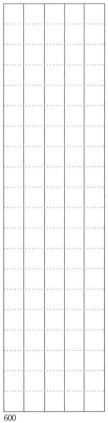

# 知識探検ナビ 5

◆「人とのかかわり」というトピックスについて◆

「人」は支え合って生きています。「家族」はもちろん、「先生(師)」と敬《うやま》える人や仲のよい「友達」など、多くの人と私たちはつながっています。

特に、「友達」は私たちにとって、とても大きな存在です。今まで「友達」といえば、クラスメイトや近所の幼なじみなどを指していました。ところが、中学生になると、行動範囲《はんい》が広がり、多くの人と関係をもつことになります。部活動や委員会で知り合った人の中にも自分と気が合い、一生の友となる人が出てくるかもしれません。

人とのかかわりを取り上げた文章を読んで、人とのかかわりについて考えてみましょう。

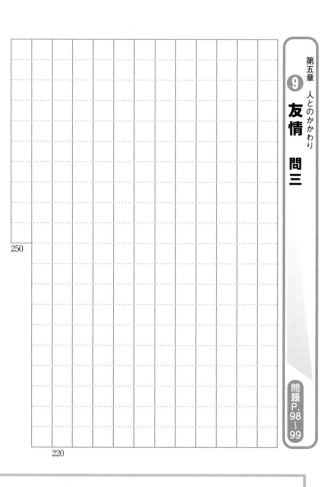

第六章 生き方
❶ 試練 問四
問題P.100〜101

500
400

第六章 生き方
❷ 記憶術 問三
問題P.102〜103

500
400

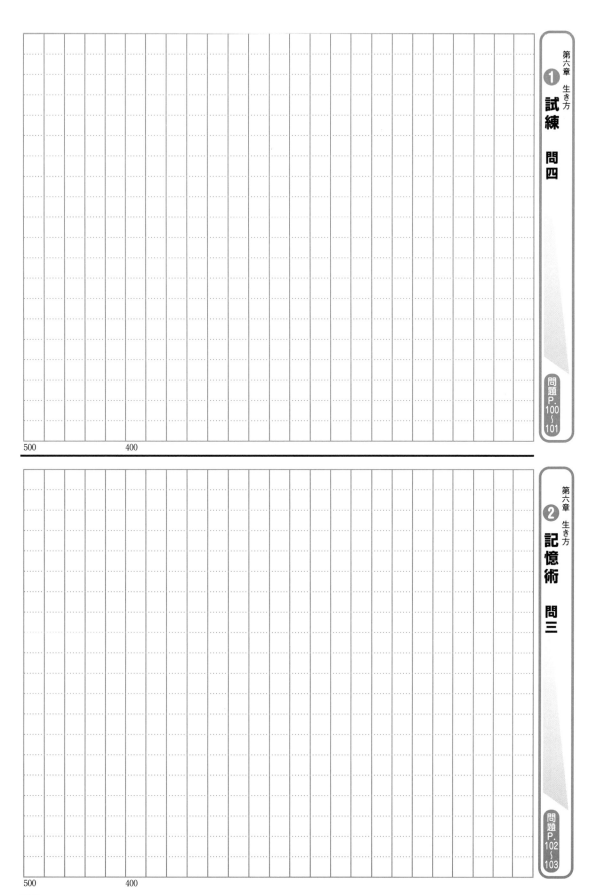

第六章 生き方 ❸ 情報化 問三

問題P.104〜105

500

400

第六章 生き方 ❹ 貢献 問四

問題P.106〜107

500

400

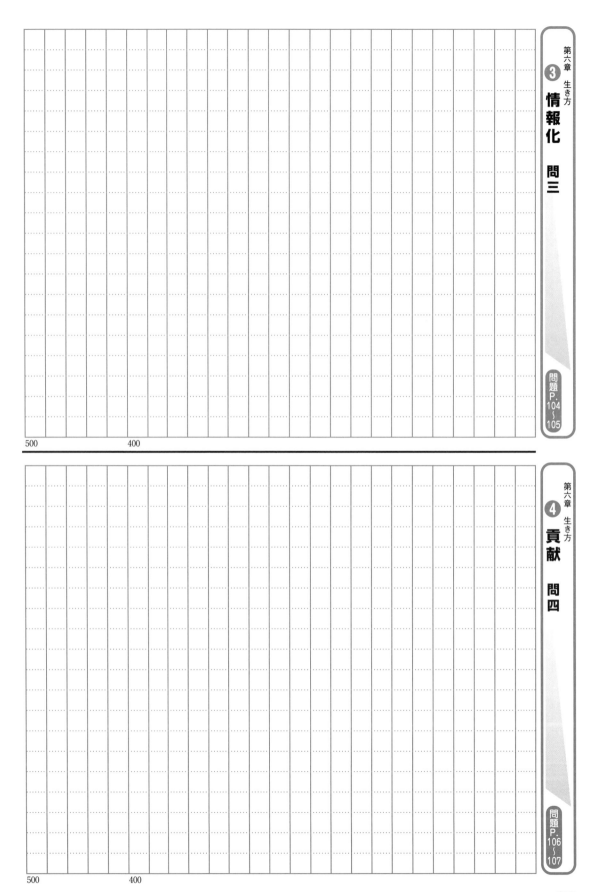

第六章　生き方

5 環境による生き方　問三

問題P.108〜109

400　360

第六章　生き方

6 好奇心　問四

問題P.110〜111

500　400

第六章 生き方
7 原点 問三

問題P.112〜113

400 360

第六章 生き方
8 職業 問三

問題P.114〜115

500 400

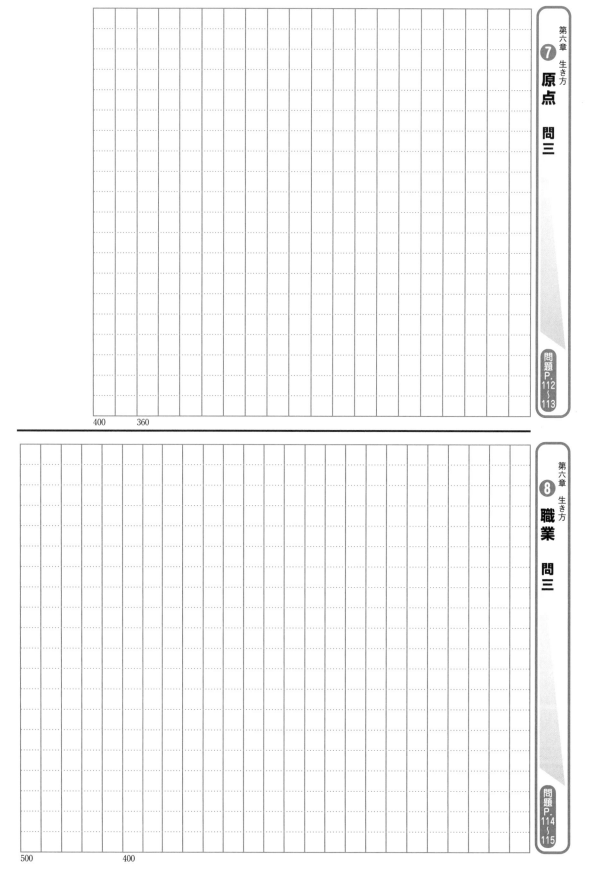

問題P.116〜117

500

400

# 知識探検ナビ 6

◆「生き方」というトピックスについて◆

小さいころはいろいろ夢があって、将来は「○○になりたい」などと思ったり、作文に書いたりしたことがあるはずです。ところが、大きくなるにつれ、現実に目をやり、夢も持たなくなってしまってはいないでしょうか。

将来、自分がどんな職業に就きたいか、未来の自分の姿が見えていますか。人は努力次第で何にでもなれます。「もうだめだ。」と思った時点で終わってしまうのです。自分の人生は自分の手で切り開かなくてはなりません。

生き方に関するさまざまな文章を読んで、生き方について考えてみましょう。